本书系中央高校基本科研业务费专项资金资助(Supported by the Fundamental Research Funds for the Central Universities）项目《智慧交通法律问题研究》（项目号：J23JBW800010）的研究成果

"互联网+"背景下

新型道路交通现象法律问题研究

郑 翔／著

知识产权出版社
全国百佳图书出版单位
—北 京—

图书在版编目（CIP）数据

"互联网+"背景下新型道路交通现象法律问题研究／郑翔著 . —北京：知识产权出版社，2024.3

ISBN 978-7-5130-8643-1

Ⅰ.①互… Ⅱ.①郑… Ⅲ.①道路交通安全法—研究—中国 Ⅳ.①D922.144

中国国家版本馆 CIP 数据核字（2023）第 002778 号

责任编辑：秦金萍　　　　　　　　　　　责任校对：谷　洋
封面设计：杰意飞扬·张　悦　　　　　　责任印制：刘译文

"互联网+"背景下新型道路交通现象法律问题研究
郑　翔　著

出版发行：知识产权出版社有限责任公司	网　　址：http://www.ipph.cn
社　　址：北京市海淀区气象路 50 号院	邮　　编：100081
责编电话：010-82000860 转 8367	责编邮箱：1195021383@qq.com
发行电话：010-82000860 转 8101/8102	发行传真：010-82000893/82005070/82000270
印　　刷：北京中献拓方科技发展有限公司	经　　销：新华书店、各大网上书店及相关专业书店
开　　本：720mm×1000mm　1/16	印　　张：16.75
版　　次：2024 年 3 月第 1 版	印　　次：2024 年 3 月第 1 次印刷
字　　数：266 千字	定　　价：89.00 元
ISBN 978-7-5130-8643-1	

出版权专有　侵权必究

如有印装质量问题，本社负责调换。

序

　　大数据、云计算、人工智能等新技术的发展，正在深刻地影响着经济社会形态，引发各领域进行数字化转型，改变了一些法律关系的样貌，甚至重塑法律秩序，对法治提出了更高的要求。"互联网+"在交通领域的运用是互联网思维的实践成果，它推动交通经济形态不断演变，成为交通产业发展的一个新的推动力。智慧交通、网约车、汽车辅助驾驶乃至自动驾驶、物流无人配送等，就是交通形式变化的重要体现。

　　道路交通事关亿万人民的基本需求，是基本且重大的民生问题。有关新型道路交通现象研究的一个较为突出的特点，就是学者关注的方面不限于交通法调整及其规制，还会从公共安全、社会共同治理模式、反垄断、隐私权、个人信息、人工智能技术及其知识产权等角度进行分析研究。这一方面说明，新型道路交通现象自身法律关系的复杂性，另一方面也反映出对新型道路交通关系法律调整的研究尚处于初步阶段。

　　新型道路交通现象的出现和发展导致了现有交通法律制度的滞后性。例如，在网约车领域，有关市场准入和事中事后监管的制度往往落后于实践，其在反垄断法及反不正当竞争法层面的应对也是捉襟见肘；而对于汽车辅助驾驶和无人驾驶，才刚刚引起法律人的关注。因此，对新型道路交通现象进行系统的深入分析，并针对新技术、新业态、新产业提出制度设想，具有相当重要的理论意义和实践价值。此时得知我的学生郑翔教授的专著《"互联网+"背景下新型道路交通现象法律问题研究》即将付梓，甚觉欣喜。

　　郑翔教授从中国人民大学毕业后到北京交通大学任教，一直在交通法领域笔耕不辍。她早期主要从事铁路法研究，参与了《中华人民共和国铁路法》《铁路运输安全保护条例》等的修订工作，课题研究成果亦被吸收于行政法规中；近期则将视角拓展至整个交通法领域，着重于城市交通法律制度的研究，多次参加北京城市交通相关立法的专家论证，积累了丰富的交通法治经验，所提建议也多次被有关部门采纳。目前，已经单独或合作出版了《交通运输法》《铁路法研究》《北京市治理交通拥堵法律问题研究》《运输合同法》《交通事故损害赔偿法律问题研究》等专著，参编了《城市交通与法治》等教材。

本书是郑翔教授的重要研究成果，反映了她对数字法治的敏感性，以及对现实生活的关切。书中探讨了新型道路交通现象中的特殊问题，如需求响应型城市公共交通、网约车平台的算法歧视、汽车自动驾驶的交通伦理问题等，具有一定的创新性。期待这些思考能够引发人们对新型道路交通现象的关注，提高人文研究对智能社会、经济社会数字化发展的回应能力，让法治研究能够真正解决现实问题，体现时代要求。

2023 年 12 月 5 日

自 序

这本书缘起于笔者在2019年负责的教育部课题"'互联网+'背景下新型道路交通现象法律问题研究"。在课题研究过程中,笔者一边深入现场调研去发现新型道路交通现象的基本特征、发展规律以及制度需求,一边梳理现有交通制度,特别是城市交通法律制度,进而理解交通法律理论对新型道路交通现象的解释、指导作用,同时思考现实问题的制度解决路径和可能方案。最终该课题形成了十几万字的课题报告,于2021年顺利结题。

在研究过程中,课题报告中的一些观点和思考已正式发表为学术论文,如《算法价格歧视反垄断规制的逻辑与进路》《互联网平台经营者市场支配地位的认定——基于平台数据竞争的反思》《论网约车平台在交通事故中的民事责任》《自动驾驶汽车交通事故侵权责任主体认定的困境和可能》[1]等。有些论文还获得各种优秀论文奖,如《以智慧交通建设推进首都交通治理现代化》获得北京市疫情防控法治实践与探索优秀研究成果三等奖;《论网约车平台在交通事故中的民事责任》获得2020年中国商业法年会论文三等奖;《自动驾驶汽车交通事故侵权责任主体认定的困境和可能》获得2020世界人工智能大会法治论坛优秀论文。此外,课题成果形成了一篇北京社科基金项目成果要报,即《完善交通法律制度,促进无人配送智慧物流发展》,获得了相关部门的肯定,相关同行也积极与我进行探讨。这一切促使笔者产生了

---

[1] 山茂峰,郑翔.算法价格歧视反垄断规制的逻辑与进路 [J].价格理论与实践,2020 (5): 27–31, 77;郑翔,山茂峰.互联网平台经营者市场支配地位的认定——基于平台数据竞争的反思 [J].北京交通大学学报(社会科学版),2021 (3): 148–154;郑翔,山茂峰.论网约车平台在交通事故中的民事责任 [J].时代法学,2019 (5): 84–95;郑翔,彭媛.自动驾驶汽车交通事故侵权责任主体认定的困境和可能 [J].上海法学研究,2020 (2): 371–388.

想把课题成果付梓的想法，于是将课题研究报告予以进一步修改整理，最终形成了本书。

本书除绪论外，共六章。基本思路是从新型道路交通现象于城市交通发展的时代背景出发，分析城市交通法律制度的新形势和新趋势，整理分析新型道路交通现象对交通法律制度的挑战，然后对智慧交通、网约出租车、网约顺风车、共享单车、自动驾驶汽车这些新型道路交通现象中重要的法律问题进行研究，并针对现有法律制度中存在的问题，提出完善措施。本书希望能够为我国城市交通法律制度的完善提供理论指引，为从事交通法律教学、理论研究和实务工作的人员提供研究参考。

考虑到当代社会信息技术的发展一日千里，互联网与交通领域深度融合，如自动驾驶技术在车路协同和单车智能等不同路径上都取得了快速发展，而新技术的发展又进一步倒逼人文学者深入思考数字经济中的法律、伦理、社会等问题。笔者对新型道路交通现象的理解难免存在偏颇和各种不足，相关研究结论也具有一定的时效性，诚恳希望得到各位读者的批评指正。

感谢课题组成员朱本欣、陈力铭、许庆彤、周琼老师的帮助，在现场调研和课题论证过程中，他们提供了智慧和劳动，并始终给予诚挚的鼓励。感谢我的学生山茂峰、彭媛、魏书缘、郑家琪不辞辛苦地帮忙查找课题研究的相关资料。感谢知识产权出版社秦金萍编辑的认真付出，感谢刘雪编辑一直以来的关注和帮助，谨向她们表示诚挚的谢意。

郑　翔

2023 年 12 月

CONTENTS / 目 录

绪 论   1

    一、研究意义 / 1

    二、新型道路现象与城市交通发展 / 3

    三、城市交通法律制度的新要求和新趋势 / 10

第一章 新型道路现象对交通法律制度的挑战   16

    一、新型道路交通现象对现有交通法律法规的冲击 / 16

    二、新型道路交通现象对现有公共交通安全法律理论的冲击 / 28

第二章 智慧交通体系法律问题研究   36

    一、智慧交通体系法律法规的理论基础 / 36

    二、智慧交通体系与城市交通治理——以北京市为例 / 41

    三、智慧交通体系法律制度存在的主要问题 / 48

    四、智慧交通体系法律制度完善措施 / 66

第三章　网约车平台法律问题研究　　80

一、网约车问题的提出 / 80

二、网约车平台经营者支配性地位的认定
　　——基于平台数据竞争角度 / 83

三、算法价格歧视的反垄断规制 / 96

四、算法定价模式下的消费者权利保护 / 110

五、功能主义进路的网约车安全与秩序之治 / 124

六、网约车平台在交通事故中的民事责任 / 146

第四章　网约顺风车法律问题研究　　168

一、规制网约顺风车的逻辑起点 / 168

二、规制网约顺风车的基本思路 / 173

三、网约顺风车规制的路径设计 / 175

第五章　共享单车法律问题研究　　179

一、城市共享交通与社会公共治理机制 / 179

二、共享单车法律问题的提出 / 186

三、网约车和共享单车政府监管的比较 / 187

第六章　自动驾驶汽车法律问题研究　　192

一、自动驾驶汽车的概念与分类 / 192

二、自动驾驶汽车对交通监管制度的影响 / 197

三、关于我国自动驾驶汽车的规范性文件及存在问题 / 203

四、自动驾驶汽车引发的交通伦理问题 / 213

五、自动驾驶汽车交通事故中侵权责任的认定 / 217

六、自动驾驶汽车监管制度的改进路径 / 229

七、无人配送对交通法律制度的影响及完善建议 / 233

参考文献   **238**

绪 论

一、研究意义

"互联网+"交通的发展，推动了现代信息技术与交通运输管理和服务的全面融合，提升了交通运输的服务水平。随着交通运输新业态、新模式不断涌现，"互联网+"交通运输正在深刻改变着人们的出行方式。截至2022年年底，网约车[①]覆盖全国400多个城市，全国共有300多家网约车平台公司，日均订单量超2100万单。共享单车有效解决了出行"最后一公里"的难题，日均使用量约4570万人次。网约车、共享单车、共享汽车等线上线下新消费模式，刷脸进站、"无纸化"登机、无人机投递、无接触配送、智慧停车、道路客运定制服务等新业态，不仅让人们享受到了极大的便利，还为经济发展注入了新动能。北斗系统在交通运输全领域广泛应用，截至2019年年底，全国已有760万台道路营运车辆、3.33万台邮政快递干线车辆、1369艘部系统公务船舶、10 863座水上助导航设施、109座沿海地基增强站、352架通用航空器应用北斗系统，并在3架运输航空器上应用北斗系统，京张高铁成为世界首条采用北斗卫星导航系统并实现自动驾驶等功能的智能高铁。智慧公路应用逐步深入，智慧港口、智能航运等技术广泛应用。智能投递设施遍布全国主要城市，自动化分拣覆盖主要快递企业骨干分拨中心。"互联网+"背景下，充分运用5G通信、大数据、人工智能等新兴技术，使得交通运输基础设施和装备领域智能化不断取得突破。城市公共交通多样化、品质化、均等化水平大幅提升，运输服务实现"人便其行、货畅其流"，通达性和保障性显著增强。[②]

[①] 如无特别说明，本书所指网约车皆为网络预约出租汽车。
[②] 中华人民共和国国务院新闻办公室.《中国交通的可持续发展》白皮书，2020年12月.

从我国交通发展趋势来看，以智慧交通建设推进数字经济、共享型经济产业发展，推动模式、业态、产品、服务等联动创新，提高综合交通运输网络效率，构筑新型交通生态系统是一个重要方向。要以数字化、网络化、智能化、绿色化技术的发展，拓展交通运输高质量发展空间，抓住全球新一轮科技革命和产业变革催生新技术、新模式、新业态的历史机遇，推动交通运输可持续发展。要创新推进交通运输高质量发展，应加快推进交通新基建，推动物联网、人工智能、车路协同等新技术的研发和应用，完善配套政策措施，让智慧交通项目成为新基建的主力军，发展与互联网相关的新型道路交通方式。2020年8月发布的《交通运输部关于推动交通运输领域新型基础设施建设的指导意见》（交规划发〔2020〕75号），提出以数字化、网络化、智能化为主线，围绕打造融合高效的智慧交通基础设施、助力信息基础设施建设和完善行业创新基础设施三个方面发力，推动交通基础设施数字转型、智能升级。依靠科技赋能，促进服务变革，鼓励定制公交、定制客运、网约车、共享单车、汽车分时租赁等新业态健康发展，打造出行即服务（Mobility as a Service，MaaS），提升人民出行体验。

"互联网+"在交通运输领域中的运用是互联网思维的进一步实践成果，它代表一种先进的生产关系，推动交通经济形态不断地发生演变，从而激发交通产业发展的生命力，为改革、创新、发展提供广阔的网络平台。但现有的交通法律理论对新型道路交通现象还没有足够的回应，也不能为新型道路交通现象的发展提供足够的理论指导。

面对新出现的社会现象，不能对现有的法律规制发展做全盘否定，而是要依据法律发展的基本原理，思考法律发展的基本规律。回顾交通法律发展的历史，其发展的基本思路是：怎样从关于运输工具的任务这一基本点出发，把为马车所制定的法令，统一地推广适用于铁路、汽车、电车和飞机，而不需要对相继出现的运输工具规定各种新的规则。此外，通过法律规则的推演，还可以把相关法令推广适用于电报、电话、无线电、煤气、天然气和自来水等方面，形成一类适用于公用事业的更广泛的原则。而到当前这个时代，需要考虑的是，如何适应新型工业化、信息化、城镇化和农业现代化发展的要求，以智慧交通建设推进数字经济、共享型经济产业发展，推动模式、业态、产品、服务等联动创新，提高综合交通运输网络效率，构筑新型交通生态系统。

新型道路交通现象的出现已经反映出现有交通制度的滞后性，如在网约车的相关管制中，反垄断法、交通市场准入规则都只是在事后被迫给予了回应，而对无人驾驶汽车的管制才刚刚成为立法关注的对象。因此，加强对"互联网+"背景下新型道路交通现象的研究，有助于完善现有交通法律制度，为相关制度的设计提供理论指导，进一步提高交通领域的创新力和生命力。

二、新型道路现象与城市交通发展

(一) 互联网技术和道路交通

1. 互联网

当前，移动互联网已经是交通信息的重要来源。交通以移动为基本属性，互联网（尤其是移动互联网）的快速发展突破了传统的交通信息采集瓶颈，带动了交通信息化飞速发展。出行者对交通信息的获取方式更为便捷，其行为也因此发生了改变，两者互为因果且持续推动着城市交通的演变。而互联网在交通及其衍生领域的快速普及，为组织城市交通网络的高效运行提供了丰富的数据资源：一方面，各类交通工具的出行数据和手机定位数据可以辅助跟踪城市的交通运行状况；另一方面，在传统意义上并不属于交通领域的数据（如网络查询数据、商业支付数据等），在大数据时代下也支撑着居民出行调查，这将为解决交通问题带来前所未有的机遇。

运用互联网技术改善城市交通状况，加强互联网与交通行业深度融合，有利于推动交通行业技术进步、效率提升和组织变革，提升交通行业的创新力和生产力，这也是交通行业提质增效、转型升级、惠民服务的重要支撑。运用互联网技术持续改善城市交通状况，具体体现在以下三个方面。一是互联网在打破供给和需求之间障碍的同时，将进一步提高城市基础设施的利用效率。例如，导航软件的利用在帮助小汽车躲避拥堵路段的同时，也提高了其他可选道路的利用率，这有助于交通基础设施资源的再分配；停车诱导系统对优化城市停车空间布局和提高停车场使用效率，具有重要意义；分时租赁服务也便于提高车辆的使用效率等。二是"互联网+"将促进生活方式转变与出行方式创新。一方面，网上购物、互联网生活服务、远程办公、网络教育、社交平台正在改变城市居民的生活方式；另一方面，"互联网+交通"的技术发展，如打车软件、定制公交等，使出行方式更加丰富，出行资源更有效率地实现供需对接，而与用户位置信息结合的交通信息查询、电子站牌和导航服务，将促进个体出行决策的合理与优化。三是车联网是互联网在交通基础设施上的普及应用，将推动人、车、路进一步深入互动。在车联网技术推动下，人与车、车与车之间的互动正在逐步深入，除提升汽车的驾驶安全性和效率外，还为道路管理和出行方式的智能化发展与结合提供了新的数据与实体，成为智能交通的发展方向。总体而言，信息化发展为城市交通学的发展提供了重要的数据和技术支撑，尤其体现在以下方面：地理信息系统使得城市土地利用被数据化定量描述，直观可见；智能交通的发展提供了丰富的交通运行数据；移动互联网的发展实现了对城市人口活动、客货运输等实地场景的动态化描述；云计算为网络和节点系统分析提供了技术手段。[①]

信息化时代下，"互联网+"对城市交通供给和需求带来的影响非常深远，而不局限于是一种获取信息手段。它深刻地改变了人的思维模式，使得人们更加强调即时性、开放性、利他性和体验性等，在一定程度上提高了人们对交通信息的需求和交通方式的要求；同时改变了人们的生产生活方式，培养了人们全新的就餐、购物、出行习惯等，并进一步引发人们时间分配的变化，产生新的需求。因此，把"互联网+"看作一种重新组织生产和生活的方式，可能会极大地推动人类加速迈入更高层次、更高水平的信息社会。

2. 大数据

大数据对数据资源的要求非常高，一般认为包括 5 个 V，即数据量大（volume）、速度快（velocity）、类型多（variety）、价值高（value）以及真实性强（veracity）。大数据的"大"是指海量数据，既包括数据量大，也包括数据类型的丰富。大数据要分析与某事物相关的所有数据，而不是依靠少量的数据样本进行分析。城市道路交通基础设施网络相对固定，应对复杂环境下的多样化需求是其最大挑战。道路交通管制需要研究人在社会环境、城市

---

① 汪光焘. 大数据时代城市交通学发展的机遇 [J]. 城市交通, 2016 (1)：1-7.

交通网络双重作用下的行为（需求），以及研究道路交通网络在人和社会环境双重变化的需求约束下如何服务（构建和运行）。大数据带来的全样本[①]可以在一定程度上解决样本量不足带来的问题；同时，大数据带来的从寻求因果关系到关联关系、由标准化模式向自组织学习的思维方式转变，使得发现错综复杂的事物间的关系变成可能，从而可以研究开放、复杂环境下交通网络各要素间的关系，改善原有封闭式模型带来的弊端，更多地从多角度、多层次认识交通规律，提高道路交通网络的构建和运行效益。

3. 云计算

对云计算中"个人信息"的界定，主要包括下列信息：①个人身份识别信息，即任何可以用来识别或定位个人（如姓名、地址），或者可以通过相关信息识别个人的信息（如信用卡号码、邮政编码、互联网协议地址）；②敏感信息，即宗教或者种族、健康、性取向，或者其他被视为私人的信息，如个人的金融信息和工作绩效信息，类似这样的信息都需要额外的保障；③被认为是敏感的个人身份识别信息，如生物信息或公共场所监视摄像机图像；④惯用数据，即通过计算机设备收集的信息以及行为信息，如数字内容的观看习惯、用户最近访问的网站或产品的使用历史；⑤独特的设备标识，即可以唯一溯源于用户设备的其他信息，如IP地址、无线电频率识别标签、唯一的硬件标志。[②]

云计算力求在广阔自由的环境中共享信息资源，为更多的用户提供信息和知识服务，以实现服务和数据信息资源的最大化利用。然而，由于数据资源暴露在互联网上，不能确保公共云上的资源有适当的访问控制（认证、授权和审计），数据信息面临与日俱增的风险。此外，云共享下的交互模式使得数据的流动性增强，从另一个侧面增加了隐私数据在流动过程中被盗用和篡改的可能性。普遍存在的拒绝服务和分布式拒绝服务就是严重破坏数据资源的网络攻击。同时，数据跨境流动使得相关部门往往在未取得相关主体

---

① 大数据带来的样本，是否属于全样本存在争议，但可以获取更多要素的、要素间的、多时空下的数据则是毫无疑问的。
② 陶涛. 云计算领域隐私权保护的现实困境分析 [J]. 现代情报, 2014 (2): 162-167.

（信息主体或相关数据的持有人）授权的情况下，对云中的个人数据进行检查和处理，这对隐私数据保密性和完整性的要求提高到了新的层次。

4. 人工智能

人工智能的概念从1956年提出至今，在各个领域的应用成果有目共睹，其深刻地改变着人类的生活、生产和工作方式。人工智能第三次浪潮来临后，人工智能通过强大的计算和学习能力，呈现出跨界融合、人机协同、群智开放和智能操作等特征。人工智能结合互联网与大数据，不断方便人类生活并朝着智能化方向转变。然而，与人工智能飞速发展相伴而生的问题，对社会秩序产生了不可忽视的冲击与挑战，传统的法律体系作为维持社会秩序的工具已无法从容地应对这些冲击与挑战。①

人工智能治理的目标是保证人工智能发展能够造福于人类，实现技术向善。首先，人工智能治理还处于不断发展演变的过程中，是一个尚未成熟的领域。一方面，人工智能本身就有不同的定义；另一方面，人工智能具有黑箱特征，其算法机理还有无法解释的内容，其社会影响或可能产生的风险存在不确定性。其次，人工智能治理包含价值、机制、参与者、对象和效果等要素。价值观是一个非常重要的要素，应明确发展人工智能技术时，必须坚持哪些基本价值观。机制是指通过何种制度体系来实现有效的治理。参与者是指实现人工智能治理需要哪些参与者，可能包括个人、组织和国家。治理的对象既可能涉及企业的行为，也可能涉及使用者的行为。还有一个要素就是效果，即以何种方式评价治理的效果。再次，人工智能治理存在机制复合体现象。机制复合体现象是指在全球治理过程中，针对同一类问题，有不同的治理机制并存。这些治理机制之间有重叠，也有观点和价值的冲突，彼此也没有上下级关系，此时如何协调不同治理机制是一个很大的挑战。人工智能治理也呈现此类现象，需要进一步探讨。最后，人工智能治理涉及技术、

---

① 目前对于人工智能法律问题的研究主要分为三类：一是对目前的弱人工智能的实际应用进行法律规制的相关研究；二是对未来的强人工智能可能向人类社会提出的挑战进行预测性的研究；三是对于未来的超人工智能会造成什么样的颠覆性后果、是否可能进行法律约束的思考。相比较强人工智能和超人工智能的研究，弱人工智能的具体问题已经出现在了人类生活的方方面面，而且对弱人工智能在具体层面的应用所作出的法律回应也比较容易整合纳入现有的法律框架中。王雪原．人工智能对传统法治体系带来的冲击与挑战 [J]．河北企业，2019（6）：154．

社会和结果等维度。人工智能治理面临很多挑战，但其实很多挑战可以通过技术来解决，包括解决安全、标准、基础架构等问题。社会层面主要涉及伦理问题，通过设定规则来影响人工智能的发展和应用。在结果维度上，重点是解决负面效果，包括隐私、安全、歧视、贫富差距等问题。

5. 智慧交通

智慧交通代表着交通领域的新业态。它既是基于传统交通系统以实现对交通运输体系中各种要素（包括人、车、路、环境）的全面感知、泛在互联、协同运行、高效服务和可持续发展，又是集物联网、大数据和云计算等新一代信息技术于一体，并结合人工智能、知识工程技术等，实现具有一定自组织能力、判断能力和创新能力的更加高效和敏捷的交通运输系统。[①]

智能交通技术，一方面通过信息交流与互动，使交通网络和出行活动更为精准，另一方面通过交通大数据环境，为交通研究提供新的观测手段与研究基础，同时促进交通系统各要素的联系与衔接，使城市交通呈现开放性、自适应性、自组织性和动态性的复杂系统特征，推动交通理论研究向系统化、网络化方向发展。总之，以信息技术为手段，促进城市交通网络不同对象的联系与协同，使整个交通系统更加优化，人的需求更好地得到满足，交通系统更加安全、环保、可持续，是中国城市交通的发展方向与目标。

（二）城市智能交通的发展

我国的城市化进程在持续地稳定推进，越来越多的人口和车辆进入城市，城市交通压力与日俱增，亟待改善交通状况。在改善过程中，需要解决交通发展中的根源性问题，鼓励、支持发展智慧交通，为城市交通结构的完善和发展做出贡献。

随着互联网等信息技术在城市交通中的深入应用，共享单车、网约出租车、网约顺风车、共享车位等方式出现并快速发展。理论上，共享交通可以提高设施的使用率，改变原来只有通过交通设施数量的增长以满足交通需求的模式，但由于市场逐利意识的影响，公共资源可能会被过度占用，导致

[①] 张盈盈，陈燕凌，关积珍，等. 智慧交通的定义、内涵与外延 [C] //2014 第九届中国智能交通年会大会论文集. 北京：电子工业出版社，2014：5.

"公地悲剧"和"市场失灵"(如共享单车占用人行道)。对此,城市政府既不能严格限制,又不能任其发展。政策的滞后和管理的单一是一种普遍现象,如何合理引导交通市场化发展,改善城市公共空间环境,促进城市交通有序发展是摆在城市政府面前的一个重要课题。国家对智慧交通建设给予了一定的政策支持,各地政府在智慧城市建设中也进一步加大了对交通体系建设的投资力度。[①]

以北京市智慧交通发展为例,北京市一体化出行服务加速推进。在全国率先出台《北京市交通出行数据开放管理办法(试行)》,深化大数据在城市交通治理中的应用,促进交通行业和互联网企业深度融合。大力发展共享交通,打造基于移动智能终端技术的服务系统,实现"出行即服务",推出国内首个绿色出行一体化服务(MaaS)平台,覆盖全市95%以上公交线路,实时信息匹配准确率超过97%,用户数累计达2400余万人,为市民合理选择出行时间、出行方式和出行路线提供高品质、精细化服务。实现北京市公共交通"一码通乘",累计注册用户超过920万人,跨方式刷码比例超过20%,公共交通换乘更加便捷。[②] 北京交通管理指挥控制系统利用遍布全市快速路、主干路网的上万个检测线圈、视频、超声波、微波设备,24小时自动采集路面交通流量、流速、占有率等运行数据,这一方面可以服务于城市交通管理决策,另一方面可以通过将采集到的交通流信息进行整合、分析和处理,以图形方式显示实时动态路况信息,并自动与前4周的相关数据进行对此,如超出历史常量值,系统将给出警告提示,为路况信息对外发布和路面交通控制提供可靠依据。另外,北京市交通运行监测调度中心是全国首个城乡一体化的交通运输综合指挥中心,建成了集轨道交通、地面公交、出租车等综合运输方式和城市道路、高速公路监控调度、统计分析、气象保障和应急指挥为一体的新一代综合交通运输管理系统,实现了全市综合交通运输的统筹、协调和联动,促进交通发展模式从"交通各行业的独立运行向综合运输协

[①] 苑宇坤,张宇,魏坦勇,等. 智慧交通关键技术及应用综述 [J]. 电子技术应用,2015 (8): 9 - 12.

[②] 参见《北京市人民政府关于印发〈北京市"十四五"时期交通发展建设规划〉的通知》(京政发〔2022〕17号)。

调"转变,为缓解交通拥堵、提高交通运行效率、减少机动车能源消耗及尾气排放提供了重要保障。面对增长迅速的海量数据,在云计算、大数据等技术支撑保障下,北京市交通运行监测调度中心成为集交通运行监测、交通决策与管理、综合信息服务、数据共享与信息发布等功能于一体的重要中枢,通过智能化信息设备和先进系统分析,大幅提升交通运输监测一体化、交通管理精细化、信息服务精准化,增强应急指挥决策分析能力,提高交通运输系统运行效率和安全水平。交通管理系统将具备强大的存储能力、快速的计算能力以及科学的分析能力,系统模拟现实世界和预测判断的能力更加出色,能够从海量数据中快速、准确提取出高价值信息,为管理决策人员提供应需而变的解决方案,交通管理的预见性、主动性、及时性、协同性和合理性水平将大幅提升。

从北京的实践来看,智慧交通发展需要与经济发展速度相适应,使其对经济发展做出贡献。城市智能交通的发展目标不能仅仅停留在智能交通技术自身先进性的层面上,而应当与城市整体发展目标相一致,以此来研究智能交通与城市交通的结合。互联网技术在交通领域的发展,产生了许多新的社会问题,但同时也是解决很多社会问题的方案。如果立法者不充分理解技术,也没有去尝试发挥技术自身的社会治理功能,那么就无法制定出适宜新技术发展形成的新的道路交通现象的规划。认识社会治理工具的多样性特点,不仅要了解交通法律现有的弊端,还要深刻地认识技术本身具有的同样的行为激励作用和社会治理作用。道路交通法律在完善过程中,需要侧重于关注互联网技术等治理工具与国家立法治理工具之间的相互影响关系,积极主动地塑造和发挥技术的自律作用;应综合考虑公众、企业、政府等不同方面的诉求,建立信息公开分享机制,推进交通智能技术的发展方向、发展方针的研究。

(三)新型道路交通现象问题的提出

事实上,人们对技术的高速发展总是既迷恋又恐惧。迷恋是因为科技使人类的生活更加便捷和丰富。恐惧则主要来自两个方面:一方面,人们担心技术脱离人类的控制;另一方面,关涉人的本质,忧心于本应作为工具的技术可能反过来控制人类的生命,从而使人异化为工具,从这一意义上来说,恐惧更为深刻。① 阿尔法围棋（AlphaGo）战胜围棋世界冠军李世石是一个标志性的事件，其重要意义在于，该事件意味着机器战胜人类的领域，不再局限于简单的、机械性的、重复性的劳动，更包括复杂性和创造性的人类活动。在那些因需要运用认知、理解甚至创造等高级能力而被认为专属于人类的独特领域，机器有能力与人类一较高下甚至将人类远远地抛诸身后。从制度史上看，科技创新一般会引发制度创新，尤其在大数据时代语境下，新科技常常给新制度的创新带来冲击力。经济学家道格拉斯·诺斯甚至把制度创新比作科技创新的副产品，认为它使科技变化的潜在利益得以实现。现阶段，法律落后于技术发展确实是社会现实，法律和技术在一段时间内不太协调是必然会发生的问题。因为法律需要稳定性，而技术的发展不是持续性的，而是跳跃性的，新型道路交通技术的快速发展对现有的法律制度造成一定的挑战。

新型道路交通现象的发展极大地改变了人们的生产生活方式，但也带来了不少监管困惑，其集中体现为大量互联网新业态处于没有明确法律规制的状态。以网约车行业为例，即便在2016年《网络预约出租汽车经营服务管理暂行办法》（2022年修正，以下简称《网约车暂行办法》）颁布之后，我国各地仍有一些实际从事网约车运营的驾驶员和车辆没有获得相关行政许可，属于"无证运营"的状态。一方面，根据传统的法律制度，新型道路交通现象发展缺乏法律依据，甚至被传统法律、法规或规章所禁止或限制；另一方面，新型道路交通现象极大地满足了人民群众对美好生活的需要，监管部门实际上也无法严格执法，禁止新技术新业态的实际存在。法律要促进和引领新技术的发展，就需要法律和技术相协调，用技术的发展来推进法律更新，不断调整法律，从而满足技术发展的要求，实现进步。

三、城市交通法律制度的新要求和新趋势

城市交通事关亿万人民的基本需求，是重大的民生问题，对建设宜居宜业城市，提高人民群众生活质量，具有重要作用。2021年3月11日，十三

---

① 黄伟文. 从独角兽到AI：人工智能应否取代法律职业？[J]. 法制与社会发展，2020（5）：164–184.

届全国人大四次会议通过的《中华人民共和国国民经济和社会发展第十四个五年规划和2035年远景目标纲要》（以下简称《"十四五"规划纲要》）明确提出，建设现代化综合交通运输体系，推进各种运输方式一体化融合发展，提高网络效应和运营效率。城市交通是城市区划内的社会公共服务，立足城市发展全局，着眼于整个城市群空间布局和结构，以及建设现代化都市圈的要求，把解决交通拥堵问题放在建设宜居城市的重要位置，形成以绿色出行为主导的交通结构，更好服务于城市经济社会发展和人民群众的出行需求。结合城镇化、城市现代化发展的背景，认真梳理《"十四五"规划纲要》中关于交通工作的要点，理解社会经济发展新时期城市交通的法律需求，掌握城市交通法律制度体系发展的新趋势，有利于深入理解城市交通法律制度的发展规律，完善城市交通法律制度理论体系。

（一）《"十四五"规划纲要》中有关城市交通的内容

《"十四五"规划纲要》在第十一章中专节提出加快建设交通强国战略，强调推进城市群、都市圈交通一体化发展，并在之后章节中提出打造城市智能交通、绿色交通等相关主题。具体而言，关于"城市交通"的内容体现为以下几个方面。

在第十一章"建设现代化基础设施体系"中提出，积极稳妥发展车联网，加快交通传统基础设施数字化改造，加强泛在感知、终端联网、智能调度体系建设；并在专节中提出加快建设交通强国，建设现代化综合交通运输体系，促进各种运输方式一体化融合发展，推进城市群、都市圈交通一体化，有序推进城市轨道交通发展，构建多层级、一体化综合交通枢纽体系。

在第十五章"打造数字经济新优势"中提出，构建基于5G的应用场景和产业生态，在智能交通、智慧物流等重点领域开展试点示范。

在第十六章"加快数字社会建设步伐"中提出，分级分类推进新型智慧城市建设，推动交通出行等各类场景数字化，打造智慧共享、和睦共治的新型数字生活。

在第十七章"提高数字政府建设水平"中提出，加强公共数据开放共享，优先推动交通等高价值数据集向社会开放。

在第二十八章"完善城镇化空间布局"中提到，建设现代化都市圈，推动市内市外交通有效衔接和轨道交通"四网融合"，完善大中城市宜居宜业功能。

在第二十九章"全面提升城市品质"中提出，推进新型城市建设，提升城市智慧化水平，优先发展城市公共交通，建设自行车道、步行道等慢行网络。

在第三十八章"持续改善环境质量"中提出，深入推进交通领域低碳转型。

在第三十九章"加快发展方式绿色转型"中提出，全面提高资源利用效率，坚持节能优先方针，深化交通领域节能。

在第五十四章"全面提高公共安全保障能力"中提出，深入推进交通等重点领域安全整治，实行重大隐患治理逐级挂牌督办和整改效果评价；科学调整应急物资储备品类、规模和结构，提高快速调配和紧急运输能力。

(二) 我国城市交通法律制度构建完善的新要求

《"十四五"规划纲要》中关于城市交通的内容是对2019年中共中央和国务院发布的《交通强国建设纲要》的再次重申和具体细化，另有部分内容是对2021—2025年这五年工作的具体要求。整体来看，《"十四五"规划纲要》对我国构建和完善城市交通法律制度提出了以下四点新要求。

1. 明晰城市交通发展的前进方向——智能交通、数字交通

城市交通法律制度的构建和完善，应紧紧围绕城市交通发展的前进方向。《"十四五"规划纲要》中多处提及"智能交通""数字交通"的建设理念，城市交通的发展与科学技术的进步密切相关，5G技术、物联网、泛在感知等技术的日益革新，使现代城市交通智慧运输网络的构想成为可能。智能交通是智慧城市建设的重要内容，其根本目标是为城市创造一个智能、便捷、通畅的交通出行环境。

2. 考虑城市交通运行突发事件的预防应对——韧性交通

突如其来的新型冠状病毒感染疫情（以下简称新冠疫情），是对我国城市交通治理的一次大考。韧性交通理念的核心在于提高公共安全保障能力，在形成面对风险时，能够展现较强的快速应对能力、适应能力和恢复能力的城市交通体系。为实现城市的正常运行，保障城市运行安全、高效、可持续的基本秩序，避免公共事件发生对城市造成的影响，城市交通法律制度应促

进城市的韧性建设，以"防患未然"为原则，即不仅要对已经出现的城市问题或者潜在风险做到"既病防变"，又要为应对不确定性预留"冗余空间"，即"未病先防"。

3. 明确城市交通发展的重点领域——绿色交通、节能交通

当前城市交通发展的外部环境正在发生变化，资源和生态约束凸显。城市交通的发展要立足城市发展全局，着眼整个城市群空间布局和结构，满足建设现代化都市圈的要求，通过构建绿色出行为主导的交通出行格局，优化城市交通网络，衔接好航空、铁路、公路等对外交通体系，从而更好地服务于城市经济社会发展和人民群众出行。通过制定和完善城市交通法律规范，促进人与自然和谐共生，推动发展绿色交通，在能耗排放上做"减法"，在经济发展上做"加法"。

4. 考虑城市交通发展的整体布局——城市群、都市圈一体化交通

城市与城市并非孤立而存，城际之间的"交流""互动"，亦是城市交通发展的重要板块。在城际间打造"一小时经济圈"，推动市内外交通有效衔接和轨道交通"四网融合"，提供优质、快捷的交通运输服务，推动交通运输方式一体化融合发展，建立多层次、一体化的综合交通运输网络，对优化城市功能布局、促进大中小城市和小城镇协调发展、扩大有效投资等具有一举多得之效。其不仅有利于发挥中心城市辐射带动作用，还有利于扩大公共交通服务供给、有效缓解城市交通拥堵、推进新型城镇化发展，更有利于实现城市宜居宜业的目标。因此，为了进一步实现城市群、都市圈一体化交通，加强法律层面的保障工作，势在必行。

(三) 我国城市交通法律制度发展的新趋势

理解城市交通满足城市居民出行需求的本质，明确当前形势下城市交通发展的法律需求，需要进行前瞻性的思考判断，并以此形成一定的制度模式。随着时代的发展，为我国的城市交通法律制度不断地注入实践性的元素，使城市交通法律体系能更加适应城市建设和发展的当下与未来。

1. 适应智能交通、数字交通的发展，完善交通新业态规范制度

大力发展智能交通、数字交通的背景下，大数据、互联网、人工智能、

区块链、超级计算等新技术与交通行业正在深度融合。对交通新业态和城市交通法律法规预期研究的前提是，深刻理解技术变革影响着人类的工作方式和空间选择，这也是塑造城市形态和交通布局的重要隐形力量。新业态可能具有"技术先进性"和"应用负外部性"双重特征，在此情况下，现行的政府管理架构、职能分工、管理机制、标准规范等都将面临极大的挑战，城市交通系统的复杂性以及各类矛盾的严峻性将全面升级。[①] 由此，应积极地完善交通新业态的相关规范制度，妥善地应对"互联网＋"城市交通中出现的核心问题，如交通责任主体、服务公平和社会公正、个人隐私与信息保护、法律公平伦理等，作出及时、有效的回应。

2. 以建设韧性城市为目标，提高城市交通韧性

交通运输在现代城市呈现多基点、多方向的立体辐射状态，城市交通出现突发事件[②]时，需要政府和社会共同行动，制定重大突发公共事件的应急预案，并利用技术模拟各突发事件发生的情境及采取何种方案最为有效，最终定型上升为相关制度。城市交通法律制度应从整个城市公共应急管理体系的角度出发，对现有的以部门工作为立法基点的法律规范进行整理复盘，并作出相应的修改，以提高应对突发事件的交通韧性。

3. 形成城市交通绿色发展、节能发展长效机制

城市交通法律制度，应坚持社会主义生态文明观，坚持人与自然和谐共生，加快构建绿色节能发展标准，完善交通科技创新和交通环保监督管理等制度体系，实现绿色交通由被动适应向先行引领、由试点带动向全面推进、由政府推动向全民共治的转变，进一步推动形成绿色节能的发展方式和生活方式。为实现该目标，应坚持体制机制创新、管理创新、技术创新和方式创新，着眼于建设现代化经济体系的战略目标，着力深化交通运输供给侧结构性改革，转变交通发展方式，优化交通运输结构，推广绿色出行方式，推动形成城市交通绿色发展、节能发展长效机制。坚持以政府为主导、企业为主

---

① 汪光焘，王婷．贯彻《交通强国建设纲要》，推进城市交通高质量发展［J］．城市规划，2020（3）：35．

② 突发事件是指突然发生的造成或者可能造成严重社会危害，需要采取应急处置措施予以应对的自然灾害、事故灾难、公共卫生事件和社会安全事件。

体、社会组织和公众共同参与，通过法律、经济、技术和必要的行政手段，着力构建约束和激励并举的绿色交通制度体系，努力建设政府、企业、公众共治的绿色交通行动体系。

4. 建设交通一体化体系，保障综合运输体系运行效益发挥

城市交通法律制度，既应保障综合运输体系效益的充分发挥，实现交通经济效益和社会效益的最大化，又应促进综合运输体系的形成，突出统筹协调，注重各种运输方式融合发展和城乡区域交通运输协调发展。国家综合立体交通网是一项系统工程，必须充分发挥好各种运输方式的比较优势和组合效率，坚持系统观念，优化网络布局，调整运输结构，加强交通运输资源整合和集约利用，提升设施网络化和运输服务一体化水平，提升综合交通运输整体效率。

"十四五"期间，落实交通强国战略的各项工作，必须在法治轨道内进行。总体而言，城市交通法律制度的设计，应立足于城市发展全局，推动城市群、都市圈交通一体化建设，以构建智能交通、数字交通、绿色交通、节能交通为目标，提高城市交通韧性，进而促进城市宜居宜业目标的最终实现。

第一章

新型道路现象对交通法律制度的挑战

一、新型道路交通现象对现有交通法律法规的冲击

2019年，中共中央、国务院印发的《交通强国建设纲要》明确提出要大力发展智慧交通，推动大数据、互联网、人工智能、区块链、超级计算等新技术与交通行业进行深度融合。

技术变革，影响着人类的工作方式和空间选择，是塑造城市形态和交通布局的重要隐形力量，也是对交通新业态和城市交通法律法规进行预期研究的重要前提。由于新业态可能具有"技术先进性"和"应用负外部性"双重特征，现行的政府管理架构、职能分工、管理机制、标准规范由此都将面临极大的挑战，城市交通系统的复杂性以及各类矛盾的严峻性也将全面升级。[1]

（一）道路交通责任主体问题

交通主体是指全体交通参与者，包括交通活动组织者、管理（执法）者、提供（运输、服务、科技、工程建设与监理）者、需求者或使用者、影响者，这五类群体在特定境遇下的角色、行为和功能都可以互换。交通主体通常是自然人、法人和其他组织。但是，在交通新业态中，由于无人驾驶技术、智能交通管理设施的广泛运用，在某些交通现象中会出现机器代替传统主体的问题，如无人驾驶汽车、智能交通缴费系统（Electronic Toll Collection，ETC）。无人驾驶汽车颠覆了以往的人与车关系、车与车关系，随着完全自动

---

[1] 汪光焘，王婷. 贯彻《交通强国建设纲要》，推进城市交通高质量发展 [J]. 城市规划，2020（3）：35.

驾驶模式下汽车驾驶人概念的消失，法律规制的对象将可能不是车辆的所有权人、使用人，而是人工智能自动驾驶系统的开发者、制造者。交通新业态的出现，使得交通责任主体的界定变得极其复杂。

虽然对交通新业态的责任主体的判断将会是一个非常复杂的法律问题，但其基本原则应该是以下两点：一是根据交通运输工具的运行是否处于实质性支配管理的地位来判断；二是从交通运输工具在运行中是否获得了利益来论证。责任判断的基本理念是，应由掌控危险的人负责由危险引发的损害。在交通新业态中，要设计合理的责任主体判断标准和程序，形成合理的法律责任体系。一方面，应避免简单地以产品质量责任取代交通责任的倾向；另一方面，要给智慧交通的设计者、生产者、经营者留下足够的制度空间，避免阻碍技术进步。

(二) 个人隐私与信息保护问题

实践中，个人隐私也被称为个人数据或个人信息。个人隐私保护是长期以来各国立法关注的核心议题，在人工智能的发展过程中，该问题仍然是各方的重点关切领域。特别是随着大数据技术和智能技术的结合，政府和企业的决策越来越依赖大量的数据分析，即大规模的数据收集、分析和使用，这将使传统社会走向透明化，在万物互联、大数据和机器智能三者叠加后，人们或许将不再有隐私可言。

1. 个人隐私、个人信息和个人数据

《中华人民共和国民法典》（以下简称《民法典》）第1032条第2款规定："隐私是自然人的私人生活安宁和不愿为他人知晓的私密空间、私密活动、私密信息。"个人信息是指以电子或者其他方式记录的，与已识别或者可识别的自然人有关的各种信息，不包括匿名化处理后的信息。个人隐私和个人信息这两个概念存在交叉重合的关系，但也有明显不同之处。除私密信息涉及敏感个人信息外，其他类型的隐私不涉及个人信息。即使就部分敏感个人信息而言，权利人可能出于特定的目的而愿意公开，或已经进行了公开。这些信息可能已经不再构成隐私，但仍然属于敏感个人信息。敏感信息大多属于私密信息。尽管如此，但仍应明确的是，个人信息并不等同于隐私，隐私权作为一项重要的人格权，主要是通过《民法典》人格权编的规则予以保护，并辅之以相应的单行法和司法解释，进而形成周延的保护体系。对于个人信息而言，由于对此种权益的保护具有公法与私法的双重属性，所以完全通过私法层面的保护是不全面的，其中涉及公法的管理性规范，亦需要公法层面的协同。

随着数字经济时代的到来，数据成为一种新型的生产要素和社会财富而被不断分享、分析和利用，相伴而生的个人隐私安全问题也成为数字社会的首要关注点。根据《中华人民共和国数据安全法》（以下简称《数据安全法》）第3条规定，数据是指任何以电子或者其他方式对信息的记录。根据欧盟《通用数据保护条例》（General Data Protection Regulation，GDPR）的相关规定，个人数据是指已识别到的或可被识别的自然人（即数据主体）的所有信息。可被识别的自然人是指其能够被直接或间接地通过识别要素得以识别的自然人，尤其是通过姓名、身份证号码、定位数据、在线身份等识别数据，或者通过该自然人的物理、生理、遗传、心理、经济、文化或社会身份的一项或多项要素予以识别。从这个意义上来理解，个人信息和个人数据这两个概念的内涵是一样的。

2007年12月颁布的《欧盟基本权利宪章》第8条第1款和第2款规定：人人享有与其相关的个人数据受到保护的权利。此类数据必须在特定目的下，并基于当事人同意或法律规定的其他合法依据来公正处理。每个人均有权访问他人收集的有关其个人的数据，并有权更正这些数据。根据GDPR的有关规定，个人数据的处理应服务于人类。保护个人数据的权利不是绝对权利，须结合考虑其社会功能，依据比例原则使其与其他基本权利保持平衡。

支撑各行业智能化发展的基础是大量的个人数据。企业在起步阶段，需要收集大量数据，建立独立的数据库；在发展阶段，为了提供个性化、高质量的服务，需要更进一步地加强数据收集与分析，并生成新的有针对性的信息。数据的存储和利用贯穿了技术升级的全过程，使得数据的价值不断升华，引起人们极大的数据挖掘热情。科学技术的伟大变革，不仅改变了技术本身，还改变了社会结构的运作与内在的逻辑关系。

首先，互联网的各个平台为个人数据的增长提供了空间，基于互联网的快速发展及其记录功能的完善，个人数据的总量增长速度惊人，这从数据的计量单位就可以看出来，以前使用较多的单位是 M，现在是 G、T，而且 P、E、Z 都已经开始使用了；[1] 其次，个人数据处于流动状态，数据的传递次数以及使用、存储情况难以预计，庞大的运算量使得个人数据流动性更强，数据处理的环节增多且复杂，每个产业环节（收集、储存、交易、使用等）都涉及诸多参与者，并且个人往往对此一无所知；最后，个人数据除涵盖公民身份类数据外，还包括公民的交易类数据（消费与金融活动等）、互动类数据（网络言论等）、关系类数据（社会网络等）、观测类数据（地理位置等）等。

人工智能时代，数据的收集、使用等各个环节都面临着新的风险。在数据收集环节，大规模的机器自动化地收集着成千上万的用户数据，涉及包含个人姓名、性别、电话号码、电子邮箱、地理位置、家庭住址等在内的方方面面的信息，这些海量数据汇集形成对用户的全面追踪。在数据使用环节，大数据分析技术广泛使用，数据经挖掘能分析出深层信息，不仅可以识别出特定的个人，还能分析出个人的购物习惯、行踪轨迹等信息，这进一步扩大了隐私暴露的风险。在整个数据的生命周期中，由于黑客攻击、系统安全漏洞等原因，个人数据还始终存在被泄露的潜在安全风险。

2. 个人隐私和个人信息保护的主要法律制度

在我国，隐私权是指个人对其私领域的自主权利，其保护范围包括私生活不受干扰及对个人信息的自我控制。[2]《民法典》人格权编第六章"隐私权和个人信息保护"中，[3] 对于隐私、个人信息以及个人信息的处理等基本概

---

[1] M、G、T、P、E、Z 为硬盘存储大小的计量单位，具体的数量关系如下：1GB = 1024MB、1TB = 1024GB、1PB = 1024TB、1EB = 1024PB、1ZB = 1024EB。

[2] 一般认为隐私权主要包括以下四类：个人生活安宁权、个人信息与生活情报的控制和保密权、个人通信秘密权、个人对其隐私的利用权。王泽鉴. 人格权法：法释义学、比较法、案例研究 [M]. 北京：北京大学出版社，2013：229.

[3] 《民法典》第 1032 条规定："自然人享有隐私权。任何组织或者个人不得以刺探、侵扰、泄露、公开等方式侵害他人的隐私权。隐私是自然人的私人生活安宁和不愿为他人知晓的私密空间、私密活动、私密信息。"

念作出了清晰的界定，同时明确了禁止实施的侵害隐私权的行为类型，以及处理个人信息应遵循的原则与合法性要件、个人信息的合理使用。为了协调自然人的个人信息保护与信息的自由流动和利用之间的关系，《民法典》没有规定个人信息权，而是使用了"个人信息保护"这一表述。[①] 从相关规定可以看出，自然人对于个人信息享有的是民事权益而非公权利。凡是能够直接或间接地识别特定自然人的信息都属于个人信息。

2021年6月10日，十三届全国人大常委会二十九次会议通过《数据安全法》，自2021年9月1日起施行。《数据安全法》是中国实施数据安全监督和管理的一部基础性法律，是为了规范数据处理活动，保障数据安全，促进数据开发利用，保护个人、组织的合法权益，维护国家主权、安全和发展利益而制定的，其根本目的就是要提升国家数据安全的保障能力和数字经济的治理能力。该法共7章55条，分别为总则、数据安全与发展、数据安全制度、数据安全保护义务、政务数据安全与开放、法律责任、附则。2021年8月20日，十三届全国人大常委会三十次会议通过《中华人民共和国个人信息保护法》（以下简称《个人信息保护法》），自2021年11月1日起施行。《个人信息保护法》共8章74条，分别为总则、个人信息处理规则、个人信息跨境提供的规则、个人在个人信息处理活动中的权利、个人信息处理者的义务、履行个人信息保护职责的部门、法律责任、附则。《个人信息保护法》的施行标志着我国个人信息保护立法体系进入新的发展阶段，对公民信息权益的维护以及数字经济的发展具有重要意义。《数据安全法》《个人信息保护法》

[①] 《民法典》第990条第2款规定："除前款规定的人格权外，自然人享有基于人身自由、人格尊严产生的其他人格权益。"第1034条规定："自然人的个人信息受法律保护。个人信息是以电子或者其他方式记录的能够单独或者与其他信息结合识别特定自然人的各种信息，包括自然人的姓名、出生日期、身份证件号码、生物识别信息、住址、电话号码、电子邮箱、健康信息、行踪信息等。个人信息中的私密信息，适用有关隐私权的规定；没有规定的，适用有关个人信息保护的规定。"第1035条规定："处理个人信息的，应当遵循合法、正当、必要原则，不得过度处理，并符合下列条件：（一）征得该自然人或者其监护人同意，但是法律、行政法规另有规定的除外；（二）公开处理信息的规则；（三）明示处理信息的目的、方式和范围；（四）不违反法律、行政法规的规定和双方的约定。个人信息的处理包括个人信息的收集、存储、使用、加工、传输、提供、公开等。"

和《中华人民共和国网络安全法》(以下简称《网络安全法》)①、《中华人民共和国密码法》(以下简称《密码法》)② 相辅相成，共同构成了中国数据安全的法律保障体系，成为推动我国数字经济持续健康发展的坚实"防火墙"。

个人信息的人格利益属性，决定了对其利用时须以个人同意为前提，但需要设计出一种既能符合互联网社会要求，又能体现尊重与保护信息主体利益的现代科学同意方式。2012年12月28日召开的十一届全国人大常委会三十次会议通过了《全国人民代表大会常务委员会关于加强网络信息保护的决定》，其中规定"国家保护能够识别公民个人身份和涉及公民个人隐私的电子信息"，确立了对"个人信息"采取"识别说"的定义模式。《电信和互联网用户个人信息保护规定》（工业和信息化部令第24号）及《网络安全法》《民法典》延续了"识别说"的思路，都将"个人信息"定义为以电子或者其他方式记录的能够单独或者与其他信息结合识别自然人个人身份的各种信息。《个人信息保护法》基本坚持了"识别说"的模式，突出强调了"已识别或者可识别"的要件，同时也弱化了对"身份"性的限定，放弃了对具体个人信息类型的列举，并明确匿名化信息不是个人信息，从而为实践留足了解释和调整的空间。

3. 交通领域中个人隐私和个人信息的保护

在交通领域讨论交通参与人的个人隐私与信息保护，涉及公共空间中的

---

① 《网络安全法》是在2016年11月7日十二届全国人大常委会二十四次会议上通过，自2017年6月1日起施行。该法是为保障网络安全，维护网络空间主权和国家安全、社会公共利益，保护公民、法人和其他组织的合法权益，促进经济社会信息化健康发展而制定的。该法第22条规定："网络产品、服务应当符合相关国家标准的强制性要求。网络产品、服务的提供者不得设置恶意程序；发现其网络产品、服务存在安全缺陷、漏洞等风险时，应当立即采取补救措施，按照规定及时告知用户并向有关主管部门报告。网络产品、服务的提供者应当为其产品、服务持续提供安全维护；在规定或者当事人约定的期限内，不得终止提供安全维护。网络产品、服务具有收集用户信息功能的，其提供者应当向用户明示并取得同意；涉及用户个人信息的，还应当遵守本法和有关法律、行政法规关于个人信息保护的规定。"

② 《密码法》是在2019年10月26日十三届全国人大常委会十四次会议上通过，自2020年1月1日起施行。该法是为了规范密码应用和管理，促进密码事业发展，保障网络与信息安全，维护国家安全和社会公共利益，保护公民、法人和其他组织的合法权益而制定的，是中国密码领域的一部综合性、基础性法律。该法第12条规定："任何组织或者个人不得窃取他人加密保护的信息或者非法侵入他人的密码保障系统。任何组织或者个人不得利用密码从事危害国家安全、社会公共利益、他人合法权益等违法犯罪活动。"

个人是否还有隐私权保护的问题。公共空间是指任何人都可以进出并用于公众从事社会生活的场所。[①] 学术界突破了隐私权的传统界限，认为隐私权应当从私人空间领域拓展至公共空间领域，行为人在公共空间内的各种行为并不能表明其完全放弃隐私权益。交通新业态采用数据采集与分析技术在为民众带来便利的同时，也引发了地域空间限制的破除、公共空间私人特性的凸显以及公法方面保护不力等问题，致使民众在公共交通场所（如火车站、地铁站、公共道路）时，隐私权受到侵犯成为一种必然。[②] 例如，在路口对闯红灯行人使用的"刷脸识别"、在道路上对超速的车辆拍照及视频监控、健康码中对个人行程登记等。

（1）对人脸识别的理解。

2017年5月，山东省济南市等地在多个路口启用了高清人脸识别设备，对行人和非机动车的闯红灯违法行为进行抓拍曝光，即把被抓拍到的违法行人的闯红灯视频及放大后的头像即时曝光在路口的显示屏上。该套设备采用高清人脸识别系统，即便夜间也能清晰成像，同时与居民身份信息系统相连，能够通过人脸迅速地识别出违法行人的姓名、身份证号码等个人信息。这是一种新的执法取证措施和方法，具有合法性和合理性，但也存在一定的法律风险和隐患，有待进一步防范和完善。[③] 身份制度是社会中重要的正式与非正式制度，并通过不同方式得以体现，当下最主要的是认证权力，特别是国家的认证权力。对人和物的认证，将变得更加关键，即赋予独一无二的标识符，并通过标识符进行追踪。值得注意的是，应区分认证和识别，从而观察不同形态的认证和识别技术。数字身份往往被认为是人们在赛博空间（Cyberspace）中对外活动的主体形象，用户借由互联网的匿名性隐藏物理世界中的真实身份，由此似乎可以自主地改变身份进行在线活动。一方面，经由国家赋予和认证，每个人会首先拥有一个固定不变的数字基础身份，以便

---

① 根据《公共场所卫生管理条例》（2019年修订）的规定，我国公共空间至少有7类28种，其中宾馆、招待所和公共浴室这类较为私密的空间，由于其自身的公共性、开放性、共享性和秩序性而被认定为公共空间。完全开放性公共空间包括公交车站、地铁站、火车站等。
② 张诗晗. 公共空间隐私权问题研究 [D]. 上海：上海交通大学，2016.
③ 王奉，赵司聪. 关于对公安交管部门启用高清人脸识别设备抓拍曝光闯红灯违法行为的法律分析 [J]. 汽车与安全，2019（1）：98-100.

合法地从事在线活动。另一方面，经由商业平台授权使用和识别，个人灵活多变的数字身份又在活动中被源源不断地生产出来，更深入地将个人自身卷入赛博空间的微观权力机制过程中。

从功能上讲，数字账户是一种汇集了权利凭证、数字档案和在线对外活动身份的混合体，拥有多重现实起源。数字身份的三个层次包括：①虚拟化身；②数据画像；③基础身份。人脸识别技术已经在越来越多的场景中得到应用，不仅涉及公共服务场所和设施，还涉及私人服务行为。人脸识别技术的特殊性在于，它被广泛应用于社会主体不同身份的认证和行为识别场景，从而也涉及人脸数据作为不同身份信息标识符的相关问题，因此有必要将人脸识别技术放在一个更为开阔的数字身份认证与识别的路径下进行讨论，以辨明这一技术应用的不同层次、主体和用途，进而在不同应用场景下，按照该行业/环境的使用目的与惯例，通过成本收益分析判断该技术是否以及如何得到使用。备受关注的人脸数据泄露、歧视风险问题，也可以从这一视角找到解决路径。

人脸识别的大致技术过程是：首先，需要被识别者提供本人较为清晰的照片录入数据库；其次，利用计算机视觉技术，通过相关硬件上的摄像头/屏幕在经由扫描收集到的真实人脸图像上进行特征参数标记，形成虚拟 3D 模型，从而转化为一个实时的人脸数据文件；最后，将这一文件与数据库照片进行对比，以判断是否为同一个体。人脸识别技术改变的是证件对外展示部分的消失，人脸成为一种替代各类证件的、能够适用于各类不同场景的通用身份标识符，尽管从外部看不出社会身份（无论是公共关系，还是私人关系），但成员的资质信息本身嵌入在背后的数据库和计算过程中，从而实现了信息与物理载体的真正分离。

认证权力是国家的核心权力之一，其适用范围十分关键。国家通过为公民办理身份证件，收集公民个人信息，对人口、税收、公共服务等方面进行统计调查，能够实现有效治理。随着单位和社会组织的兴起，不同组织、协会也会对其成员围绕各自颁发的社会身份进行认证，使得认证权力更加泛化。

表面上看，这一过程似乎是由数字系统取代了物理证件，即人（脸）+ 物理证件→人（脸）+ 数字系统，但实质上是数字系统背后的数据库比对过程替代了人和物理证件之间的匹配关系（有身份证件、目测相貌比对），从而更加精准。应注意的是，人脸被盗刷的风险更大，这不仅是因为人脸是一种生物性信息隐私，更是因为其公共属性，即在传统观念中，人脸作为进入社会网络的重要标识，代表了社会身份，一旦被盗刷可能意味着失去（虚拟）社会地位和信任，并最终丧失社会行动和交往能力。

公民隐私权的保护范围应当受到公共利益优先原则的限制，即如果公民从事了与社会公共利益有关的有害活动，其个人信息保护将受到法律的干预，如审判公开等制度就是这种原则的体现。具体到交通管理领域，在完全开放性公共空间，为维护公共利益与公共安全，交通管理部门有权采取必要的监控措施，但是必须限定在职权范围之内，凡是超出其职权范围的监控行为都构成对公共空间隐私权的侵犯。由于交通违法行为影响公共道路交通的安全、有序和畅通，因而交通违法信息一般不属于法律保护范围内的隐私，在不涉及个人身份信息的条件下，适度曝光交通违法信息并不构成对公民隐私权的侵犯。

（2）交通领域个人隐私数据泄露通知制度。

交通领域个人隐私的数据信息具有财产性，体现为直接的经济价值，信息经济学甚至将隐私数据信息作为一项产权标的加以确立。隐私数据的这种直接经济价值容易导致智慧交通的相关设施在运作过程中侵犯隐私以获得经济收益，相关信息服务提供商进而成为主要的侵权主体。此种完全以获得经济利益为目的的交通个人信息、隐私侵权，在很大程度上区别于一般的以侮辱和诽谤为目的网络隐私侵权。[①] 在现有个人信息保护法律框架下，应针对人工智能发展带来的个人信息保护新问题进行调整。一是明确个人信息范围。非个人信息经过大数据分析可变成个人信息，如智能终端设备数据、IP地址等是否属于个人信息需要通过未来立法予以明确。二是保障用户知情权。个人信息的收集及使用情况均须告知权利主体并征得其同意。立法应当进一步细化知情同意原则，即在收集个人信息时，要采用个人信息主体易知悉的方

---

① 针对隐私数据的泄露，云服务提供商应采取的安全保护措施主要有：提供更高安全性能的访问控制系统；采用安全级别适当的密码体制；在云计算设计和运行时段分析数据保护方法；实施强大的密钥生成方法、数据存储和管理方案以及数据恢复方案等。

式，向个人信息主体明确告知相关事项，不得采用隐蔽手段或以间接方式收集个人信息。三是加强数据匿名化。个人信息在收集和使用的过程中，应去除个人信息身份标识，使其无法识别特定个人，且不能被其他数据使用者轻易复原。生成匿名信息后，应向用户公示匿名信息包含的信息类别和执行方法。

数据泄露通知制度应该成为数据治理，特别是个人信息保护的核心制度。数字经济时代下，数据价值释放的基础是统计数据或者大数据。基于前文个人信息保护目标的阐述，用户应该能够享受积极福利，同时避免消极后果。数据泄露事件对用户的消极后果最为明显。例如，黑客入侵、员工泄密、系统安全漏洞、设备失窃都有可能造成数据泄露；错误配置的云存储、未受保护的代码存储库、脆弱的开源软件等也可能造成数据泄露。这些原因既包含了客观因素——系统漏洞或脆弱性等，也包括了主观因素——内部人员的失误或者黑客的入侵等。这些因素不可能完全消除或者杜绝，因此数据泄露并不能绝对预防。例如，系统漏洞并不可能完全不存在或者得到彻底弥补，而是需要适时更新。但是，漏洞总是先被发现，然后才有补救措施。其中的时间差，有可能会被黑客等利用而窃取数据。内部的违规操作虽然可以通过权限限定、流程管控等予以规制，但是制度总是存在被违反的可能性，故同样有可能由于内因导致数据泄露事件的发生。用户让渡数据所期望获得的是数字便利性的对价，让渡行为实际上是基于信任。而数据泄露事件会动摇信任基础，但这并非双方所期待的。通过数据泄露通知制度，可以在一定程度上消除信任基础的减损，也就是抵消负外部性。该制度的处罚条件是发生数据泄露事件，那么意味着用户本身并不具有积极的控制权，而只拥有消极的控制权。因此，对于相关主体发生数据泄露事件而不通知的，应当予以较高的处罚力度。

根据 GDPR 的规定，数据控制者不履行数据泄露通知义务，可处最高 1000 万欧元或其上一个财政年度全球年营业额 2% 的罚款。美国虽然没有联邦层面的数据泄露通知法规，但各州都有数据泄露通知法。部分州规定，个人可以向未履行通知义务造成损害的责任主体提起诉讼赔偿，或者直接依据该州的消费者保护相关法律向泄露方提出损害赔偿。根据各州的规定，有些处罚按照损害人群统计（民事处罚从 500 美元到 50 000 美元不等），有些按照泄露次数统计（泄露一次为 2500 美元），有些则按逾期时间计算（每天最高为 1000 美元）。① 法律责任提升的目的是提高违法门槛，防止企业刻意逃避通知义务，以促进制度的落地执行。此外，在技术手段上，也要形成溯源机制，能够在检查中发现瞒报数据泄露的情况。

（3）交通领域个人数据删除制度。

GDPR 第 17 条明确规定了删除权（被遗忘权），数据主体有权要求控制者及时删除其个人数据，并在如下某一情形时，控制者有义务及时删除数据主体的个人数据：①就收集或以其他方式处理个人数据的目的而言，该个人数据已非必要；②在没有其他有关数据处理的法律依据的情况下，数据主体撤回其作出的允许控制者基于一项或多项目的而收集个人信息的同意决定；③数据主体提出反对，并且不存在关于数据处理的更重要的合法依据，或者数据主体反对以直接营销为目的处理个人数据；④个人数据被非法处理；⑤根据所应遵守的欧盟或成员国规定的法定义务，个人数据必须被删除；⑥个人数据是因儿童监护人授权同意和提供社会信息服务而收集的儿童相关信息。

如果控制者已经将个人数据公开，而且有义务删除这些个人数据，那么控制者在考虑现有技术及实施成本后，应当及时采取合理步骤，包括技术措施，通知正在处理个人数据的控制者删除数据主体要求删除的相关个人数据的任何链接、副本或复制件。②

（4）交通领域数据处理登记制度。

数据处理登记制度是数据控制者（处理者）将收集、处理个人信息的相关情况报告主管部门进行登记的制度。数据治理中，该制度应当作为一项基础性制度。从各国立法来看，规定数据控制者（处理者）登记制度的并非多数，制度主要规定于欧盟及其成员国。此外，少数亚洲国家和地区（如韩国和中国香港）以及拉丁美洲国家（如秘鲁和哥斯达黎加）也存在数据处理登记制度。而美国、加拿大等北美国家、大多数亚洲国家和地区（如日本、新

---

① 方禹. 数据价值演变下的个人信息保护：反思与重构 [J]. 经贸法律评论，2020 (6)：16.
② 中国信息通讯研究院互联网法律研究中心，京东法律研究院. 欧盟数据保护法规汇编 [M]. 北京：中国法制出版社，2019：68 - 69.

加坡、以色列、印度、中国台湾）、大洋洲国家（澳大利亚和新西兰）目前没有该规定。数据处理登记制度实质上是一项备案的程序，目的是建立双向的联系，实现信息保护专员和信息保护机构之间信息共享。数据处理登记制度也是一项衔接性的制度，是数据泄露通知制度等其他制度顺利实现的前提。数据泄露事件紧迫性强，要求快速反应，只有信息保护专员和信息保护机构之间具备常态化的沟通联系机制，才能确保数据泄露通知制度有效落实。数字经济时代下，数据处理将不可避免地普遍化和常态化，数据控制者（处理者）本身就成为一个数据而在数字化生活中存在，因此非常有必要对数据处理进行基础性、系统性的统计。[1]

4. 自动驾驶技术应用中的个人信息保护

自动驾驶技术有其自己的特殊性，在数据安全方面呈现出新的特点。要使系统顺利运行，就必须对用户的大量数据进行采集和处理。法律必须在收集和使用车辆安全行驶所必需的数据和确保信息自主之间取得平衡。例如，《个人信息保护法》中规定了个人的知情权和同意权。同意的概念中，固有地包含了选择的概念。自动驾驶车辆如果没有上传数据，就意味着无法保证行驶安全，即没有某些数据，车辆会失去某些功能，或失去自我学习和自我完善的机会。同样，如果不向用户提供选择机会，也会影响个人自由和其他人身权利，而这本身可能会对人们使用自动驾驶系统带来消极影响。在自动驾驶的背景下，数据最小化和数据避免原则必须与道路交通安全要求相协调。

自动驾驶技术应用中，可能对乘客的隐私权和其他个人信息权益造成侵犯的途径主要有以下两种。一种是运用自动驾驶技术的交通工具数据库的泄露。例如，自动驾驶汽车通过车联网技术，在车与车、车与路、车与人和车与传感设备之间实现信息交互。汽车网络系统将成为信息的存储器，对乘客的乘车区间、目的地、工作生活场所和出行伴侣等出行信息皆有所掌握。一旦黑客侵入无人驾驶汽车系统，或者汽车制造商通过大数据获取并利用乘客数据信息，将会使乘客的隐私和其他个人信息无法得到保护。另一种是监控

---

[1] 方禹. 数据价值演变下的个人信息保护：反思与重构 [J]. 经贸法律评论，2020（6）：95-100.

信息的泄露或外流。① 例如，无人机使用时都必须向航空管理机构报备航线等相关信息，这些监控信息如没有得到有效的管理和控制，则会对无人机的所有权人、使用人的隐私和其他个人信息造成侵犯。再如，有的无人驾驶汽车内安装了监控设备，自动监控车内驾驶状况。一旦发生交通事故，黑匣子或者监控信息的公开，必然会涉及乘客的个人信息甚至隐私。② 按照默认隐私的数据法原则，车辆在交付时应已经具备有利于隐私保护的工厂设置，禁止收集、处理和使用与车辆安全无关的数据，除非这些数据是绝对安全关键的，并且驾驶员主动启用了这些功能。

在交通新业态下，以大数据运用为基础的智慧交通，基本上以收集用户数据为前提，才能促进技术的改进和发展。因而，新技术的运用需要进一步合理界定个人隐私和其他个人信息权利的边界，交通立法应明确交通数据经营者、使用者的行为规则和法律责任，并规范交通管理者的监管措施和监管程序。

二、新型道路交通现象对现有公共交通安全法律理论的冲击

与以往的传统技术不同，人工智能既是一种应用前景广泛，能深刻改变世界的革命性技术，同时也是一种开放性的、远未成熟的颠覆性技术，其可能导致的伦理后果目前还难以准确预料。人工智能的研发和应用，正在解构传统的人伦关系，引发很多伦理冲突，并在社会上引起广泛关注和热烈讨论。瑞恩·卡洛（Ryan Calo）在《机器技术与网络法经验》一文中指出，"人工智能具有与互联网不同的特性，会引发不同的法律问题，机器人第一次将数据的混杂性与身体伤害的能力结合起来；机器人系统以不可预知的方式完成任务；机器人越来越模糊人与工具之间的界限"。③ 由于人工智能技术正在快速发展，加之其具有长期积累、短期爆发以及影响深远的特性，机遇与风险并存，故一定要长远布局，规则先行。

近年来，美国、英国以及德国等世界科技强国加强人工智能发展的战略

---

① 郑戈. 人工智能与法律的未来 [J]. 探索与争鸣，2017（10）：78-84.
② 吴英霞. 无人驾驶汽车规范发展法律路径研究 [J]. 科技管理研究，2019（2）：40.
③ Ryan Calo. Robotics and the Lessons of Cyberlaw [J]. California Law Review, 2015, 103 (3).

部署，重点关注人工智能带来的法律及伦理挑战。各国在对人工智能的发展进行探索性和创新性推动的同时，也高度重视人工智能法律规则的部署，为产业发展提供强有力的制度保障。2016年，联合国教科文组织与世界科学知识与技术伦理委员会联合发布了《机器人伦理的初步草案报告》，对机器人以及机器人技术造成的伤害承担机制进行了讨论，认为人工智能系统决策"可追溯"是至关重要的，世界各国应当采用创新性的思路来应对人工智能系统的监管问题。[①]

为保持美国政府在人工智能领域发展的先进地位，美国科学技术委员会于2016年10月发布《为人工智能的未来做好准备》和《国家人工智能研究和发展战略计划》两份报告，同年12月美国白宫发布《人工智能、自动化与经济》报告，上述三份报告从技术产业、应用安全、经济社会、法律伦理等方面对人工智能进行了系统布局。2017年1月，美国计算机协会下属的美国公共政策委员会发布《算法透明性和可问责性声明》，提出基于算法的七大原则，包括意识、获取和救济、责任制、解释、数据来源、可审查性以及验证和测试。而英国则格外关注人工智能系统和机器人发展带来的法律问题。英国下议院的科学和技术委员会于2016年10月发布《机器人技术和人工智能》报告，阐述了人工智能的发展与监管带来的潜在的伦理道德与法律挑战，指出政府应当通过建立持续的监管制度来应对机器人技术与自动化系统的使用所带来的问题。[②] 2016年11月，英国政府科学办公室发布《人工智能：未来决策制定的机遇和影响》报告，阐述了人工智能的未来发展对英国社会和政府的影响。至于德国，则为高度或全自动化驾驶设立法律依据。2017年5月，德国联邦议院和参议院通过新修订的《道路交通法》，允许高度或全自动驾驶系统代替人类自主驾驶，给予其和驾驶人同等的法律地位。当高度或全自动化系统要求其接管时，或者当驾驶员意识到或（基于常识）应该意识到，汽车已不再具备符合规定的高度或全自动驾驶功能的运作条件

---

① 腾讯研究院. 人工智能各国战略解读：联合国人工智能政策报告 [J]. 电信网技术, 2017 (2): 26-28.

② 腾讯研究院. 人工智能各国战略解读：英国人工智能的未来监管措施与目标概述 [J]. 电信网技术, 2017 (2): 32-39.

时，车辆驾驶员有义务立即重新接管对汽车的控制。2021年5月，德国联邦政府颁布《自动驾驶法》，并再次修订《道路交通法》和《机动车强制保险法》。其中，《自动驾驶法》重点规范了下列方面：对具有自动驾驶功能的机动车的结构、质量和设备的技术要求；对具有自主驾驶功能的机动车颁发运营许可证的审查要求和程序；对操作具有自动驾驶功能机动车人员的义务规定；对具有自动驾驶功能的机动车运行中数据处理的规定；启用已通过车型认证的机动车自动驾驶功能；调整和制定统一的规则，便于开展自动驾驶汽车的测试。

我国也已在顶层战略中专门强调了人工智能法律法规和政策体系建设的重要性。国务院在2017年7月发布的《新一代人工智能发展规划》中也明确指出："人工智能是影响面广的颠覆性技术，可能带来改变就业结构、冲击法律与社会伦理、侵犯个人隐私、挑战国际关系准则等问题，将对政府管理、经济安全和社会稳定乃至全球治理产生深远影响。"在大力发展人工智能的同时，一方面，必须高度重视其可能带来的安全风险挑战，确保人工智能安全、可靠、可控发展；另一方面，要加强人工智能相关法律、伦理和社会问题研究，尤其是开展与人工智能应用相关的民事与刑事责任确认、隐私和产权保护、信息安全利用等法律问题研究。《新一代人工智能发展规划》提出的战略目标对法律体系建设提出了"三步走"要求：到2020年，部分领域的人工智能伦理规范和政策法规初步建立；到2025年，初步建立人工智能法律法规、伦理规范和政策体系，形成人工智能安全评估和管控能力；到2030年，建成更加完善的人工智能法律法规、伦理规范和政策体系。此外，《新一代人工智能发展规划》要求围绕自动驾驶、服务机器人等应用基础较好的细分领域加快立法研究，除重点解决前述法律问题外，还应加强对问责和追溯机制、潜在危险与评估等方面的法律问题的研究。中国国家新一代人工智能治理专业委员会于2021年9月25日发布《新一代人工智能伦理规范》，旨在将伦理道德融入人工智能全生命周期，为从事人工智能相关活动的自然人、法人和其他相关机构等提供伦理指引。同时，增强全社会的人工智能伦理意识与行为自觉，积极引导负责任的人工智能研发与应用活动，促进人工智能健康发展。该伦理规范明确提出，人工智能各类活动应遵循增进人类福祉、促进公平公正、保护隐私安全、确保可控可信、强化责任担当、提升伦理素养等六项基本伦理规范。①

目前来看，我国人工智能发展规划基本覆盖了现有领域和应用，体现了政府对于人工智能法律规则建构的考量。但不可否认的是，当前的法律规则无法充分应对人工智能应用带来的法律问题，部分法律规则仍不清晰，需要进一步明确。

(一) 交通法律公平伦理问题

交通伦理在城市交通法律制度中得以实现，需要通过一系列制度安排，在提高交通效率的同时，保障交通安全、维持社会公平正义、保证交通与环境和谐发展，进而实现交通价值、生命价值与自然价值的统一。因此，在交通法律制度制定与评估中，必须引入伦理评价，将制度设计的论证与城市生活的基本道德原则和伦理规范联系起来，使城市交通制度的设计更为合理，更易于被社会接纳。

城市交通伦理的最高价值取向是构建安全、便捷、文明、舒适、公平、和谐、环保、可持续发展的城市交通体系。② 城市交通法律制度的设计应符合城市交通伦理的基本要求。智慧交通等交通新业态的发展可能会带来损害交通伦理和交通公平的不利后果，甚至弱化人类文明的传承力和创新力。例如，具有学习能力的无人驾驶汽车在行车过程中，会超越程序设定而自主做出一些行为；在行为时，其将不受任何人员或程序的控制，且不具有伦理价值观念，而这对于社会来说，是一种威胁。例如，美国于2016年9月出台的《联邦自动驾驶汽车政策》中，第一部分就规定了无人驾驶汽车的性能指南，旨在指导制造商及其他相关主体进行安全设计与研发。另外，从出行人角度来看，智慧交通新技术的广泛运用，使得许多人在享受交通便利的同时，也导致被新技术隔绝的弱势群体在参与交通活动时受到制约，交通弱势群体面临严重的社会边缘化问题，甚至遭受社会排斥。收入较低的社会弱势群体受

---

① 孙自法. 中国发布《新一代人工智能伦理规范》融入人工智能全生命周期 [EB/OL]. (2021-09-27) [2023-03-04]. http://www.baijiahao.baidu.com/s?id=1712016846344213111&wfr=spid.
② 陆礼. 论"和谐交通"的结构特征与伦理关系 [J]. 交通企业管理, 2006 (12): 47-48.

到自身经济条件的约束，面临着出行成本高、公共交通工具使用受限的交通公平问题。① 学术界对人工智能发展的态度可谓"喜忧参半"，其"忧"体现在担心人工智能带来伦理等方面的不利后果，甚至弱化人类文明的传承力和创新力。

价值问题虽然比较棘手，但它是法律科学所不能回避的。即使是最粗糙的、最草率的或最反复无常的关系调整或行为安排，在其背后总有对各种互相冲突和互相重叠的利益进行评价的某种准则。这种准则，可能仅仅是保持和平，保持社会现状，或是促进最大限度的自由的个人自我肯定；还可能是一个占统治地位的社会或经济阶级，或是争取成为占统治地位的阶级的自我利益的实施，又或者是维护和加强一个已经确立的政治组织的权力。如果在某时某地，这些价值准则或多或少无意识地被确立起来的话，那么由于立法者和法律工作者的出现，这些准则就日益获得了系统的发展和制定，并日益与文明社会中的各种生活假说发生关系。②

人工智能不断模糊现实世界和数字空间的界限，延伸出复杂的伦理与法律问题。自动驾驶技术兴起的初衷在于减少交通事故，解放人的双手，如果自动驾驶汽车能避免事故的发生，也就不存在伦理决策问题。但即使随着技术的发展，自动驾驶技术也很难在复杂的交通环境中避免事故的发生。因此在面临必然发生的事故时，自动驾驶汽车就必须做出选择。

以自动驾驶车辆的交通伦理中最为普遍的"电车难题"为例，在人类驾驶车辆时，对于"电车难题"所做出的选择，更多是基于人的本能判断。但是，自动驾驶模式下，面临电车难题，决策者由人变成了系统背后的编程者。工程师在编程时如何抉择，在人身和财产之间、在乘客和路人之间，不同选择体现了不同的伦理原则。"电车难题"从设定之初，伦理争辩就未形成一致意见，使得两难困境下，无论如何选择，都会受到非议。"电车难题"演变到自动驾驶领域则体现为无人驾驶预设系统是否应做出唯一选择，其面临的困境与之前在本质上并无差别。不论在传统驾驶中还是在无人驾驶过程中，

---

① 实践中，已经出现个别老人因不会使用智能手机而不能购买高铁车票的案例。
② [美]罗斯科·庞德. 通过法律的社会控制[M]. 沈宗灵, 译. 北京：商务印书馆，2010：62.

都会面临碰撞前的伦理选择,但两者的区别在于,在传统驾驶中,驾驶人只能在有限时间做出选择,而无人驾驶的程序员有充足的时间设计出恰当的程序。这一决策情境的差异构建了无人驾驶的伦理困境。

在传统驾驶中,社会并未给驾驶人较多的伦理非难,因为驾驶人缺乏做出合理选择的能力,其表现为:第一,信息有限,驾驶人很难获知驾驶环境周围的准确信息,并判断不同的操作行为可能造成的后果;第二,时间紧迫,事故的发生仅在一瞬间,驾驶人员必须在有限时间内做出选择,难以进行各种缜密的推测。因此,不能期待驾驶人在短暂的时间、巨大的压力下,做出最为合理的选择。此时驾驶人基于本能做出选择,即使其后果非常糟糕,通常在道德评价上也是可接受的。无人驾驶的决策则脱离了这种紧迫的情境,其程序是预先设定的,这一过程可能由不同的利益相关方共同决定,甚至是经过反复讨论形成的。无人驾驶汽车具备做出合理选择的条件与能力,所以人们对无人驾驶程序有更高的要求与期待。这要求无人驾驶汽车能够做出合乎伦理的选择,甚至程序开发者需为事故承担责任。但到目前为止,无人驾驶汽车并未形成统一的伦理标准,这就导致无人驾驶汽车的任何选择都会因违背某一方的价值判断而陷入伦理困境。"因为,人的生命价值是不存在差别的。在数人的生命共同面临危险,以及以牺牲一人来挽救多人,无不同样如此。"[1] 正如《德国刑法典》第 34 条的规定,"许多条生命并不比一条生命更贵重"。从基本规则来进行推理,自动驾驶系统的设计者对于"自动驾驶车难题"遵循的安全顺位问题,应以车内乘车人员的生命安全为第一顺位,第二顺位则应是车外人员的生命安全,第三顺位再考虑车辆安全。[2]

总之,现有交通法规还无法解决自动驾驶汽车的伦理问题,但技术问题总有一天可以攻克,而道德、伦理问题则没有标准答案。这类没有标准答案的问题,才是真正的问题。从交通技术的发展来看,应该意识到这一伦理难题既非无人驾驶汽车所专有,也无须无人驾驶汽车来终结,更不应该成为其应用推广的阻碍。与其陷入"电车难题"的伦理困境,倒不如在技术上避免

---

[1] [德] 汉斯·海因里希·耶赛克,托马斯·魏根特. 德国刑法教科书 [M]. 徐久生,译. 北京:法制出版社,2009:435.
[2] 付玉明. 自动驾驶汽车事故的刑事归责与教义展开 [J]. 法学,2020 (9):135-152.

陷入这种两难抉择。

（二）服务公平和社会公正问题

正如庞德所说："我们认为正义并不意味着个人的德行，它也并不意味着人们之间的理想关系。我们认为正义意味着一种制度，意味着那样一种关系的调整和行为的安排，它能使生活物资和满足人类对享有某些东西和做某些事情的各种要求的手段，能在最少阻碍和浪费的条件下尽可能多地给予满足。"[①] 城市交通情况直接关系到城市居民的福利，调研显示，每多一分钟的通勤时间就会降低工作满意度，减少休闲时间满足感，增加压力，降低心理健康。[②]

交通具有较强的社会公共资源属性，在其发展过程中必须不断增强公共性，交通制度与交通政策中也必须体现社会的公平正义。城市交通是城市发展的基本元素，调整交通需求，应充分考虑不同利益群体的诉求，体现社会公平，引导可持续发展。一方面，城市交通法律制度要体现公平性，从制度层面保障城市交通为全体市民和外来者提供公平服务。另一方面，每一位交通参与者均应享有应得的权利，同时承担应负的责任，也就是权责对等。为此，城市交通法律制度在制定过程中，亦应通过规划、财政等手段来保障老人、残障人士、低收入群体出行的基本权利。交通参与人应当公平地享有交通方式的使用权利并承担义务（如小汽车的拥有和使用）；公平分担交通运输带来的利益和影响（即交通正外部性和负外部性）；公平获取交通服务以实现出行目的的权利（包括交通可达性、覆盖率两个维度）。[③]

城市交通公平要求城市交通在发展过程中，必须努力实现城市居民"可达性权利"之享有的平等性和重点关照性的有机统一。一方面，要求城市居民"可达性权利"的平等性和全面性；另一方面，要求重点关照弱势群体的"可达性权利"，为老人、儿童和低收入阶层提供关照，满足他们的"安全、

---

① [美] 罗斯科·庞德. 通过法律的社会控制 [M]. 沈宗灵, 译. 北京: 商务印书馆, 2010: 39.

② Kiron Chatterjee, Samuel Chng, Ben Clark, et al. Commuting and Wellbeing: A Critical Overview of the Literature with Implications for Policy and Future Research. Transport Reviews [J]. 2020, 40 (1): 5-34.

③ 马清. 城市交通治理模式变革 [J]. 城市交通, 2019 (1): 48.

舒适、经济、便捷、准时等多样化的出行需求"。① 城市交通法律政策及其相关的规划、设计、管理等均涉及交通公平问题，如公交优先、拥挤收费、无障碍交通设计、交通政策公众参与、政府补贴等。② 交通公平发展理念强调城市交通规则应充分考虑城市的发展状况，满足弱势群体的发展诉求，使得各种获得机会（特别是可负担的交通）能公平分布，减少不同群体生活质量的差异。横向公平考虑每个人具有均等的出行机会；纵向公平则一方面关注现在和过去的交通出行条件的差异，另一方面关注个体之间或不同群体之间的效益和费用的平衡。

---

① 陆礼. 功利性与公共性的博弈：我国城市交通困扰的伦理特点 [J]. 中国软科学，2007 (4)：75-83.
② 石京，杨朗，黄谦，等. 交通公平性的衡量角度与模型描述 [J]. 铁道工程学报，2009 (1)：97-101.

| 第二章 |

智慧交通体系法律问题研究

由于我国的城市化进程发展较快,在解决交通问题时,需要根据不同城市的交通状况进行相应的调整,在城市交通管理过程中,亦需要各个部门的共同配合。道路交通拥挤可以通过将道路拓宽来实现缓解,但这种方式在城市中一般难以实现,其原因在于城市的土地资源以及原有的城市规划的约束,而且城市的交通量不允许城市的道路进行大面积的施工。因此,在城市交通状况改善过程中,不仅需要丰富城市交通体系、改善出行方式,还要针对不同的交通方式,合理引进智能交通设施、制定智能交通管理措施,为有效缓解城市交通压力、满足各类人群出行需求提供帮助。

一、智慧交通体系法律法规的理论基础

(一) 智慧交通体系的基本构架及发展趋势

智慧交通是指在整个交通运输领域充分利用物联网、空间感知、云计算、移动互联网等新一代信息技术,综合运用交通科学、系统方法、人工智能、知识挖掘等理论与工具,以全面感知、深度融合、主动服务、科学决策为目标,通过建设实时的动态信息服务体系,深度挖掘交通运输相关数据,形成问题分析模型,实现行业资源配置优化能力、公共决策能力、行业管理能力、公众服务能力的提升,推动交通运输更安全、更高效、更便捷、更经济、更环保、更舒适地运行和发展,进而带动交通运输相关产业转型、升级。[1]

智慧交通系统是通信、控制和信息处理技术在运输系统中集成运用的统

---

[1] 王贝贝.“十三五”中国智慧交通发展趋势判断 [EB/OL]. (2015-05-12) [2021-09-27]. http://www.chinahighway.com/news/2015/930125.php.

称，是将先进的信息技术、通信技术、传感技术、控制技术以及计算机技术等有效地集成运用于整个交通运输管理体系，进而建立起一种在大范围内全方位发挥作用的实时、准确、高效、综合的运输和管理系统，是一种能提高交通系统的运行效率，保障交通安全、降低环境污染，减少出行成本，具有信息化、智能化、社会化、人性化等特征的新型交通运输系统。智慧交通系统加强了车辆、道路、使用者之间的联系，从而形成一种实时、准确、高效的综合城市公共交通系统。

智慧交通一般包括交通管理系统、车辆控制系统、公共交通系统、电子收费系统、货运管理系统、紧急救援系统及交通信息服务系统。① 智慧交通系统平台主要包括应用系统（运维管理综合平台、车行云系统、视频监控管理平台、公安交通集成指挥平台、违法预处理系统、道路交通安全监管系统）、大数据中心（云平台、图片存储）、采集介入平台（管理监控、数据处理）、前端设备（视频监控、电子警察、卡口、诱导、信号灯）。建成集视频分析、视频浓缩、模糊查询、车辆查缉布控、车辆特征识别、轨迹分析、视

---

① 智慧交通一般包括以下七种系统。第一，先进的交通管理系统，它是指通过搭建起道路、车辆和驾驶员之间的联系来监测道路交通状况，及时将信息传达给交通管理者，并将交通管理系统和车辆作为一个整体系统，用于监测和管理道路交通，在道路、车辆和驾驶人之间提供通信联系。依靠先进的交通监测技术和计算机信息处理技术，获得有关交通状况的信息，并进行处理，及时地向道路使用者发出诱导信号，从而达到有效管理交通的目的。第二，先进的车辆控制系统，它是指为保证汽车的效率和安全，对驾驶员实行车辆控制的各种技术进行开发，并借助车载设备及路侧、路表的电子设备来检测周围行驶环境的变化情况，进行部分或完全的自动驾驶控制以达到行车安全和增加道路通行能力的密度。第三，先进的公共交通系统，它是指采用各种智能技术以促进公共交通运输业的发展，向出行者传达可靠和精确的情况，如通过个人计算机、闭路电视等多种方式将车辆的实时运行状况信息提供给公众，以保证车辆提高工作效率。第四，先进的电子收费系统，它是指在网络上进行后台结账，使车辆在缴纳过路或过桥费用时节约通行时间，保持通行的状态，保证车辆正常通行，这也是道路交通设施商品化后最公平的"优质优价"收费方法。第五，货运管理系统，它是指在组织货物运输时，运用物流理论进行高效的物流管理，从而提高货运效率。第六，紧急救援系统，它是把交通监控中心与医疗机构、职业救援机构等联系起来，在发生道路交通事故时及时进行救援和处理。第七，先进的交通信息服务系统，它是指建立在完善的信息网络基础上的，交通参与者通过装备在道路上、车上、换乘站上、停车场上以及气象中心的传感器和传输设备，向交通信息中心实时提供各地的交通信息；交通信息服务系统得到这些信息并通过处理后，实时向交通参与者提供道路交通信息、公共交通信息、换乘信息、交通气象信息、停车场信息以及与出行相关的其他信息；出行者根据这些信息确定自己的出行方式、选择路线。在此基础上发展而来的智能化自动定位系统和自动导航系统，可以帮助驾驶员自动选择行驶路线。苏绍玉. 浅议我国智能交通的发展动向 [J]. 黑龙江交通科技，2011（9）：280.

频跟踪定位、黑名单车辆报警、车辆违章处理、分析推送等功能于一体的实战平台系统，有利于提高城市交通指挥能力，实现道路交通管理、调控的精细化，并充分有效地挖掘现有的道路资源，缓解日益凸显的交通拥堵、肇事逃逸、交通违法、重点车辆和重点驾驶人管理等问题。

总体来看，我国智能交通的发展主要围绕智能化交通管理、智能化交通服务、智能化决策支持等三个方面展开。经过多年发展，我国智能交通系统建设取得了非常有价值、有意义的创新成果，包括全国机动车驾驶员信息管理系统、交通管理信息数据库、车辆监管系统和监管平台、一体道路交通的智慧控制中心、综合交通运行协调中心等。新一代信息技术，尤其是人工智能、大数据、云计算等技术的迅速发展，为智能交通发展提供了强有力的技术支撑，促进了交通运营管理模式和技术内涵的提升，推动了新一代智能交通系统的构建，加快了交通系统运营组织和服务模式变化及交通能耗结构的转变。从未来出行模式看，绿色出行、共享出行、智能出行等的占比会越来越高。移动互联、车路协同、自主高效将是交通系统变革的主基调。全时空交通信息环境的实现，为不同范围、不同区域、不同领域的数据共享，构建交通信息集成利用模式带来新的机会。人、车、路一体化协同的实现，为车辆、基础设施、驾驶员行为、交通状态、环境等实时感知交互，进而提高安全与效率，创造了条件。开放性和共享化，带来管理和服务模式的变革，移动互联给传统的交通组织服务模式带来很大的挑战。

新技术推动了智能化交通代际的转换提升过程。智能交通系统以面向服务、共享化和协同化为主要特征。着眼未来，智能交通系统发展将呈现网联化、协同化和智慧化等特征。智能交通创新发展主要方向是智能出行服务、高效运营与智能管控以及车联网智能驾驶车路协同。其中，智能出行服务是面向公众，具有个性化、精细化、智能化特征的出行服务，其除了关注效率和安全，还要强调出行中的沟通和享受。高效运营和智能管控会催生新的业态、技术和产品，如综合交通一体化运营与服务、基于大数据分析的交通行为调控、交通状态智能解析与智能处置、跨行业跨区域移动电子支付等。

车联网、智能驾驶、车路协同系统、无人驾驶等领域的发展将是一个漫长的过程。现阶段，从基础设施智能化、载人工具智能化、建立智能化的车路协同系统等方面来提升出行服务或者载运工具的运行效率，是非常有意义的。

未来的交通系统将是自主式交通系统，车辆智能化程度越来越高，部分的自动驾驶或者无人驾驶车辆投入使用，会使交通系统的复杂性程度进一步提高。智能交通的发展，不仅需要跨界融合和协同创新，还需要智能交通各相关行业部门共同推动智能交通系统技术领域成果和创新的提升，以实现智慧和交通运输各个领域更加紧密地结合，完成智能交通系统的升级。

智慧交通在快速发展的过程中，表现出以下几个方面的趋势。

（1）一体化。在信息技术全面快速发展的今天，交通运输在充分依托信息技术及网络技术的过程中，自身的运行质量得到了全方位的提升和优化，运行效率也发生了质变。未来伴随这两项技术的全面深入发展，智慧交通在快速发展及广泛应用的过程中，将越来越凸显出一体化的发展趋势。所谓一体化，就是不同类型的运输形式借助网络技术来实现高效的整合，进而充分满足人民群众的不同需求。同时，在"互联网+"时代，一体化的发展趋势还表现为不同区域交通资源的整合，这是一个跨区域的发展状态，是智慧交通最明显的特点。

（2）便利化。智慧交通在自身高速发展的过程中，还凸显着较强的便利性的特征。特别是5G时代的悄然来临，在很大程度上更加满足了乘客的交通运输需求。例如，乘客可以通过移动客户端来实现快速高效的运输工具预定或者运输方式的选择；还可以通过更加便捷高效的网络支付方式来进行快速支付。

（3）精准化。交通运输事业在如今的发展过程中，精准化程度越来越高。传统的交通运输形态，在精准性上存在着较大的误差，特别是采用人工操控的方式，在很大程度上制约着交通运输工具的运行稳定性以及运行态势。但在信息化环境下，智慧交通依托于车联网、传感网等技术，能够实现对交通工具的精准把控，包括交通工具的运行状态及其自身的稳定性等。同时，在隐患排查等方面，也可以实现精细化、全面化，这些都有助于提升交通工具的运行安全性。未来，智慧交通的运行将更加精准。

（4）市场化。智慧交通的服务主体是广大人民群众。人民群众对于智慧交通拥有知情权，但在传统阶段，人民群众对于交通运输的知情权是相对片面的，这使人们很难将交通运输的发展同自身的发展联系起来。因此，在智慧交通的发展过程中，应该充分走市场化的路线，积极做好信息公开与透明工作，确保公众的参与权与知情权。

此外，智慧交通的建设和发展也将使城市的交通运输组织形式产生根本性变革，有利于将社会分散的运输体系整合起来，形成集成的、互相衔接的协同运输方式。智慧系统能够利用云计算和大数据分析等技术，将整个城市交通运输的需求与供给协调起来，实现数据共享、有效协作、服务一体化，以较低的成本代价完成城市人员与物资的有序流通，以快捷高效的决策方式达到交通资源的合理配置与有效利用。由于政府主导智慧交通的建设，目前该建设主要涵盖两个部分的内容。一是政府部门为了履行行政监管职能，从宏观交通组织与决策、运输市场监督、运输组织与管理、交通各类数据统计、公共交通服务等需求出发，规划和建设各类交通综合子系统。二是支持或帮助运营和管理组织建设与交通运输生产密切相关的运营系统，包括交通基础设施智慧化、运载工具的智慧化、运营组织与管理的智慧化、交通需求服务体系的智慧化等；智慧系统的开发建设也由于使用对象的不同，分为政府集中化建设和市场化机制开发建设。

（二）智慧交通体系法律制度的框架

2019年9月，中共中央、国务院发布的《交通强国建设纲要》提出要推动大数据、互联网、人工智能、超级计算等新技术与交通行业深度融合。智能交通法治化保障也成为法学界关注和研究的热点。随着在道路执法、自动驾驶、交通营运和管理等方面的数字化应用不断深入，智慧交通体系发展的法治需求也逐步清晰，法律制度框架也基本成型。

首先，从基本理念来看，当前智慧交通发展进入新时期，面临着诸多矛盾与问题，这就需要体制机制的改革与创新，其中涉及利益关系的重新调整和配置则迫切需要运用法治思维和法律方式来实现；"以人为本"的智慧交通发展理念需要制度予以保障，新时期智慧交通发展中存在的难题，也需要良好的法律调控机制予以解决。智慧交通法律制度体系需要理解智慧交通发展的基本规律和前沿动态，理解新技术新业态对法治的需求，并在面对现有交通法律存在的困境时,提出具有操作性和科学性的制度设计。此外,还需明确智慧交通的经济定位是可持续、科技创新,智慧交通的社会定位是公平服务、环境保护。智慧交通应提供公平交通服务,即在绝大多数情况下,给所有居民提供足够水平的可达性,确保人们能够参加基本的社会、经济生活。智慧交通发展法治化保障应以"正义""公平"为基本理念,强调公平交通服务,使得弱势群体(如儿童、残障人士、老年人)因智慧交通的便捷,享受更为公平的公共交通服务。

智慧交通法律制度的基本框架有以下内容:一是总则部分,主要包括智慧交通法律的基本理念和原则;二是智慧交通基础设施建设和维护法律规则,主要包括智慧交通基础设施规划、建设和维护制度;三是智慧交通运行与管控法律规则,主要包括智慧交通平台的管理、智慧交通运行与管控中的私法问题(包含隐私权、交通数据、知识产权、智慧交通强制保险和商业保险制度),以及智慧交通运行与管控中的公法问题(包含智慧交通运输工具和驾驶人资质管理、高精地图测绘管理);四是智慧交通安全法律规则,主要包括智慧交通国家安全、公共安全相关制度,以及智慧交通监管制度;五是智慧交通的特殊法律责任,特别是无人驾驶技术下的责任主体和责任承担相关问题。

二、智慧交通体系与城市交通治理——以北京市为例

近年来,重大突发公共卫生事件、重大自然灾害事件等的发生,给各级政府的应急响应体系和城市治理能力带来了巨大挑战。在未来,如何借助高新技术手段,进一步优化城市治理水平,保证在类似事件突发时,能够更加"及时、有效、智慧"地应对,是智慧城市建设参与者需要思考的核心问题。

根据联合国全球治理委员会的定义,治理是个人和制度、公共和私营部门管理其共同事务的各种方法的综合。它是一个持续的过程,其中冲突或多元利益能够相互调适并能采取合作行动,其既包括正式的制度安排,也包括非正式的制度安排。治理与管理最明显的区别,就是参与主体的数量和程度的差异。管理过程中,以监管为中心,实施监管活动,被监管方处于被动地位;治理过程中,仍然以监管为中心,但是参与主体不仅包括被监管方,还

进一步延伸至行业和个体，即多元主体参与治理活动，发挥各自的作用。管理活动适合比较简单、清晰的社会关系调整，运用威权式、命令式手段可以达到预期效果；治理活动适合复杂、动态的社会关系调整，仅仅依靠威权式、命令式手段可能达不到预期效果。由于复杂的社会关系往往牵涉多方利益，这种利益交织在同一场景下可能此消彼长，因而在调整这类社会关系时，须以利益平衡为目标，而非只追求单一、纯粹的利益。同时，这类社会关系在不同场景之间异化性较强，不宜实施机械、单一的管理要求。治理活动中，选择或者创设有效的法律制度，是实现治理目标的关键。

（一）北京市智慧交通发展现状分析

2014 年发布的《国家发展和改革委员会、工业和信息化部、科学技术部、公安部、财政部、国土资源部、住房和城乡建设部、交通运输部关于印发关于促进智慧城市健康发展的指导意见的通知》（发改高技〔2014〕1770号，以下简称《关于促进智慧城市健康发展的指导意见》），明确规定北京市是国家智慧城市[①]的试点城市。2012 年，北京市人民政府发布《智慧北京行动纲要》，该纲要包含智慧交通、电子病历、远程医疗、智能家庭、电子商务等方面，有利于形成覆盖全市的物联基础网络。2016 年，十二届全国人大四次会议通过的《中华人民共和国国民经济和社会发展第十三个五年规划纲要》将新型智慧城市作为我国经济社会发展重大工程项目，提出"建设一批新型示范性智慧城市"。《国家信息化发展战略纲要》（2016 年）明确提出分级分类建设新型智慧城市的任务。

北京市已经建成了城市交通智能指挥控制系统、轨道交通运行指挥系统、国内首个动态交通信息服务系统等一批智能化交通运输管理系统。这些系统服务于城市交通管理决策，通过将采集到的交通流信息进行整合、分析、处理，为实时动态路况信息对外发布和路面交通控制提供可靠依据。同时，安

---

① 智慧城市是指依据具体要求、条件和目标等情况，选择使用人类现有思想、科技、模式等所有最优资源，实现城市（含农业）的智慧化，其准确的英文表述是 Sapiential City，通常人们使用 Smart City。智慧城市就是运用信息和通信技术手段感测、分析、整合城市运行核心系统的各项关键信息，从而对包括民生、环保、公共安全、城市服务、工商业活动在内的各种需求做出智能响应。其实质是利用先进的信息技术，实现城市智慧式管理和运行，进而为城市中的人创造更美好的生活，促进城市的和谐与可持续发展。

装的交通事件自动检测系统,通过视频图像识别技术自动检测交通事故、拥堵等交通事件,并进行报警、录像,极大地提高了交通部门对交通意外事件的快速反应能力和指挥调度效率。2010 年年底建成的北京市交通运行监测调度中心,是全国首个城乡一体化的交通运行监测调度中心,为政府决策、行业监管、企业运营、百姓出行提供服务。其主要职责是对交通运行状况进行监测、预测和预警;对交通信息进行采集、分析和发布;对交通运行调度的事务性工作、重大活动以及应急情况下的信息予以保障。已经推出的"北京实时公交"手机软件,可以实现实时查询公交线路情况,而使用高速公路电子不停车收费(ETC)的人员数量也大量增加,全部公交车辆和大部分私人汽车都已经配备了 ETC 设备。① 北京市已经基本实现了数字化的闭环执法模式,包括数字化现场执法和数字化非现场执法。

为了配合道路信息发布,北京市交通管理部门使用的气象检测系统还能提供能见度、路面温度、地面摩擦系数、覆盖物(如雨、雪)、平均风速等天气信息,让驾驶员能够及时了解天气对交通的影响。同时,交通管理部门还建立了现代化的交通信息发布中心,在网站上开辟了实时路况信息图和音频视频路况信息发布系统。在城区主要道路上布设室外诱导显示屏,及时通报路况信息。此外,还直接提供交通事故、临时交通管制和天气等紧急交通信号,有效引导、优化路径选择。

可以看出,北京市智慧交通系统在交通管理中已经发挥了巨大作用,在交通运输建设规划、运营管理和市民出行等方面都提供了及时有效的服务,为首都交通治理提供了技术保障。

(二)以智慧交通建设推进首都交通治理现代化

以智慧交通建设提升交通治理能力、完善交通治理体制是适应时代发展的一个可行选择。

1. 智慧交通建设坚持以人为本理念

检验城市治理效能的重要指标应该是能否为人民提供满意的公共服务。

---

① 北京智能交通系统发展状况及趋势分析[EB/OL].(2017-12-14)[2021-09-21]. https://www.sohu.com/a/210428952_100073093.

对此，应将人民的需求作为城市治理现代化的方向，从普通市民的视角理解服务需求、设计服务内容、优化服务供给，提高人民群众的满意度。例如，北京市在突发公共卫生事件期间，提供按需发车的定制公交，就很好地体现了以人为本的理念。

城市交通的健康发展应以人为本，注重解决城市交通拥堵问题，关注有交通需求的弱势群体。通过智慧交通系统的完善，重新布局城市空间、合理规划交通设施建设，运用交通信息服务系统、路线导航系统等措施引导人流、分散车辆，调节交通需求和供给。合理设计慢行通道，给行人、非机动车提供绿色出行可能。

另外，特殊情况下交通管制措施的实施，使民众不得不自我承担相应损失，因而为提高市民遵守交通管制措施的积极性，可以考虑建立适当的补偿机制，如对利益受损人或组织给予保险优惠、减免车船使用税等适当补偿，同时明确补偿人群、补偿标准和相应的补偿程序。通过交通补偿机制的建立，明确交通参与人的权利和义务，有利于提高城市交通治理的人民满意度。

2. 智慧交通系统建设应增强应对突发公共卫生事件的能力

交通运输在现代城市呈现多基点、多方向的立体辐射状态，在应对突发公共卫生事件中的紧急运输流时，可能不得不与社会车辆、民众出行等交通流交织融合在一起，因此必须统筹考虑突发公共卫生事件防控网络，交通管制力量应与应急系统协调统一，使得应急指挥、保障计划与决策、信息掌握与处理各个环节形成有效的协同机制，确保信息完整透明、决策快速科学、指挥控制高效。

在突发公共卫生事件防控中心体系中，应在组织指挥、信息共享和任务行动上实现高度联合、整体互动。一是加强智慧交通系统建设，形成网络化的交通指挥系统。着重建设交通安全应急平台，形成覆盖轨道交通、地面公交、出租汽车等行业的公共交通运营安全监测体系，形成各种交通工具之间的联动机制。充分运用大数据分析技术，提高智慧交通系统存储、计算及分析能力，促进建立"用数据说话、用数据决策、用数据管理、用数据创新"的交通治理机制。二是发挥交通信息平台作用，实现道路交通信息的实时传输。利用智慧云对交通进行诱导服务，采取网络、语音、短信等方式，方便市民实时查询道路的交通情况、管制措施、停车场有无空位等相关信息，向市民提供出行道路服务、停车诱导服务、执法告知服务、路况诱导服务，保障交通指挥信息的有效传达，满足市民交通信息服务需求。三是通过智慧交通系统，对相关信息实现实时记录和技术反馈，为事后追踪提供有效依据。

需要注意的是，城市智慧交通系统对技术的依赖程度高，存在技术失灵的可能性，如系统被黑客袭击后出现难以预料的故障。在出现配套服务不完善、信息无法及时沟通的问题时，容易造成信息不对称，导致信息诱导系统失灵。因此，基于前述问题，还应完善智能系统失灵的备用应急机制，考虑特殊情况需求，根据需要实施人工指挥，辅以有线、移动通信等多种指挥手段，即必须运用一切可以运用的手段，确保指挥灵便、畅通。

3. 完善智慧交通全面依法治理体制

国家治理能力，既是指各主体对国家治理体系的执行力，又是指国家治理体系的运行力，还包括国家治理的方式方法。法律制度是作用与形塑国家治理能力的基础性要素，其原本目的就是为国家治理行为及信念意识提供内容规范和法律保障，[①] 也就是说，城市治理能力的现代化需要在法律制度的规范下有序推进。城市公共治理[②]新理念强调公共事务管理权力的重心由政府向市场和社会转移。公共治理既不是政府体制下的行政命令，也不是市场模式下的交易与契约，新的公共治理理念中的管理活动既包含着"掌舵"，又包含着协调、谈判与合作等复杂管理。政府在其角色扮演过程中，更强调遵循法治理念。发展智慧交通，提升城市交通治理能力，也需要在法治轨道上进行。

智慧交通全面依法治理体制需要形成科学完备的交通运输法规制度体系、严格规范的行政执法体系、完善严密的法治监督体系、保障有力的法治保障体系、先进和谐的法治文化体系，全面推进科学立法、严格执法、全民守法，加快建成适应交通强国和法治中国建设的法治交通体系。智慧交通体系必须

[①] 吴汉东. 国家治理能力现代化与法治化问题研究 [J]. 法学评论, 2015 (5)：5.
[②] 公共治理模式具有四个特征，即主体多元化、方式多样化、过程公开化和利益最大化。公共治理的内在价值在于充分尊重和相信公民社会的自组织和自管理能力，依靠国家与社会、政府与公民的良好合作来进行公共事务管理，在兼顾公益和私益的基础上实现社会整体利益的最大化。

要有合理的产业政策以保障其充分发展,保证其规模、布局、结构层次、技术水平满足国民经济和社会发展需求,构建和完善资源节约型、环境友好型智慧交通体系,提升交通治理能力。因此,笔者建议制定"智慧交通基本法",对智慧交通的基本体系、基本制度以及基本原则进行规定,明确智能交通的基本技术政策和技术标准;同时,在立法上对智慧交通技术的研发、应用、保障、维护、监督等方面作出规定,加大对新技术的扶持,以促进我国智慧交通事业的发展。①

4. 提升智慧交通精细化管理水平

通过交通大数据开放、信息共享和集成应用,形成"用数据说话、用数据决策、用数据管理、用数据创新"的交通运行治理模式,提升精细化管理水平。一是推动交通大数据开放应用,促进跨部门数据融合共享。推进基于云计算的大数据挖掘分析应用,实现多节点数据整合管理、多并发数据处理与应用、跨行业数据关联挖掘分析,为行业决策管理、交通信息服务、对外数据开放提供基础支持。二是完善交通数据共享相关机制。出台行业数据管理制度,制定开放共享标准,研究构建行业数据开放共享平台。制定交通运输信息资源目录体系和管控机制。加强行业行政许可、综合执法、市场信用、决策管理与应急处置等核心业务与信息化工作的深度融合。三是加强智能交通基础设施建设。推动营运车辆监控、道路网路况检测、公共交通客流检测、电子证件、电子运单等交通感知设备建设及应用。鼓励符合条件的行业使用公共云服务,创新交通信息化项目建设运维模式。推动建立安全可靠的软硬件应用服务和信息安全管理模式,完善安全防护流程,探索建立移动应用程序第三方安全检测机制。四是推进交通决策与管理精细化。围绕缓堵总目标,推动综合大数据分析服务决策的应用,建立人口与交通拥堵的跟踪分析与决策支持系统,提升城市交通发展总体思路和规划建设决策水平。建立基于全行业数据的交通运行时空分析诊断与拥堵会商系统,为拥堵治理、核心区缓堵等重点工作提供一体化的决策手段。五是推进新技术创新应用。扩大电子

---

① 张竹馨,郑翔. 论我国智能交通法律制度的现状与完善 [C] //第八届中国智能交通年会优秀论文集. 北京:电子工业出版社,2013:236-240.

支付在交通领域的应用范围。推进研究基于无线通信、传感探测等技术的车路协同技术。推进车辆及设施分享应用，推进智能停车位诱导、智能充电桩技术及充电桩统一使用、服务结算等关键技术应用。提供便民信息服务建设综合交通出行信息服务平台，通过手机 App 等方式提供公交换乘、交通状况预报、动态交通出行规划、停车诱导等信息服务，满足公众精细化、个性化出行需求。建设轨道全路网综合客流引导信息系统，向乘客提供客流拥挤度信息，引导乘客合理选择线路。① 六是加强停车信息化建设。推动建设"北京市停车资源管理与综合服务应用平台"，着力打造停车行业的"一个中心、三大系统"，即全市停车资源数据中心，管理业务应用系统、行业运行分析系统和停车信息服务系统。推动"停车+互联网"技术应用，为公众提供车位查询、停车引导、车位预订、费用支付以及错时停车等服务。

5. 推动智能交通协同发展及制度化建设

交通管理部门应加强与科技、卫生等部门协同，加紧推动开展交通运输生物安全、突发事件应急管理相关制度的研究和制定；加快公众信息服务系统和道路运输信息采集系统建设，建立共享机制，提供"一站式"公众信息服务。推动京津冀交通、气象部门数据交换融合，提高联动效率。不断优化交通运输信用体系建设，制定并落实守信激励和失信惩戒制度，建立严重失信联合惩戒黑名单制度，实施动态监管和全过程信用监管。

围绕交通信息化"建设分散、效果统筹"的原则，部署研究组织统筹、建设统筹、运行统筹等方面的信息化统筹管理办法，出台交通运输信息化绩效考核管理办法。制定行业必要统一的技术政策，为持续发展创造统筹的技术环境。制定并推荐业务、技术、信息、安全等总体架构，重点深化基本要素信息、交换信息标准、ETC、一卡通等支撑行业应用的相关设施设备的技术标准，并监督标准的贯彻落实。

总之，首都交通治理现代化方向应该是"互联网+"现代治理，应跟随现代城市治理的科技化、数字化、信息化导向，运用大数据、云计算、区块

---

① 北京智能交通系统发展状况及趋势分析［EB/OL］.（2017-12-14）［2021-09-27］. https://www.sohu.com/a/210428952_100073093.

链、人工智能等前沿技术,推动城市交通治理手段、治理模式、治理理念创新,推动城市交通治理实现从数字化到智能化再到智慧化。

三、智慧交通体系法律制度存在的主要问题

(一) 智慧交通规划方面

倡导智慧交通技术应用、推进智慧交通建设是当今国内外各大城市提高交通供给能力、缓解城市交通拥堵的重要途径。智慧交通规划是智慧交通建设的总体方案,能够为智慧交通建设指明方向,使智慧交通建设工作有序进行。目前,我国智慧交通建设中存在建设不足、重复建设、盲目建设等问题,[1]造成交通资源浪费,影响城市交通拥堵治理效果,侧面反映出我国智慧交通规划相关法律制度还不够完善。

1. 智慧交通规划缺乏法律依据

智慧交通规划作为交通规划的一部分,需要在交通规划相关法律制度的指引下进行。当前我国并没有针对智慧交通规划制定特别法,而《中华人民共和国城乡规划法》(以下简称《城乡规划法》)仅指出交通规划属于城市规划的一部分,适用该法的相关规定,但该法仅对城市规划的制定、实行、修订、监督检查程序以及法律责任等内容作出原则上的规定,其中并未提及智慧交通规划。2010年2月,住房和城乡建设部发布《城市综合交通体系规划编制办法》(以下简称《交通规划编制办法》),对交通规划编制的主体、原则、程序、内容及要求等进行了大致规定,该办法虽对交通规划编制工作具有一定指导意义,但其中也并未体现智慧交通规划编制内容。之后,为了更精准地规范编制工作,住房和城乡建设部在《交通规划编制办法》的基础上制定了《城市综合交通体系规划编制导则》(以下简称《交通规划编制导则》),该导则较为详尽地规定了交通规划编制的工作内容,对智慧交通规划也略有提及,如要求在公共交通系统编制中提出确定快速公交系统网络建设,以及在交通管理系统编制中提出进行信息化设施建设。然而,当今智慧交通应用领域已经十分宽泛,智慧交通建设内容也远不止如此。所以,总体来看,

---

[1] 欧阳汛. 智慧交通建设的现在和未来 [J]. 施工企业管理, 2020 (11): 65–68.

我国关于智慧交通规划的法律依据仍然不足，相关规则缺乏可操作性，难以利用其规范智慧交通规划工作。

2. 交通规划法律理念相对滞后

交通规划理念是开展交通规划工作的出发点与落脚点，是智慧交通规划全过程必须考虑和贯彻的准则。我国以往治理城市交通拥堵总着眼于如何扩大城市道路规模，如何增添交通基础设施，以及如何制约小汽车的使用。与之相对应，以往的交通规划理念更强调交通供给在数量上的增加而忽视质量上的优化，更看重交通管理作用的实现而不注重交通服务功能的实现，更关注车辆的移动规律而忽略居民的出行需求。

智慧交通背景下，治理城市交通拥堵的方式发生巨大转变，比以往更关心人们的需求，并以提高出行服务质量和居民出行体验为宗旨，使用先进信息科学技术和智能化交通基础设施来提高交通资源的供应水准，优化出行环境，满足人们个性化、差异化的出行需要。因此，应当结合当下智慧交通建设倾向、城市交通拥堵治理要求，加快构建交通规划新理念，实现逐步从"车本位"概念向"人本位"概念转换，并将其通过立法形式确定下来，更好地引导和统筹智慧交通规划工作，使智慧交通供给配置的合理性、有效性和科学性要求得以真正满足。

3. 交通规划管理缺乏公众参与

设置公众参与程序，能够让居民参与到智慧交通规划过程中，将居民需求作为规划的考量因素，纠正规划中产生的错误偏差，提高规划合理性。我国交通规划的公众参与程序主要规定于《城乡规划法》《交通规划编制办法》，以及2014年交通运输部发布的《城市公共交通规划编制指南》（以下简称《公交规划编制指南》）当中。根据上述规定，在交通规划编制完成后且技术审查前，以及城市公共交通规划审查报批阶段，应采用多样形式普遍征询社会公众的意见与看法，并予以合理采纳。

我国现行法中虽已规定了公众参与程序，但在智慧交通规划实践中并未得到有效落实。例如，为了疏解城市交通拥堵，广州市于2010年建成快速公交系统并通车，但该系统的运营并未给市民带来便利，还出现"快了一线、慢了一片"的现象，一些公交车为迁就快速公交系统运行而不得已更换路线、绕道行驶，当地很多市民认为快速公交系统的启用并未解决交通拥堵问题，反而增加了乘车时长，造成出行不便。据调查，出现此问题的原因是交通规划部门没有严格执行公众参与程序，仅考虑了快速公交系统的技术因素，认为该系统所拥有的大容量特征能提升公交载客率，而忽视了市民真正的出行意愿，当时大多数市民对于快速公交系统这一新事物并不了解，规划部门也没有向市民提供参与规划决策的机会。①

我国智慧交通规划中对公众参与程序的实施不够重视，这与公众参与程序的规定过于模糊和笼统有很大关系，如现行法对公众参与的对象、内容、程序、方式、权利和义务等内容都没有进行详细的规定。另外，没有规定规划部门未执行公众参与程序时的法律责任，这也使公众的交通规划参与权的实现存在困难。

(二) 智能交通设施建设与使用方面

城市中交通基础设施供应不足，将无法有效组织和协调交通系统中人、车、路的关系，进而降低路网运载能力。但在智慧交通背景下，传统交通基础设施与先进技术相融合，交通设施变得智慧化、信息化、数字化，出现了智慧信号灯、道路智能监控、车路协同系统、电子收费系统、潮汐车道系统、地圈感应采集装置等新型设施；智能交通设施的使用也让交通组织更精细、交通管理更高效、交通服务更优质。

为了让智能交通设施更好地运用于城市交通拥堵治理的整个过程，我国交通运输部也提倡交通设施智能化转型。2020 年 8 月，交通运输部提出要打造高效的智慧交通设施，发展新一代 5G 技术、AI 技术、北斗卫星技术，助力信息化交通基础设施建设，到 2035 年，我国要在交通领域"新基建"取得显著效果。② 2020 年 10 月，交通运输部提出要建立传统交通设施和新型交通设施融合发展新体系，引领社会资源朝向效益更高的方向倾斜。③ 2020 年

---

① 谢铭威，李治权. 广州市快速公交系统 (BRT) 建设的存在问题及其对策探讨 [J]. 法制与社会，2011 (3)：191-193.

② 详见《交通运输部关于推动交通运输领域新型基础设施建设的指导意见》(交规划发 〔2020〕75 号)。

③ 详见《交通运输部关于推进交通运输治理体系和治理能力现代化若干问题的意见》(交政研发 〔2020〕96 号)。

12月，交通运输部提出要按照技术可行、经济合理的原则，建设数字化交通设施、路侧计算设施，实现交通基础设施的智慧升级。①

利用智能交通设施治理城市交通拥堵，除了规范设施质量，使其具备治理交通拥堵作用，还要确保设施完好无损、正常运转。目前，我国交通设施存在设施不够智能、损坏老化、无人修理养护、难以应对突发故障等问题，这也大大降低了智能交通设施的利用效率。

1. 智能交通设施标准不统一

智慧时代背景下，交通设施不仅应具备良好的信息采集功能，高质量地完成交通信息采集任务，还应具有高速的信息传输、数据处理性能，使设施与交通管控中心互联互通，便于交通管理部门实时掌握车流量信息和道路拥堵状况，从而作出正确、及时的管理指令与决策。而当前我国交通设施建设还停留在信号机、检测器、监控设备等低端设备层面，设施全面感知度低，交通数据采集与传输本领弱。另外，城市中的各类交通设施来自不同的生产商，其功能、接口、通信协议之间千差万别，导致设施之间兼容性较差，降低了交通治理效率。

交通设施缺乏智能性的关键原因是我国智能交通设施技术标准不一致，导致交通设施质量参差不齐。目前我国仅对个别智能交通设施制定了国家标准，如2011年制定的《城市道路交通设施设计规范》（GB 50688—2011）中，对交通标识、标线、防护栏、监控系统、交通信号灯、道路照明等设施的设计标准进行规范，但其中涉及智能交通设施的只有交通信号灯和交通监控系统，对设施须具备的功能也仅作了粗略规定，且其效力属性并非强制性。除此之外，我国2010年制定的《道路交通信号控制机标准》（GB 25280—2010）以及2011年制定的《道路交通信号灯标准》（GB 14887—2011）等国家标准也存在类似问题。随着智慧交通技术的不断发展，以及交通管理要求的不断提高，我国应当形成智能交通设施标准化体系，以指导智能交通设施的建设工作，加速交通设施的智能化转型。

---

① 详见《交通运输部关于促进道路交通自动驾驶技术发展和应用的指导意见》（交科技发〔2020〕124号）。

2. 缺乏交通设施养护管理制度

智能交通设施投入使用后并不能一劳永逸，还应定期养护和监测，及时发现故障并维修，延长设施使用寿命。与传统交通设施不同，智能交通设施通常是带电设施，其信息技术含量高，对养护要求也相对严苛。当前我国许多城市的智能交通设施老化、年久失修问题严重，设施形同虚设，无法起到指挥交通的作用。这主要是因为我国交通设施养护管理体制不完善，立法中缺乏相应规定，各地只能按照以往的做法和经验对交通设施进行养护管理，各管理部门之间分工不明、职责不清，容易出现相互推诿的情形。[①]

在国家层面的立法中，2019年交通运输部发布《城市轨道交通设施设备运行维护管理办法》，规定了城市轨道交通中设施的维护原则、管理部门、管理责任，同时要求各城市管理部门拟订维护规程，明确轨道交通中的隧道、轨道、路基、车站、控制中心和车辆基地中的设施可以依据该办法维修养护。但我国没有专门为道路交通设施维护制定养护管理办法，根据《中华人民共和国道路交通安全法》（2021年修正，以下简称《道路交通安全法》）规定，县级以上政府的公安交通管理部门负责本辖区内交通信号灯、道路标识等道路安全设施管理工作，但该法并未规定其他道路交通设施的管理规则。《中华人民共和国道路交通安全法实施条例》（2017年修订）中虽然提到了"交通设施养护部门"，指出交通设施养护部门需要在危险路段设置警告标志和安全防护设施，但该条例中并没有明确交通设施养护部门具体是指哪些。此外，《城市道路管理条例》（2019年修订）也只针对城市道路而非交通设施的养护管理进行了规范。[②]

在地方层面的立法中，只有极少数城市制定了交通设施养护管理规定。例如，安徽省合肥市人民政府办公厅在2017年发布了《合肥市城市道路交通设施建设管理实施办法》（合政办〔2017〕7号），确立了道路交通设施的维护管养阶段及"分类分级管养"的原则，交通设施质保期内外的维护工作负责单位，以及交通设施维护机制的制定主体。同年，河南省郑州市人民政府

---

① 郝凯. 城市道路交通设施存在的问题及对策研究 [J]. 黑龙江科技信息, 2015 (23): 211.
② 详见《城市道路管理条例》第20条规定。

办公厅也发布了《郑州市城市道路交通设施建设管理暂行办法》(郑政办〔2017〕4号),对城市道路范围内的交通设施进行分类,分为交通基础设施和智能交通管理设施,并依照类别安排不同的部门养护管理。①

总体来看,我国城市道路交通设施的养护管理制度还存在缺失,致使城市交通设施养护管理工作难以高效地开展,智能交通设施的应用效率大打折扣。

3. 设施故障救济预案存在缺失

鉴于智能交通设施具有数量多、分布广、不间断运行的特点,即使再全面周到的养护管理也不能彻底避免设施故障的发生。智能交通设施用于交通运行,一旦发生故障,交通系统将陷入无序状态,道路通行能力也会随之变弱,极易发生交通事件,造成偶发性交通拥堵。例如,2020年7月,山东省青岛市某区道路交叉口红绿灯突发故障,交叉口的机动车堵在一起,公共汽车、搅拌车等大型车辆横亘在马路中间,过往车辆寸步难行,道路路网瞬间陷入瘫痪,许久未能恢复。②

虽然交通设施故障不可避免,但设施故障对交通运行影响的时间长短、范围大小、程度轻重是可以通过建立设施故障救济预案来控制的。建立预案的目的有两点:一是交通设施发生故障后,使故障的接报、传达、响应、修复等流程井然有序,快速恢复交通设施的使用,减少交通陷入无序状态的时长;二是及时依据故障造成的不同影响,选用不同的响应策略,疏导车辆、疏散人群,防止出现交通事故。

我国现阶段只针对城市轨道交通设施故障建立了应急预案。2015年发布了《国务院办公厅关于印发国家城市轨道交通运营突发事件应急预案的通知》(国办函〔2015〕32号),明确指出城市轨道交通因交通设施故障造成行车中断、财产损失、人员伤亡等突发事件时,应采取的应对措施。但由于我国立法中没有强制要求设立其他类型交通设施故障救济预案,各地政府对

---

① 详见《郑州市城市道路交通设施建设管理暂行办法》第3条和第4条规定。
② 信号灯突然故障致交通瘫痪,便装小伙雨中疏导恢复[EB/OL].(2020-07-20)[2021-09-28]. http://m.qdxin.com.cn/detail/220578.html.

于建立预案也没有足够的重视,导致智能交通设施发生故障后缺乏解决办法、设施使用恢复迟缓、难以应对突发状况,不符合当下城市交通拥堵的治理要求。

(三) 需求响应型公交运营方面

公共交通具有容量大、运载率高等优势,若优先发展公交、提高公交分担率,可以在一定程度上缓和城市交通拥堵问题。2004 年,我国首次提出公交优先理念,并于 2005 年将这一理念上升到制度层面。2013 年发布《交通运输部关于贯彻落实〈国务院关于城市优先发展公共交通的指导意见〉的实施意见》(交运发〔2013〕368 号),指出应考虑城市出行人的具体需求,满足乘客个性化、多样化的出行选择,推广通勤班车、社区班车等多种类特色公交服务。2017 年发布《国务院关于印发"十三五"现代综合交通运输体系发展规划的通知》(国发〔2017〕11 号),对智能时代公交发展规划问题予以回应,提出要推广新型公交方式,鼓励企业发展城市定制公交。2020 年发布《交通运输部关于推进交通运输治理体系和治理能力现代化若干问题的意见》(交政研发〔2020〕96 号),正式提出建立需求响应型公交出行服务体系。

由此可见,智慧交通背景下,追求公交优先的方式是发展需求响应型公共交通(Demand Response Transit,DRT),这是一种"车找人"的特色公交模式,乘客可以通过手机、PC 等移动终端,将出行需求发送至 DRT 平台,平台把众多出行需求相同的个体进行合并,为该群体供应定时、定点、定人、定路线的定制出行服务。① 相较于常规公交,需求响应型公交具有中途不停站、一人一座、到点就走等特点,有利于提升通勤效率,改善乘客出行体验,促进乘客选择集约化出行方式。目前,我国北京、深圳、青岛、西安等城市已开通需求响应型公交,但由于该模式兴起不久,运营中还存在诸多障碍,需要依靠完善城市公交法律法规制度来解决。

1. 需求响应型公交市场准入机制不明确

当前,不仅很多城市的公交企业启用需求响应型公交模式,民营企业经

---

① 刘怡伸,郭一麟. DRT:创新公交如何响应出行需求 [EB/OL]. (2020-05-27) [2021-09-28]. https://baijiahao.baidu.com/s? id=1667848422347065781&wfr=spider&for=pc.

营的DRT平台也相继进入市场。我国相关政策虽然鼓励借助市场主体力量发展新型智慧公交,以减少城市交通拥堵治理成本,推动公交服务质量提升,但由于当前需求响应型公交的运营管理缺乏法律法规的约束,现实中出现了一些企业未经批准就运营以及管理不够规范的情形。例如,有些DRT平台在乘客预约成功并且付款后,临时更改乘车地点,还不告知乘客,侵犯了作为消费者的乘客的合法利益,若长此以往,会使居民不信任公交出行,削弱公交出行意愿。[①] 为防止这种状况出现,应当对需求响应型公交的市场准入予以限制。目前我国在国家层面的立法中还未正式出台"城市公共交通管理条例",在地方层面的立法中也鲜有城市制定本地区的公交管理条例,公共交通的市场准入规则不明确,严重阻碍了需求响应型公交的发展。

2. 缺乏需求响应型公交财政补贴机制

目前需求响应型公交在我国应用规模不大,主要是因为其票价比传统公交相对较贵,许多市民表示难以接受如此高昂的公交出行成本。例如,北京市需求响应型公交在补贴后的价格是10公里以内为5元,10公里至20公里以内为8元,20公里以上时,每增加5公里增加3元,该票价是传统公交票价的2倍以上。西安市需求响应型公交的票价实行市场价格,不享受政府财政补贴,票价在20公里以内为10元,超过20公里时,每增加5公里增加3元,该票价是传统公交票价的5倍以上。

公共交通是关系国计民生的重要社会公益性事业,《中华人民共和国价格法》(以下简称《价格法》)第18条明确规定重要的公益性服务价格实行政府指导价或者政府定价。需求响应型公交属于公共交通的一种,对于疏解城市交通拥堵有很大助益。对于居民而言,若票价制定过高,居民将难以承受,最终遏制公交使用;对于从事需求响应型公交运营的企业而言,若票价制定过低,企业将面临亏损,这与企业盈利的目标相背离,则没有动力改进服务品质。所以,需求响应型公交的票价确定应兼顾社会公益和经济效益,既要考虑乘客的负担能力,又能顾及公交企业利益,同时在企业履行政府指

---

① 牛子墨. 城市公共交通管理体系中定制公交的引入——以经济法为视角 [J]. 佳木斯大学社会科学学报, 2018 (5): 64-66.

导价或政府定价后,政府应对其实施财政补贴。

(四) 交通信息管理方面

出行信息服务是智慧交通系统中的核心应用,其通过车载装置、路侧电子屏、交通诱导屏、互联网站、手机等移动终端设备向出行人实时发送交通出行信息,包括出行的路径、方式、时间、费用、道路拥堵状况、公交换乘、公交到站时间、天气状况、交通事件、停车信息等在内的各类交通信息。数字时代的到来和服务型政府转型的背景下,向居民提供出行信息服务成为治理交通拥堵的重要方式之一,出行信息服务主要是从以下三个方面引导居民合理出行、优化交通需求特性:一是为不识路的驾驶员提供导航服务,避免其因绕道行驶而在路网中滞留过多时间;二是为有出行计划的人们提供决策依据,提示人们避开拥堵路段、错峰出行,从而均衡车流量在时空上的分布;三是提供公交出行信息,促进绿色集约出行。目前我国出行信息服务还不完备,信息孤岛、信息发布质量不佳、信息错误更正处理不迅速等问题突出,信息的全面性、精准性和实时性均受到影响。

1. 未建立交通信息共享交换机制

交通信息的获取是利用的前提,很多主体都具备数据采集、挖掘、分析能力,出行信息服务中所需要的各类信息也掌握在不同部门和单位中。例如,交通管理部门利用道路采集系统收集了车流量数据、路况信息。公共交通管理部门通过公交车上安装的 GPS 定位系统取得公交车的实时位置、车辆到站时间等信息,其他政府机构如气象、公安、旅游部门也掌握着与交通行为相关联的数据。[1]

交通信息服务旨在为居民提供出行规划和选择的决策依据,只有基于更全面的信息才能给予更恰当的判断,倘若每个部门只关注信息采集而忽视信息共享,将会降低信息出行服务的精确性,导致人们的出行选择也会出现偏差。因此,政府各部门之间应当进行交通信息共享。目前,实践中仍存在政府各部门间各自为政、信息共享困难的状况,因此还需建立共享交换机制以作为交通信息共享工作顺利开展的制度保障。

---

[1] 何承,朱扬勇. 城市交通大数据 [M]. 上海:上海科学技术出版社,2015.

我国早在 2016 年就发布了《交通运输部办公厅关于推进交通运输行业数据资源开放共享的实施意见》（交办科技〔2016〕113 号），其中提出要贯彻落实国家信息资源共享管理相关要求，尽快制定交通运输领域的数据资源共享交换管理机制，推动行业数据资源共享共用。然而，截至目前，我国交通信息共享交换机制仍尚未完全建立，各部门之间进行交通信息交换的职责、权利、义务尚未厘清，交通信息共享的数据范围、工作流程还不明晰，交通领域的信息共享标准还未确定。

2. 城市交通信息发布机制不够完善

为满足引导公众出行的需求，我国在诸多规范性文件中明确提出交通信息发布要求。2013 年发布《交通运输部关于改进提升交通运输服务的若干指导意见》（交运发〔2013〕514 号），指出应设立多样化交通信息发布方式，拓宽信息发布渠道，提升公众出行信息服务质量。2014 年，国家发展改革委等八部门联合发布《关于促进智慧城市健康发展的指导意见》，指出要向居民提供差异化交通信息增值服务，提高出行信息服务、公交信息服务、交通诱导服务等智慧出行信息服务的智能化水准。2017 年，交通运输部发布《智慧交通让出行更便捷行动方案（2017—2020 年)》，提到要推行以企业为主体的智慧交通出行信息服务建设工作，通过为人民群众提供实时精确的出行信息，使出行更加方便快捷。2019 年，交通运输部发布《数字交通发展规划纲要》，指出到 2025 年，我国要达到交通运输大数据应用范围和深度大幅提升的目标，让出行信息服务覆盖居民出行的全方位和全过程。

由此可见，相关主体应该对交通信息发布质量严格把关，着重解决信息发布不及时、更新慢、不精准、渠道少等问题。我国现有的交通信息发布制度主要针对公路方面，包括 2006 年《公路交通出行信息服务工作规定（试行)》、2011 年《交通运输部公路交通阻断信息报送制度》等，其中对公路出行信息发布要旨、公路阻断信息的报送流程进行了详细规定。而对于城市交通信息发布要求只制定了行业标准，即 2017 年发布的《道路交通信息发布规范》（GA/T 994—2017），该规范虽然规定了城市道路信息的发布形式、方式、内容的标准，但是并未上升到制度层面，不利于规范交通信息发布质量。

3. 未建立交通信息错误纠正机制

在交通信息发布过程中，难免会因疏忽出现发布错误，而错误的信息发布不仅会减损政府公信力，若不及时纠正，还会妨碍人们的出行。2020年11月4日，某乘客发现北京某地铁站中的信息发布诱导屏显示有误，在拍下照片后本想向公共信息安全部门或者地铁运营部门反映，但是该乘客通过百度、微信等方式搜索后，并未发现相关反馈渠道，只能在市长信箱中留言反映该问题。① 2021年1月16日，浙江省宁波市中山东路道路电子指示屏幕出现显示错误，将"中山东路"显示为"解放北路"，有群众发现后在当地公安局群众留言板中发帖，但相关部门时隔3日后才修正错误信息。② 可以看出，我国目前还缺乏交通信息发布错误的反馈渠道，对报错后的信息更正的处理效率低下。然而，居民是信息出行服务的使用者，他们更容易及时发现错误，若建立有效的交通信息报错反馈渠道，对信息发布错误的反馈方式、处理流程等内容进行明确规定，则可以让居民及时、便捷地参与其中。

（五）限制性交通需求管理措施方面

在智慧交通背景下，将先进技术融入限制性交通需求管理制度，能够使城市交通拥堵治理手段更加人性化。但是，我国的限制性交通需求管理制度还不够完善，并集中体现在以下三个方面。

1. 机动车尾号限行预约制度不完善

机动车尾号限行制度是一种用于缓解常发性城市交通拥堵问题的限制性交通需求管理措施，其以机动车尾号为依据，控制特定尾号的机动车在规定的时间、道路区域内行驶，从而降低早晚高峰时期道路车流量。该制度虽然能缓解道路交通压力，但在没有收集出行人交通需求的情况下，采取了"一刀切"的形式来限制出行，导致实际出行需求与允许日期不相匹配的情形频繁出现，给居民出行带来极大不便。但在智慧交通背景下，车牌识别技术的

---

① 地铁信息发布屏信息发现错误［EB/OL］．(2020 - 11 - 06)［2021 - 09 - 28］．http：//liuyan.people.com.cn/threads/content? tid = 8536997.

② 中山东路道路指示屏错误的路名改正过来了［EB/OL］．(2021 - 01 - 20)［2021 - 09 - 28］．https：//nb8185.cnnb.com.cn/tiezi/minsheng_view_mobile.php? aid = 1136754.

广泛应用与电子警察装置的普及,使在机动车尾号限行措施中运用预约规则成为可能。

我国当前实践中存在两种应用模式。第一种是山西省太原市实行的车主通过预约自主选择停驶日期的制度。太原市自2020年10月19日开始对城区内的小汽车实施尾号限行制度,但市民可根据自身实际出行需要,通过手机微信预约小程序,在每周工作日中自主选择任意一日停驶,若出行计划变动还可变更停驶日。① 第二种是四川省成都市实施的特殊人群预约不受尾号限行措施限制的制度。成都市于2020年10月开始恢复机动车尾号限行制度,但是对于接送学生的车辆,在交通管理部门完成申报后可在手机软件上预约上路时间,车辆在预约的时段内通行不受尾号限行的限制。② 将预约置于机动车尾号限行措施中,是交通需求管理制度的革新,能够兼顾政府治理要求和居民出行需求,但由于这种预约模式刚刚兴起,在实践中还存在不少问题。

首先,预约应用没有得到普及,我国只有极个别城市开通了预约模式,并且在机动车限行通知文件中也缺乏对预约具体细则的规定。例如,在太原市改善省城环境质量领导小组办公室发布的《关于在全市范围内开展机动车限行的通知》(并环改办〔2020〕158号)中,就只对限行时间、区域、措施等进行了规定,而对预约方式、预约变更、预约取消、预约流程并未作出明确规定。

其次,在适用预约方式时,对特殊缘由造成的超时问题处置不妥当。在成都市实行的预约措施中,规定接送学生的车辆预约出行时段只有90分钟,若超过90分钟,车辆还停留在路网中,将面临罚款、扣分等行政处罚,即便是由于路上发生车辆故障、车祸、路网拥堵、瘫痪等突发状况才导致超时,也要对车主进行处罚,这显然是不合情理的。

最后,缺乏提交虚假出行需求的法律规制。成都市实施的对接送学生家长开放预约通道的初衷是方便家长接送孩子,旨在实现治理目的的同时照顾

---

① 太原限号再出预约新政![EB/OL].(2020-10-19)[2021-09-28]. https://new.qq.com/omn/20201019/20201019A0ADIT00.html.
② 成都尾号限行恢复常态化,接送学生车辆怎么办?解读来了[EB/OL].(2020-10-10)[2021-09-27]. https://new.qq.com/rain/a/20201010A0G6E300.

特殊群体，其本身是一种人性化的体现。但在实践中，有的家长车辆并非用于接送学生，却也完成了申报和预约，对于这种虚假申报及虚假提交出行需求的行为，暂时还没有制定有效办法予以监管和规制。

2. 交通拥堵收费制度存在缺失

交通拥堵收费制度是一种在交通流量高峰时段，对城市中容易发生堵塞的道路区域通行者收取费用的限制性交通需求管理制度，其原理是通过价格机制筛选出道路需求较高的出行人来使用有限的道路资源，并将道路需求较低的人群疏散至拥堵区域外围。该制度能够提高小汽车的上路成本，有效激发居民转向高运载率的公交出行。[①]

智慧交通背景下，ERP系统可为征收交通拥堵费提供技术支持，将电子收费闸门放置在收费路段区域的入口，当汽车在规定收费时段通过闸门时，车辆上提前安装的车载单元装置（On Board Unit，OBU）能够识别车辆种类、计算费率并自动扣费。另外，OBU能够实时监测车辆在收费路段内的平均时速，基于平均车速的变化而自动调整交通拥堵收费费用，并将调整后的费用不间断地向车辆发送，方便驾驶员接收和知晓即时的收费信息，进而做出是否驶入收费路段的选择。这种动态收费模式中，收费费率与道路拥堵状况相匹配，使收费道路既不产生拥堵，也不出现闲置。

在ERP系统基础上，还应建立与之配套的收费制度。我国征收拥堵费的提议其实很早就有，北上广深等城市都曾试图征收交通拥堵费，但后来都因争论太大而以失败告终。例如，2011年9月，交通运输部等多部门联合发布了《关于深入实施城市道路交通管理畅通工程的指导意见》，指出为了让城市道路更加畅通，合理调控机动车出行成本，尽量减少居民使用小汽车的频次，应当加强交通需求管理，在我国大城市中开展局部区域、路段、时间试行交通拥堵收费制度研究，而当时通过收费治理城市交通拥堵这一思路还曾引起各界激烈讨论。随后2013年发布的《北京市人民政府关于印发北京市2013—2017年清洁空气行动计划的通知》（京政发〔2013〕27号），指出为了减少北京市中心小汽车出行频率，需要探索适合北京市的交通费用征收方

---

① 杭文．城市交通拥堵缓解之路［M］．南京：东南大学出版社，2019.

式和方法,并建议利用智能收费系统征收交通拥堵费。2016 年,北京市初步拟定了交通拥堵征收制度方案,并且对外宣布了研究征收拥堵费试点,但后来因为群众反对声音太大而搁置。

虽然当前征收交通拥堵费饱受争议,但其作为特大城市解决拥堵问题的重要手段,已被很多国家的特大城市采用,且治理效果明显。在此背景下,我国也可以借鉴国外的相关立法经验,尽快建立适合我国国情、适应 ERP 系统的拥堵收费制度。

3. 智慧停车机制不够完善

随着我国城镇化建设速度加快,人口、资金、技术等劳动要素急速向城市聚集,大中城市汽车的保有量每年呈直线上升趋势。传统停车管理模式已无法应对日益激化的停车供需矛盾,在智能交通领域,许多厂商正在大力研发智慧停车物联网系统,以实现停车诱导、车位引导、反向寻车、移动支付等功能。智慧停车信息化系统接入互联网的建设,被视为城市静态交通实现智能化管控,促进整个城市内停车资源高效流转,解决城市交通拥堵和停车难问题的有效措施。

智慧停车是智慧交通系统[①]的重要组成部分。传统意义上,停车场是指供机动车停放的场所,包括独立建设的停车场、配建停车场和临时停车场。其中,独立建设的停车场是指,根据规划独立建设并向社会开放的停放机动车的场所;配建停车场是指,为公共建筑、居住区配套建设的停放机动车的场所;临时停车场是指,临时设置的用于停放机动车的场所,包括道路停车泊位和利用街坊路、胡同、待建土地以及临时空闲场地设置的停车场。而智慧停车是指,智慧停车企业充分借助互联网和大数据资源,开发手机 App 或小程序,使得用户可以通过 App 或小程序获得停车(位)场位置查询、预订、导航等智慧服务,并在停车完成后向智慧停车平台在线支付停车费用的

---

① 智慧交通系统(Intelligent Transport System 或 Intelligent Transportation System,ITS)是通信、控制和信息处理技术在运输系统中集成运用的通称,是将先进的信息技术、通信技术、传感技术、控制技术以及计算机技术等有效地集成运用于整个交通运输管理体系,而建立起的一种在大范围内、全方位发挥作用的,实时、准确、高效的综合运输和管理系统,是一种能提高交通系统的运行效率,保障交通安全、降低环境污染,减少出行成本的信息化、智能化、社会化、人性化的新型交通运输系统。

停车体系。① 智能停车的建设目标是建成城市级综合停车管理系统，横向引入不同产权和管理模式的停车资源，如路边停车、商场停车、住宅停车、地下停车场、立体停车场，从而实现有效整合、共享停车资源，构建统一的智慧停车服务平台。用户可以掌握实时更新的停车信息，减少车辆在途时间和缴费时间，提高停车位使用流转效率，以静态交通系统的高效、方便、灵活助力动态交通运行的畅通无阻。

智慧停车运行实践过程中存在的问题，主要体现为以下三点。

(1) 智慧停车技术尚未实现全覆盖，供需矛盾仍然突出。

智慧停车技术的引入，虽在一定程度上提高了用户停车的效率，但不能从根本上疏解停车难的问题。以北京市为例，北京市在实行道路停车改革以来，虽然停车供给缺口日益增大的趋势有所缓解，但截至 2020 年年末，北京市机动车保有量突破 650 万辆，伴随年增长 20 万辆的速度，② 城市年度新建停车位的供给数量远远落后于机动车的增长量，停车泊位供需失衡导致"停车难"问题并没有得到很好的解决。平衡停车位的供需矛盾，既要提高增量，扩大智慧停车设施的覆盖范围和新建智慧停车场（位），促进智慧停车产业发展，又要保证存量的高效流转，完善车位错时共享规则，满足用户多样化、多层次的静态交通需求。

(2) 停车资源缺乏统一调配机制，停车平台数量多、信息分散。

虽然许多城市在进行智慧停车建设过程中，政府积极引导、鼓励形成统一的停车信息平台，但是形形色色的资本进入智慧停车系统开发领域，成立了各种类型、各种规模的智慧停车经营企业，导致停车资源没有形成统一规范的调配机制。例如，北京市于 2017 年 10 月成立了北京静态交通投资运营有限公司，建立统一的官方信息平台。但实践中，仍有大量停车平台未完全接入该统一的官方信息平台。据不完全统计，截至 2017 年 11 月，北京市的智慧停车企业数量多达 4500 余家，市场份额前 5 名的智慧停车平台提供的停

---

① 刘宪. 城市公共停车与智慧交通的一体化解决方案 [J]. 中国信息界，2014 (5)：82 - 86.
② 赵语涵. 北京 2020 年末机动车保有量 657 万辆 比上年末增加 20.5 万 [EB/OL]. (2021 - 03 - 12) [2023 - 06 - 17]. https://baijiahao.baidu.com/s? id = 1693996724880977753&wfr = spider&for = pc.

车泊位的数量总计仅占北京市的11%。① 城市中智慧停车平台"野蛮生长",分割城市停车资源,技术的运用并未从根本上解决城市"停车难"问题。

(3) 存在逃避缴费、错误计费等现象。

智慧停车平台的收费流程为:①车主在线上绑定车牌、注册账户;②通过线下停车设施的感知功能自动收取费用,而无须设置停车管理人员。因为没有现场执法人员,部分用户发现了智慧停车的技术漏洞,如采取遮挡车牌等手段,故意逃避缴纳停车费用,导致高位摄像头等监控设备无法识别、计费和追缴。

另外,因为智慧停车系统有时需要车主自主输入车牌号码,实践中已经出现车主错误输入车牌号并进行了绑定,而智慧停车平台未能及时处理,导致车主面临天价滞纳金和接连不断收到催缴停车费用信息的现象。② 还有因智慧停车计费系统出现错误,给车主多计费的情况。③ 与此同时,本应该缴纳费用的车主的知情权也受到了侵害,亦即,对自己因欠缴停车费用而可能面临罚款和计入征信系统的情况并不知情。由于其不会收到相关智慧平台的提示信息,可能会误以为无须缴费或者误以为自己已经缴费。

智慧停车法律制度,应涵盖智慧停车的布局建设、投融资、研发推广、运营维护等环节。但是,在智慧停车产业蓬勃发展的过程中,现有停车管理制度还不够完善,缺乏全生命周期的整体规范,对智慧停车规制的价值目标还未清晰定位。具体而言,主要体现在以下四个方面。

(1) 智慧停车规制机构职责不明,监管范围交叉。

智慧停车系统在智慧交通发展过程中属于新交通业态,相关的监管机构存在职责分散、多头管理、监管范围交叉、监管方式滞后于新技术发展等问题。以北京市为例,智慧停车管理是由本市发展和改革委员会负责制定统一的收费标准,交通委员会运输管理局负责停车日常规范管理,公安局交通管

---

① 张景华.《互联网+停车"开启北京智慧停车新时代 [EB/OL]. (2017-11-15) [2023-06-17]. https://epaper.gmw.cn/gmrb/html/2017-11/15/nw.D110000gmrb_20171115_1-09.htm?div=-1.
② 陈圣禹. 路侧电子停车输错了号码误绑了他车,没想到麻烦接踵而来 [EB/OL]. (2021-03-11) [2023-06-16]. http://k.sina.com.cn/article_1893892941_70e2834d02000y740.html.
③ 江滢. 车开走了还在计费"智慧停车"咋了?回应:遭黑客,正在修复 [N]. 成都商报社,2019-08-29.

理局施划路边停车位和处罚违章停车，城市管理委员会负责打击黑停车场，以及街道和居民委员会对居住小区进行行政管理和自治管理。因此，智慧停车管理事实上形成了多头管理的格局，在具体职责履行过程中，难免会出现职能交叉、职能缺位等问题。

（2）智慧停车市场主体定位不够准确。

智慧停车系统的运用范围比较宽泛，既有交通枢纽、旅游景点附近专门的地面停车场，也有商场、写字楼等专用的地下停车场或空中停车楼，还有占用城市道路划定的停车位，以及居民区内部的停车场。这些停车场的性质存在较大差异，比如有些地域的停车资源偏向公益性（如医院附近的停车场），有些地域的停车资源则属于商业性（如高档小区的停车场）。但是，智慧停车平台的市场准入机制对此并没有加以区分，导致过多的智慧停车企业急速进入市场，停车资源被无序分割。而智慧停车系统缺乏市场准入标准，也导致服务质量参差不齐，出现"智慧停车不智慧"的现象。例如，智慧技术不过关，使用界面不方便，信息收集范围狭窄且容错率低，以及后台服务不完善等问题。

（3）智慧停车数据信息规制缺乏规范。

首先，智慧停车平台系统个人信息收集和使用规则不统一。停车信息属于隐私范畴，同时也是非常敏感的个人信息，它能够直接关联个人，反映个人的特征。但是，现在还缺乏有关智慧停车平台系统个人信息收集和使用的统一规则，在审核过程中亦没有严谨的信息安全审核机制，实践中甚至出现部分平台不用任何验证便可绑定车牌号的情况。例如，2019年4月，广东省中山市的伊先生发现智慧停车系统——"捷停车"可以添加任何的车牌号，怀疑其存在个人信息安全隐患。南都记者经测试发现，发现只要绑定手机号码，就可以在此系统上直接添加他人的车牌号，并可以收到该车牌号的出入停车场记录，包括车牌号、停车场名称、入场时间、出场时间（精确到秒）以及停车时长。[①] 而与平台疏于管理缺乏审核相反的是，有些智慧停车平台

[①] 孙朝，樊文扬. 随意查询他人停车位置，专家：智慧停车侵犯车主隐私需担责［EB/OL］. (2021-05-06) ［2023-06-16］. https://new.qq.com/rain/a/20210506A0COH700.

要求用户填写身份证号码、个人家庭住址等信息，甚至要求刷脸识别。此类收集用户个人信息的行为超出了停车收费的使用目的，属于对个人信息的过度收集。

其次，智慧停车平台系统缺乏信息共享机制。当前，多个不同的智慧停车平台体系在一个城市中并存，却因为缺乏有效的信息合作与共享机制而形成"信息孤岛"。尽管城市政府管理机构想建立一个市级的停车统一信息平台，但各智慧停车平台却常以保护商业机密为理由拒绝接入统一信息平台。实践中，还有一些停车场经营者认为收集、录入信息的工作烦琐，增加了额外的负担，有些单位内部停车场也拒绝接收外来车辆，使得通过静态交通引导动态交通的目的难以实现。

最后，智慧停车信息资源与执法、司法的体制机制还无法做到高效的衔接。例如，在车辆盗窃、剐蹭事故等法律纠纷的证据调取与核实环节，纠纷处理机构能否要求平台提供所收集的资料，是否需要车主事前的知情同意，证据调取的具体流程应如何设置等问题也缺乏相关规定。又如，司法机关如需扣押案件被执行人的车辆，能否要求智慧停车平台帮助查询车辆停放位置、所有权人等车辆基本信息，这是否与平台发布的用户协议相冲突，以及哪些政府部门有权调取信息，是否需要向上级法院报批或者备案等，这些问题也都缺乏具体的法律规定。

（4）智慧停车收费机制存在缺失。

停车政府定价制度难以规制智慧停车平台的价格垄断行为。对于道路停车，许多城市采用分区域分时段的差别化收费模式，[①] 但划分还不够精细。智慧平台利用区位优势，存在着收取垄断高价或者隐性增加停车费用的现象。由于城市中心停车资源总是处于稀缺状态，而获得特定停车场经营权的企业总是具有某种区位的特殊垄断性，往往会利用该优势收取垄断高价，如在停

[①] 例如，北京市道路停车价格按三类区域实行差别化收费，即一类地区为三环路（含）以内区域及中央商务区（CBD）、燕莎地区、中关村西区、翠微商业区等4个重点区域，小型车首小时每15分钟2.5元，首小时后每15分钟3.75元；二类地区为五环路（含）以内除一类地区以外的其他区域，小型车首小时每15分钟1.5元，首小时后每15分钟2.25元；三类地区为五环路以外区域，小型车首小时每15分钟0.5元，首小时后每15分钟0.75元；夜间（19点至次日7点），三类地区小型车均为每2小时1元。

车高峰期加收额外的费用；改变计价标准，如不按每 15 分钟来计价，而是按每半小时来计价，导致停车时间即使仅仅超过 1 分钟，也要按照半小时来收费。

四、智慧交通体系法律制度完善措施

（一）完善智慧交通规划法律制度

1. 明确智慧交通规划的法律依据

智慧交通规划，是智慧交通建设的顶层设计、引领性战略和刚性管理依据，为使该工作有法可依、有规可循，现对我国交通规划法律制度提出下列三点完善建议。

（1）制定国家层级的"交通规划法"。根据我国当前城市交通呈现的新特点、新问题，对交通规划的制定、修改、实施进行具体规定，明确交通规划的原则、主体、内容、程序和职责，以便于在宏观层面上指导智慧交通规划工作。

（2）适时对"交通规划编制办法""交通规划编制导则"等规划编制细则进行修订、更新，充分考量智慧交通技术发展因素，紧密结合国家近期出台的智慧交通战略规划产业政策，适当增加智慧交通建设内容，使其兼具现实性与前瞻性。

（3）智慧交通在城市动态与静态交通体系中都有应用，在道路交通系统、轨道交通系统和公共交通系统中均有涉及，并且智慧交通规划与城市交通系统中的其他规划密不可分，关系城市交通整体布局，因此不宜为其单独制定专项交通编制规则，而应当在其他专项交通规划编制办法（如《城市公共交通规划编制指南》）中加入智慧交通建设内容，使智慧交通规划与其他交通系统规划之间相互协调、相互适应、相辅相成。

2. 确立智慧交通规划的基本原则

智慧交通时代已经到来，交通规划的侧重点势必与过去不同。为适应新时期智慧交通的规划要求，高效配置智慧交通资源，避免人力、物力浪费，需要在"交通规划法"中树立以下三个基本原则。

（1）以人为本原则。治理城市交通拥堵并非简单粗暴地控制车辆移动，其终极目的是方便居民出行,打造人车共存、畅通无阻的城市交通运行系统。因此,智慧交通规划中应当充分体现"交通为人民服务"的价值理念,始终将居民出行感受放在第一位,在规划过程中做到尊重居民意愿、理解居民想法、摸清居民需求,将有限的城市空间资源分配给绿色集约的公交出行,以及步行、非机动车等慢行交通系统,支撑高效便捷、韧性可靠的城市交通体系加快形成。

(2) 科学规划原则。我国从前治理城市交通拥堵的措施多表现为限制类的法规、政策手段,而智慧交通理念主张采用大数据、互联网、云计算、移动通信等科技手段治理城市交通拥堵。因此,不仅要在规划内容中考虑技术进步与革新,在规划编制手段上也需逐渐摒弃落后的抽样调查模式,尝试利用大数据挖掘和分析技术,推行全样本调查模式,提高交通规划精确度。对此,可以利用大数据技术监测城区内居民和车辆的移动规律,并建立宏观、中观、微观各层次的交通预测模型,精确还原城市居民出行的时空分布特性,探究城市交通拥堵深层次原因,评估分析城市交通运载现有水平,科学研判城市交通需求增长趋势,尽早在城市交通规划领域内实现"用数据说话、用数据决策"。

(3) 因地制宜原则。城市交通拥堵集中出现在我国省会城市等特大城市与大城市中,对于一些偏远的小城市来说,不仅没有交通拥堵问题,还存在道路过宽、交通资源浪费的现象。所以,每个城市对于智慧交通建设的诉求存在差异,各有侧重,各地应着眼于本地区交通拥堵治理需求,秉持因地制宜、适度超前的原则来开展智慧交通规划工作。

3. 规范智慧交通规划公众参与制度

公众参与制度是智慧交通规划中以人为本原则的具体体现,是建立现代化交通规划法律制度的应有之义。为引起交通规划部门对公众参与程序的重视,建议借鉴现有的国外经验,在"交通规划法"中详细规定公众参与制度。

(1) 设置多元化的公众参与对象。交通规划是一项蕴含政治色彩的行政行为,其结果直接或间接地作用于各类主体,对城市中生活的不同群体有着或多或少的影响;规划工作也是一个平衡各方利益的过程,在此过程中需要与利益主体频繁地互动交流，最终得出让大多数社会成员认可和满意的结论。公众参与的对象越多元，规划中对利益取舍、价值观博弈的探讨就越深入，形成的规划成果的可信度和科学性就越高。因此，公众参与的对象除了居民外，还应将智慧交通企业、参与治理城市交通拥堵的各类民间组织以及相关领域专家学者都纳入其中，使规划结果同时满足智慧交通规划价值取向、城市交通拥堵治理要求和居民的交通出行需求。

（2）扩大公众参与的范围。首先，公众参与环节应尽可能多，涵盖交通规划拟定、审议、选定、公示、审批、监督等阶段，可以针对不同参与对象设置差异化的参与内容，使规划结论兼具专业性和社会性。其次，采用网络调查问卷、网络投票、热线电话、走访调查、听证会、咨询会、讨论会等多种参与形式。最后，公众参与是权利而非义务，为了激励人们参与规划，可以建立意见反馈机制，让参与人能够了解他们提出的建议是否被采纳，如果没有被采纳，说明不采纳的理由是什么，进而提高公民的参与热情。

（3）建立规划参与权的问责与救济机制。当公众参与程序成为法定程序后，居民便有了规划参与权，但规划参与权同其他权利一样可能遭受侵犯，如果被侵犯时无法得到救济，那么规划参与权的实现将遇阻。因此，一方面，应当建立问责机制。对于没有执行公众参与程序的规划部门，对相关负责人采用责令改正、通报批评等方式给予行政处分。另一方面，应当建立救济机制。对于严重侵害公民规划参与权的行为，允许公众向规划部门的上级机关提起行政复议或向法院提起行政诉讼。

（二）完善智能交通设施建设与使用法律制度

1. 形成智能交通设施标准体系

建立泛在先进的交通基础设施，需要构建智能交通设施标准化规范体系来解决设施之间无法互联互通、设施智能化不足的问题，并且应当从以下三方面进行智能交通设施标准的编制、实施和监督管理工作。

（1）密切结合智慧交通发展前景，瞄准智能制造、新型材料、区块链等前沿技术，并整合我国现有的智慧交通标准规范，出台"智慧交通标准化发展规划"，确定智能交通设施标准制定的长期、中期、短期战略规划，将智能交通设施标准的功能要件、应用要点、技术要素、更新要求一并纳入其中，提升智能交通设施标准制定的时效性和超前性。

（2）编制智能交通设施标准是涉及多方主体、多领域技术的复杂工作。首先，应严格执行《中华人民共和国标准化法》（以下简称《标准化法》）制定智能交通设施的国家标准、行业标准、地方标准、团体标准、企业标准，形成层次分明、结构合理的智能交通设施标准化规范体系。其次，科学设置强制性标准和推荐性标准，对于智能交通设施中需要达到的通用性能，在国家标准中制定强制性标准，务必保证重要智能交通设施的质量。最后，严格遵守《标准化法》的相关规定，在编制智能设施标准时，需经过主管部门、企业、相关社会团体、居民、专家学者等主体进行评估论证，通过多种方式征求公众意见，使标准编制结果更为合理。

（3）根据《标准化法》第25条规定，在标准的实施阶段，不得生产、提供不符合强制性标准的产品。因此，在未来立法中，城市交通设施建设管理部门对于智能设施采购负有监管义务，对于不符合强制性标准的智能交通设施不得购入和投入使用。

2. 建立城市道路交通设施养护管理制度

《交通强国建设纲要》明确规定："强化交通基础设施养护，加强基础设施运行监测检测，提高养护专业化、信息化水平，增强设施耐久性和可靠性。"为了满足智能交通设施养护需求，在国家层面的立法中，交通运输部可以根据需要制定"城市道路交通设施养护管理办法"，对城市道路交通设施养护管理的原则、部门、责任等内容作出以下规定：第一，城市道路交通设施的养护应当遵循动态监测、规范管理、标准作业、分级分类管养的基本原则；第二，城市道路中的交通设施可分为交通基础设施和智能交通设施，对不同的设施安排不同的单位进行养护管理，提高智能交通设施养护的专业化水平；第三，交通设施养护管理部门应定期组织对城市交通设施的巡查和监测工作，并对巡查频率、监测重点进行规范；第四，交通设施养护管理单位需组织编制城市道路交通设施的养护规程，并经过充分的技术论证后实施，养护规程中应涵盖城市道路交通设施养护的项目、周期、流程、技术标准、质量要求、验收等内容，对于关键作业、注意事项及检查标准进行详尽规定。此外，在地方层面的立法中，各城市也可依据城市中智能交通设施的投入使用情况，结合本地特色，制定适合本城市的设施养护管理办法。

道路交通管理中，需要对智慧交通系统中的各类交通设备实施精细化管理，使其能够满足人们通行及管理的需求。为此要定期做好交通设备的维护、管理工作，并对其维护过程和时间进行记录，在发现设备存在故障且无法正常运行时，要及时进行维修管理，使其保持良好的工作状态。

3. 制定交通设施故障救济预案编制办法

编制交通设施故障救济预案的目的是建立城市交通运行中因设施故障导致的突发事件的处置机制，科学高效地解决问题，最大限度地减少交通陷入无序状态的时长和交通事件的发生，提高我国城市交通系统韧性。为指导各城市交通设施故障预案编制工作，我国应当依据《中华人民共和国突发事件应对法》《中华人民共和国安全生产法》《国家突发公共事件总体应急预案》等文件制定"交通设施故障救济预案编制办法"，详细规定预案编制的主体、原则、要求、注意事项、责任等内容。同时，各地的交通管理部门应当根据本地区智能交通设施的使用情况，编制适应本地区实际情况的交通设施故障救济预案。如果因为没有建立救济预案而导致交通设施恢复工作不能有序进行，造成交通事件、道路网络瘫痪等情况的，应追究负责预案编制的相关单位的法律责任。

(三) 完善需求响应型公交运营法律制度

1. 确立需求响应型公交的市场准入制度

发展需求响应型公交是提升公交服务体系竞争力的重要途径，确立需求响应型公交的市场准入制度是全面依法治国的基本要求。目前，我国虽未正式出台"城市公共交通管理条例"，但在公开征求意见稿中已经提出对公共交通实施特许经营的市场准入制度，即公交管理部门应当根据企业的信用状况、公交运营方案、车辆设施情况等因素，依法确定能够从事公交运营的企业。由于需求响应型公交与传统公交有诸多不同，为了使需求响应型公交有序运营，我国应当尽快出台统一的"城市公共交通管理条例"，在条例中规定需求响应型公交的定义，明确其属于城市公共交通的一种，适用公交特许经营的市场准入制度。同时，应当确立需求响应型公交的地位，构建以传统公交方式为主、需求响应型公交方式为补充的公交体系。具体而言，规定各城市的公交管理部门必须与从事需求响应型公交运营的企业签订公交运营服务合同，在合同中约定需求响应型公交的服务内容、服务质量、运营方式、票价定制、运营期限、财政补贴和处罚规定等内容，明确公交管理部门与需求响应型公交运营企业的权利、义务和责任，要求需求响应型公交运营企业严格遵从合同约定，向居民提供需求响应型公交服务。最后，规定企业擅自经营的法律责任，对于未经许可就从事需求响应型公交运营的企业，由城市公共交通管理部门责令其停止运营、没收违法所得，并根据违法数额处以相应的罚款。

2. 建立和完善需求响应型公交的财政补贴制度

需求响应型公交的公益属性为政府对其财政补贴的正当性提供了支持。笔者认为，需要从以下几方面建立和完善需求响应型公交的财政补贴制度。一是在相关法律制度中，严格界定需求响应型公交财政补贴范围。各城市政府应当将公交企业亏损划分为政策性亏损和运营性亏损，针对不同原因导致的亏损，采取不同的补贴制度。产生政策性亏损的根本原因是公交具有公益性，在票价制定上采用了政府定价或政府指导价，对于此部分亏损，政府应当全额补贴。运营性亏损大部分是由于企业管理、运营不当而产生的亏损，若对此部分进行补贴，则在补贴的同时，还需要加强企业管理，控制成本，避免不合理的财政支出。二是采用科学的票价补贴方式。建议对于需求响应型公交的财政补贴更倾向于补贴乘客，而不是直接补贴企业，如可以采取向乘客发放出行代金券、出行红包等方式鼓励乘客乘坐，这种票价补贴方式不但能确保乘客直接享受优惠，还能促使公交企业提升服务质量。三是建立公共交通评价机制。建议在"城市公共交通管理条例"中规定，城市公共交通管理部门每一年度需要通过问卷调查等多种方式了解乘客对公交的满意程度，并将此作为对公交企业财政补贴数额的依据。

(四) 完善交通信息管理法律制度

为了向居民提供全面、实时、准确、有效的交通信息，引导居民科学出行，建议制定"交通信息管理办法"，对交通信息的共享交换、发布、报错反馈等内容进行明确规定。

1. 建立交通信息共享交换机制

为保障交通信息发布的全面性,建议在"交通信息管理办法"中建立交通信息共享交换机制,具体包括以下四个方面。一是确立以共享为原则、不共享为例外的基本原则。交通信息种类繁多,原则上应当共享,但对于涉及国家秘密、商业秘密、个人隐私的信息,应遵守我国《个人信息保护法》等法律法规的相关规定,基于交通信息安全保护的要求可以不予共享。二是各城市可根据需要建立信息共享交换平台,并制定平台管理制度,明确规定平台管理部门、管理措施、管理责任。为了防止信息泄露,应当要求平台管理部门强化交通信息收集、共享、发布等所有环节的管理,对工作人员的身份识别、权限授予进行严格监管。[①] 三是规定交通信息的共享条件,可将交通信息划分为无条件共享、有条件共享和不予共享三个类别。其中,可在所有主体间共享的交通信息属于无条件共享类,仅供部分部门共享和使用的交通信息属于有条件共享类,不适合提供给其他部门使用的交通信息属于不予共享类。对于不予共享的信息,相关部门需要出具不予共享的法律、法规及政策依据,并说明不予共享的理由。对于有条件共享的交通信息,信息提供部门应提出共享条件并严格限定信息用途。四是制定"交通数据共享目录编制指南",指导交通数据共享目录的编制工作。交通数据共享目录是各部门之间达成交通数据共享的参考依据,目录应包括数据的分类、名称、供应单位、格式、更新周期等内容。

2. 建立健全交通信息发布机制

为确保交通信息发布的实时性,需要在"交通信息管理办法"中建立健全交通信息发布机制。首先,规定信息发布内容,包括实时道路情况、交通事件、公共交通信息等动态交通信息,以及停车场定位、停车数量等静态交通信息,尽可能覆盖居民交通出行前、出行中、出行后的每个过程。其次,规定信息发布方式和形式,利用智能交通设施设备和先进技术,采用多种手段保障居民能够便捷地获取交通信息。发布方式包括交通诱导屏幕、公交车

---

① 沈瞿和. 我国政府信息共享的法律规制——兼评《政府信息资源共享管理暂行办法》[J]. 新视野,2017(1):55-60.

站信息屏幕、地铁站内信息屏幕、手机等移动终端、交通广播、车载导航、电话语音、互联网站等。发布形式包括文字、语音、图片、视频等。最后，根据发布内容的性质，规定信息发布要求和信息更新周期。具体而言，包括哪些信息必须发布、哪些信息根据城市需求自行确定是否发布，以及根据不同类别的信息确定多长时间必须更新等。

3. 建立健全交通信息错误纠正机制

为了保障交通信息发布的有效性，还需在"交通信息管理办法"中建立健全交通信息错误纠正机制，明确受理交通信息报错的受理部门，使出行人发现交通信息发布错误后，能够有部门及时受理，有专人负责处理。第一，建立多渠道的信息错误反馈方式，使人们能够采用电话、网站、手机应用程序等多种方式及时反映问题。第二，规定在受理信息错误后由哪个部门在多长时间之内处理错误信息，确保信息错误更正的及时性。第三，明确信息报错受理部门、处理部门的法律责任，规定在多少个工作日内未处理错误信息的，对相关负责人员进行行政处罚。

（五）完善限制性交通需求管理措施法律制度

1. 完善机动车尾号限行预约制度

将预约技术运用于城市交通系统中，既可以提前获知居民出行意向，又能在需求高度集中的出行高峰期合理配置道路资源，促进交通供需关系达到动态平衡。笔者建议，有条件的城市可以借鉴太原市或成都市的做法，让机动车使用人自行选择停驶日期，或者考虑特殊人群出行需求，为其开通预约通道，在预约时段内免除车辆限行这一限制。具体来说，一是若采取预约模式，应在机动车尾号限行制度中明确预约规则，使公众了解预约渠道。一方面，应当规定预约方式，开通互联网、移动终端、电话等多渠道预约；另一方面，规定预约变更和取消规则，变更和取消并不是随意的，应有合理的次数和时间限制。二是若规定了预约上路的时段，应考虑特殊原因导致车辆在路网中超时停留的处罚，需判断是何种原因导致车辆超过预约时长，对于车辆故障、发生车祸、路网拥堵、瘫痪等特殊因素造成的超时，应减轻或者免除处罚。三是若对于特殊人群开放预约通道，应完善特殊人群的主体资格申报制度。除了制定严格的申报标准，对于虚假申报行为和提交虚假出行需求的行为，可采取信息研判、高效联动、轨迹追踪、精准缉查等执法手段，开展车辆虚假信息申报整治行动，并根据行为的严重程度，采取取消资格、罚款、扣分等行政处罚。

2. 制定动态费率的交通拥堵收费制度

笔者认为，利用 ERP 系统征收交通拥堵费用，需要建立与之配套的交通拥堵收费制度。在国家立法层面，建议国务院考虑适时出台"城市交通拥堵收费管理条例"，对收费对象、方式、费率、时段、用途等内容进行明确规定，为交通拥堵收费工作提供法律依据。

(1) 在"城市交通拥堵收费管理条例"中确定收费对象。交通拥堵收费的目的是降低小汽车的使用频率，促使人们选乘高运载率的公交出行。因此，收费对象应是除公交车、特种汽车（如消防车、救护车、警车、军车等）之外的其他小汽车。① 目前，我国城市中的其他小汽车主要有私家车、出租车和网约车。其中，对私家车收费毋庸置疑。但对出租车而言，由于其具有一定的公益属性，收费时可给予一定的优惠。而网约车虽在一定程度上解决了"打车难"问题，但终究属于低运载率的出行方式，且网约车的出现激发了居民对小汽车的出行需求，若对其收费相当于变相增加了网约车的使用成本，或许可有效提升公交利用率。

(2) 在"城市交通拥堵收费管理条例"中规定收费方式。首先，采用 ERP 系统对进入收费区域的车辆进行自动扣费。其次，各城市应考虑交通拥堵严重程度、市民可承受能力、治理交通拥堵效率等各方面因素，制定收费标准。最后，现代化的收费费率不宜再根据交通潮汐规律设置固定的收费时段和费率，而应根据车流量变化采用动态收费时段和费率，因此建议规定通过收费路段的车辆安装 OBU，实时监测车辆在收费路段中的平均通行速度，并根据平均时速的变化更新费率，使收费更加公平合理。

(3) 在"城市交通拥堵收费管理条例"中明确拥堵收费的用途。若实施交通拥堵收费制度，收取的费用将是一笔巨大资金。目前，我国居民反对拥堵收费的一个重要原因是，不了解收取拥堵费实质上有利于城市交通发展，

---

① 郑翔. 北京市治理交通拥堵法律问题研究 [M]. 北京：北京交通大学出版社，2016.

最终会便利居民出行。因此，明确拥堵收费用途也是向居民宣传拥堵收费优势、改变居民态度、取得居民信任的重要手段。拥堵收费用途制度应当贯彻"取之于治堵、用之于治堵、政府零收入"原则。收取费用应当用于智慧交通建设、智能交通设施的完善、发展新型公交、提升出行信息服务品质上。

另外，在地方立法层面，各城市可根据本地治理特点制定本地的拥堵收费规章，并报国务院审批备案。

3. 构建智慧停车新规制

不同城市中不同停车业态的多样性造成整个停车信息系统的业务逻辑非常复杂。城市智慧停车系统的规制，与单个车场管理体系相比，不仅规模庞大，需要在技术层面形成整体解决方案，还要综合运用大数据、信息安全、行业信息协同等管理能力。同时，要考虑智慧停车系统联网后衍生新的业务功能的需求，如分时租赁、充电桩等。规制措施的设计，不仅需要考虑技术规则的法治化，更需要深入思考停车本身线下业务逻辑和整个城市停车综合业态运营的规制规律，进而形成科学有效的治理模式。

（1）明确智慧停车监管机构的职责。

为统筹安排城市停车公共资源，规范公共停车管理和服务，在机构上，应将之前履行停车管理职能的各机构部门进行协调整合，建立统一、专业的智慧停车管理机构，针对违法违停、欠费不缴等行为实行综合执法治理。智慧停车涉及公共利益和社会治理秩序，故由综合治理部门负责智慧停车管理机构的工作领导，具有一定的合理性。在职能上，智慧停车管理机构要协调统筹好两个方面的内容。一方面，市级智慧停车管理机构要从全市道路资源实际出发，管理智慧停车位的施划、建设、验收、运营，与智慧停车企业协作，为其开展停车服务提供规则的解读和方向的把控；另一方面，各辖区智慧停车管理机构要在市级管理机构的领导下，整理辖区内道路的权属关系，将居住区的传统停车位进行升级改造，盘点已有的停车资源以进行有效利用。

（2）扶持和规范智慧停车市场主体。

在产业扶持政策上，要加强静态交通基础设施改造，合理布局智慧停车场，鼓励发展智慧停车设施，改造传统停车场，优化供给服务。政府以设立新兴产业资助项目的方式，选取典型智慧停车企业的研发、建设项目，进行分阶段分领域的资金资助,并且鼓励社会资本流入,以配发公司股份或者项目委托、授权经营等多元化的渠道对接社会资本。这样既有利于减少财政负担,又能提高社会资本的参与度和活跃性。

在市场准入方面,完善负面清单制度。结合智慧停车行业特点,建立行业统一的审查标准,审查重点在于智慧停车技术领域的精度是否达到行业的平均水平、用户协议的规定动作是否遵循平等原则、费用收取是否存在垄断价格等不正当竞争行为、后期智慧停车位建设规划是否履行既定承诺等。由行业协会对技术情况进行自查自纠后,交由市场监督管理部门进行复查。

明确智慧停车企业的社会责任。在规划建设方面,智慧停车平台应遵循城市交通的系统规划,对于老旧小区、学校、医院、交通枢纽等地的智慧停车位配建数量应适度提高,对于城市边缘区域,要按照附近的汽车保有量规划、修建停车场,满足出行停车位的刚性需求。[①] 考虑残障人士、孕妇、儿童及老年人等弱势群体的不同需求,充分体现人性化设计理念。比如,在智慧停车场建设时,应配设电梯、无障碍通道、电动汽车充电桩等,实现科学布局,方便出行。同时,用智慧停车实现环境改善,减少碳排放。智慧停车平台应从查询、预约、导航、反向寻车、无感支付等方面优化服务内容,减少全过程的使用时间,从而降低机动车在停车场内和周边道路的滞留时长,实现节能减排、绿色环保的出行理念。

(3) 建立标准化智慧停车数据信息规制规则。

制定智慧停车平台车主个人信息收集使用标准的目的在于,在公民隐私权益保护与数字经济发展之间寻求平衡。智慧停车企业不能因为追求大数据这一核心资产而忽视公民的个人信息保护,同样政府在制定规则时也不能片面强调个人信息保护,一味抑制企业在智慧停车技术开发方面的积极性和创造性。智慧停车平台具有对车主信息收集、利用和共享的权利,又有保护用户信息不被滥用的责任。因此,完善隐私信息保护机制需要实现二者之间的平衡。

---

① 舒诗楠,张晓东,李爽. 北京多层级协同停车规划体系构建与治理实践 [J]. 城市交通,2019, 17 (1): 55.

《个人信息保护法》和《民法典》分别针对个人信息和隐私权的基本含义、基本保护原则、划分责任比例、明晰主体权利义务等问题作出了框架性和细致的规定，奠定了保护自然人权利、遏制信息侵权的法律基础。智慧停车企业应当以合法正当、量少够用为原则，建立健全用户信息安全保护机制，在用户同意的基础上，公开信息收集的目的、方式和使用范围，而不能过度收集、利用个人信息。比如，为了车辆缴费，提供车牌号和手机号，再加上必要的网上支付方式，就足够了。换言之，智慧停车企业在收集用户的身份信息、车牌号和车辆行踪信息的过程中，应遵循合法、正当、量少够用、不过度处理等原则。考虑到今后新技术发展带来的知情同意方式的变化，可以规定平台不能向用户推送个性化信息及广告，收集的个人图像、个人身份特征信息只能是平台运营所必需，而不得公开或者向他人提供。

一方面，规范智慧停车平台信息共享规则。建立健全停车信息共享制度，签订信息共享和保护协议，通过建设统一的停车资源云盘，供各平台上传停车数据，设定云盘管理员，实现停车信息资源在智慧停车、智慧交通领域的共享共建，尤其政府相关部门在制定政策方针时，平台应提供第一手信息资料，以缓解目前智慧停车信息碎片化的问题。具体来说，鼓励各智慧停车平台接入市级静态交通数据平台，以协调配合交管部门、公安部门等，同时建设智慧交通大数据信息共享平台，为智慧交通的综合监测、分析、决策提供数据支持。比如，将数据应用于分析智慧停车位在不同时段、不同区域、不同用户主体的需求量，得出是否需要增加停车设施供给、调控智慧停车收费标准、掌握闲置车位的分布时段等结论，以此完善智慧停车管理办法和具体调控手段，实现智慧停车位的有效利用。

另一方面，利用数据信息平台，实行智慧执法、智慧司法。交管部门针对违法停车、欠费不缴等事项开展执法时，可通过查询平台数据库中涉事车辆违法次数，选择不同的处罚措施，初次违法的车主应以批评教育为主，而违法次数较多的车主应在法定范围内加大处罚金额或者驾照扣分；之后，交管部门应在智慧停车平台公开发布执法意见通知书，保证执法的透明和公正，同时也可以起到警示和教育作用。此外，也可以在法检系统与平台之间打通绿色通道，法检办案人员在线提供立案证明，便可获取案件审理过程中需要的影音录像、车主信息、行车路线等证据；在案件执行阶段，把失信执行人名单与智慧停车平台对接，查询失信执行人名下的车辆信息，分析行车位置以辅助确定失信执行人是否有高消费行为。

(4) 完善智慧停车收费规制机制。

一是完善计费的信息披露和公开制度。首先，应该在法律中明确规定停车场的商业性质，将机动车停放作为一个市场来运作，其管理措施要反映停车空间和时间方面的经济效益和环境成本。停车场不同于为全体市民提供服务的道路、轨道等公共资源，停车设施的服务对象是小汽车人群，具有一般商品的属性，应该坚持用者自付的市场化原则，停车设施的供给和服务是产业，而不是公益事业。政府应该是政策措施的制定者和设施运行管理的监管者，车位建设运营应由商业资本介入，使停车场成为一个经营性产业。其次，如果占据城市道路进行停车，由于城市道路属于公共资源，停车位的建设在一定程度上势必会牺牲原本属于民众的部分社会资源，所以在此区域特别是政府配建的智慧停车位中收取的停车费应"还之于民"。再次，因为区位优势属于资源稀缺的"商品"，政府划定的道路停车位又具有公共产品属性，因此商业化的停车服务应属于政府定价的范畴。① 政府应当向社会公众公开智慧停车的收费依据，制定统一、合理的收费标准，公开政府公益性停车场的收费明细，严格规范商业化停车场的价格，要求其明码标价。

二是实行城市停车资金专项制度。对政府公益性停车收益，实现资金专款专用，应将上交的停车费用设置专门账户，用于发展和建设智慧停车产业，完善公共停车设施、交通设备，维护和修缮停车占用的道路。

三是进一步细化差异化的收费标准。具体区分方法包括：①分区域，即根据城区人口和建筑密度、商业繁华程度、车位供需状况等因素划分区域；②分类型，即公建配建、居住区小区、枢纽、公共停车场；③分位置，即路内车位、路外地面车位、地下车位；④分时段，即白天、夜间、高峰时段、非高峰时段；⑤分形式，即按时间（小时、天、月、年）收费、按时间递进

---

① 《价格法》第18条规定："下列商品和服务价格，政府在必要时可以实行政府指导价或者政府定价：（一）与国民经济发展和人民生活关系重大的极少数商品价格；（二）资源稀缺的少数商品价格；（三）自然垄断经营的商品价格；（四）重要的公用事业价格；（五）重要的公益性服务价格。"

收费、按次收费、在一定时间段内的免费。从收费结构上来说，按照资源的性质以及停车管理的理念，路边、占用道路资源的停车位收费应该高于地下停车位。同时，为合理利用停车资源，应调整路外和路边停车、地上与地下车位的收费比例，以平衡路外和路边、地上和地下停车的关系，让道路主要用来通行。[①]

三是提供计费错误救济渠道。在智慧停车平台层面，针对计费错误问题，应该开通线上投诉渠道，由专属客服团队对停车计费争议进行解决与反馈。同时，在订单页面增加收费异议选项，用户选择此项后，停车费用暂不扣除，待争议解决后再行支付停车费用。在政府层面，针对公众投诉较为集中的停车收费违规行为，管理机构线上增设平台监督员，及时处理用户投诉事项，对多次发生违规计费的平台下发整改通知书；线下实行停车场的随机巡视，检查设备运营情况，现场解决停车发生的矛盾纠纷。建立智慧停车企业、从业人员信用记录，纳入信用信息共享交换平台，如果出现部分智慧停车服务商涉嫌违法违规收费、拒绝退费等严重失信行为，应实行政企合作、多元监管和联合惩治，完善企业信用监规制度。

总体来讲，智慧停车技术的推广使用，既让人们感受到指尖上的优质智慧停车服务体验，也提高了动态道路的通行效率，减少了因停车慢、停车难引发的拥堵现象，实现了整合传统停车资源、创新管理模式的基本目标。但是，仅有一套智慧停车的基础技术架构远远不够，还应在法律制度层面完善智慧停车运行规则。应把智慧停车制度设计置于整个智慧交通系统中进行考量，特别是"十四五"规划中提出构建基于5G的应用场景和产业生态，与自动驾驶深度融合，实现动静态交通紧密结合、车路协同的出行服务，建立兼具绿色环保、安全可靠、高效快捷的信息化、智能化、法治化的智慧交通运行体系，更要不断更新智慧停车法律制度设计，实现公共资源的合理利用。

---

① 郑翔. 北京市治理交通拥堵法律问题研究[M]. 北京：北京交通大学出版社，2016.

第三章

网约车平台法律问题研究

一、网约车问题的提出

(一) 网约车的概念

在出行需求日渐高涨的快节奏社会中,网约车的出现可谓多方作用的结果。一方面,需求方需要选择多样、高效便捷、价格实惠的出行方式;另一方面,供给方也想利用空余时间获得收入以补贴生活。强烈的供需催生出庞大的利润空间,逐渐形成网约车这一与传统出租车不同的新兴行业。

网约车服务是指以互联网技术为依托构建服务平台,整合供需信息,使用符合条件的车辆和驾驶员,提供非巡游的预约出租汽车服务的经营活动。网约车经营者则是构建网络服务平台,从事网约车经营服务的企业法人,也就是常说的"网约车平台"。为规范网约车,交通运输部联合多个部门在2016年制定了《网约车暂行办法》。该规章对于正确处理政府和市场之间的关系,强化法治思维,完善出租汽车行业法规体系,依法推进行业改革,维护公平竞争的市场秩序,保护各方合法权益,具有重要的实践意义。随后各地纷纷依据该规章,制定了更为细致的地方性的具体管理办法。[①]

然而,网约车行业在发展中仍存在很多问题。具体而言,一是网约车服

[①] 2017年7月28日,在网约车政策实施一周年之际,交通运输部公布了各省份政策推进落实情况。据公开数据显示,截至2017年7月26日,除直辖市外,河南、广东、江苏等24个省份发布了网约车实施意见;北京、上海、天津等133个城市已公布出租汽车改革落地实施细则,还有86个城市已经或正在公开征求意见。其中,直辖市、省会城市、计划单列市等36个重点城市中,有30个已正式发布实施细则。已正式发布实施细则或已公开征求意见的城市,其涵盖的新业态市场份额已超过95%。张扬. 网约车政策落地一年市场发生了哪些变化 [N]. 北京晚报,2017-08-09。

务的完成依赖于对乘客运送目的的实现，其与人身性存在现实上的紧密联系（乘客和司机须处于同一物理空间才能实现服务的目的），因而如何保障乘客人身安全是亟待解决的问题。二是《中华人民共和国电子商务法》（以下简称《电子商务法》）第38条第2款规定平台应履行资质审核、安全保障义务，却未进一步说明如何履行。三是网约车平台、司机与乘客三方之间法律关系复杂，推诿现象频发，严重损害乘客利益。四是技术依赖性极强，一旦第三方网络平台自身存在技术漏洞，或者其工作人员出现工作上的疏忽、监管上的纰漏，就极易导致消费者合法权益遭受侵害。

（二）网约车平台的性质

网约车平台承担着双重身份，即信息平台与承运人。以滴滴平台为例，滴滴的出现彻底改变了人们在城市中的出行方式，从刚开始的"网上叫出租"服务，一步步孵化出快车、专车、顺风车、滴滴巴士等出行产品，并通过收购快的、Uber巩固市场份额，成为当今城市交通出行的重要方式之一。以图1、图2为例，可以看出网约车平台因为功能多样，使得相关法律关系非常变得复杂。

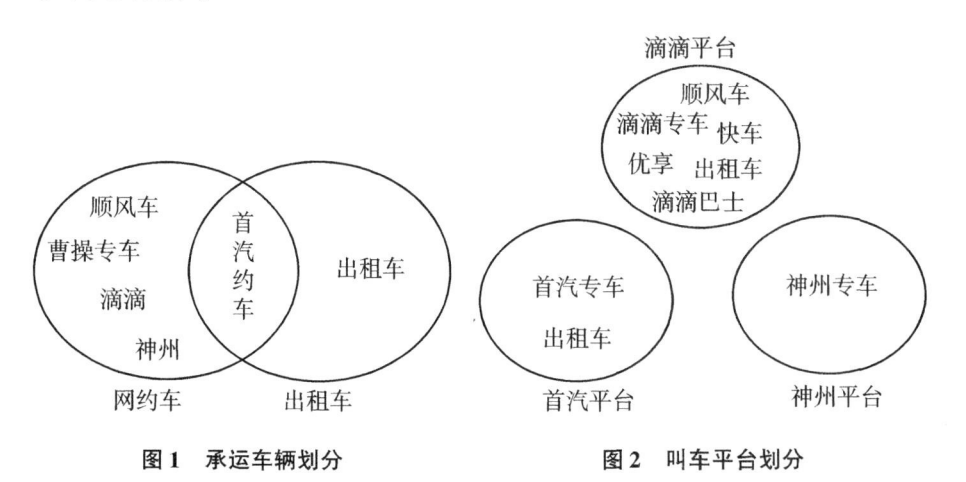

图1 承运车辆划分　　**图2 叫车平台划分**

由图1可知，网约车平台与出租车根据相关法律规定，形成巡游出租车和网约出租车两个完全不同的概念。网约出租车包括快车、专车、优享等不同层次的网约出租车，与之相对的是传统的出租车运营公司旗下的巡游出租车。但根据图1可以发现，巡游出租车其实也可以接入网约平台，在网约平台上，乘客不仅可以预约快车、专车出行，也可以呼叫出租车运营公司旗下的巡游出租车。通过网约车平台呼叫出租车已成为许多城市乘坐出租车的首选方式。所以，在图 1 中，滴滴与出租车不再是竞争对手的关系，而是上下游导流撮合的关系。

可见，网约车平台与网约车并不是一个概念。网约车平台与出租车在不同语境下有着截然不同的关系，其中当平台代表专车、快车等网约车服务时，平台与出租车是竞争关系；当平台扮演提供用户呼叫运输车辆服务的平台角色时，滴滴与巡游出租车变成了导流与服务的上下游合作关系。也就是说，网约车平台同时具有以下两重身份。

（1）网约车承运人。根据《网约车暂行办法》第 16 条，"网约车平台公司承担承运人责任，应当保证运营安全，保障乘客合法权益"。快车、专车等能够作为网约车上路运营，必须通过网约车平台公司为快车、专车申请网约车平台牌照，从这个维度看，网约车平台与出租车是相互竞争的关系。

（2）信息中介。当乘客在使用网约车平台"叫车"时，网约车平台是提供乘客和预约各种网约车、出租车之间的信息匹配服务的中介角色。实践中，乘客可以同时选择快车、专车、出租车等多种服务类型进行呼叫，也往往不太在意最后是以哪种方式取得该订单。在百度地图等聚合平台中，甚至可以同时选择跨平台的服务，如同时选择曹操出行、滴滴、首汽约车等平台的服务，最后匹配的结果也往往是随机的。因此，网约车平台并非提供承运人服务，而是充当了一种信息中介的角色。同时，平台也只收取信息中介服务费。例如，滴滴平台的《出租车用户协议》第 2.2 条规定："为避免误解，特澄清如下：滴滴出租车信息平台提供的并不是出租车服务，而是为您和出租车服务供应商之间提供信息及技术支持，协助您与出租车服务供应商之间达成出租车服务协议的网络信息平台。……"也就是说，网约车平台是连接乘客与司机的桥梁，提供信息匹配服务的中介。以滴滴平台为例，平台的服务性质如下所示（见表 1）。

表1 网约车平台服务的内容与性质

类型	服务内容	服务性质
出租车	出租车服务供应商之间提供信息及技术支持	信息平台
顺风车	注册用户之间的信息交互及匹配服务	信息平台
滴滴巴士	联系匹配适宜的定制班车巴士服务商的服务	信息平台
	联系匹配适宜的定制包车巴士服务商的服务	信息平台
专车、快车、豪华车	线上网约车平台交易信息服务	信息平台
	驾驶员为用户提供线下网约车运输服务	运输服务

"平台交易信息服务"与"线下运输服务"是两种性质不同的服务,确实存在着两种相互独立但有机联系的市场。网约车平台作为集成出租车、专车、快车、顺风车乃至巴士、单车的超级出行入口,其在信息中介服务方面的地位已经远非古老的电召平台可比。同时,网约车平台在城市出行信息服务市场的地位,显然远远大于线下承运市场的地位。这也是网约车平台屡遭垄断指责的原因之一。

二、网约车平台经营者支配性地位的认定——基于平台数据竞争角度

数据的生产要素属性使得数据竞争成为互联网平台型产业的基本竞争形式。数据竞争的典型模式是用户竞争。用户迁移、用户补贴、平台生态化等用户竞争策略可使互联网平台经营者利用本级市场的市场优势地位快速在另一个关联市场上获得竞争优势。在这样的经济实践背景下,根据2018年公布的《电子商务法》第22条[①]和2019年公布的《禁止滥用市场支配地位行为暂行规定》(已失效,以下简称《暂行规定》)第11条[②]规定,用户数量等

---

① 《电子商务法》第22条规定:"电子商务经营者因其技术优势、用户数量、对相关行业的控制能力以及其他经营者对该电子商务经营者在交易上的依赖程度等因素而具有市场支配地位的,不得滥用市场支配地位,排除、限制竞争。"

② 《暂行规定》第11条规定:"根据反垄断法第十八条和本规定第六条至第十条规定认定互联网等新经济业态经营者具有市场支配地位,可以考虑相关行业竞争特点、经营模式、用户数量、网络效应、锁定效应、技术特性、市场创新、掌握和处理相关数据的能力及经营者在关联市场的市场力量等因素。"此外,须注意的是,该条规定已于2023年4月15日起失效,现行有效的是《禁止滥用市场支配地位行为规定》(国家市场监督管理总局令第66号)第12条规定。

数据可以作为市场支配地位的判断依据，互联网平台经营者在关联市场的市场力量应作为认定本级市场的市场地位的考量要素。有不少学者关注到数据与互联网平台经营者市场支配地位的相关性问题，[①] 也有一些学者关注到互联网平台经营者数据竞争模式下，市场力量的传导性对于平台经营者市场支配地位认定的影响。[②] 但是，既有理论文献对于市场力量的传导性，以及数据作为互联网平台经营者市场支配地位认定根据的理论基础和分析路径，缺乏深入探讨。有鉴于此，本书从大数据时代互联网平台型产业竞争的特殊性（即数据竞争模式）的分析入手，梳理互联网平台经营者市场支配地位认定的现实困境，进而探寻困境背后的理论逻辑，提出市场支配地位认定的规范建议。

（一）大数据时代网约车平台型产业竞争的特殊性——数据竞争

大数据时代互联网平台型产业竞争场景的特殊性孕育了以用户为中心、以（用户）数据为导向的数据竞争模式。

1. 互联网平台型产业的数据竞争场景的特殊性

（1）互联网平台的网络效应能吸引用户，而用户等数据具有要素属性。

网络效应可分为直接和间接的网络效应。其中，直接网络效应是指用户数据随用户数量的增加而增加，每个用户的效用也随着用户数量的增加而增加。间接网络效应是指平台的一类用户的数量影响该平台对于另一类用户的价值。[③] 工业经济时代，通过扩大生产规模以降低长期平均成本，实现规模经济效应。大数据时代，则是通过扩大网络用户规模，获得更多的用户数据，提高平均利润，实现规模经济。与物质交换及其生产遵循报酬递减规律不同，

[①] 曹阳. 数据视野下的互联网平台市场支配地位认定与规制 [J]. 电子知识产权, 2018 (10): 89-97; 殷继国. 大数据市场反垄断规制的理论逻辑与基本路径 [J]. 政治与法律, 2019 (10): 134-148; 孙晋, 赵泽宇. 互联网平台经营者市场支配地位界定的系统性重构——以《反垄断法》第18条的修订为中心 [J]. 科技与法律, 2019 (5): 76-87; 郝俊淇. 市场支配地位与实质性市场势力之辨析——兼及《反垄断法》第17条第2款的修改 [J]. 当代法学, 2020 (3): 141-150.

[②] 殷继国. 大数据经营者滥用市场支配地位的法律规制 [J]. 法商研究, 2020 (4): 73-87; 张一武. 论互联网平台竞争案件中优势传导理论的适用——以滥用市场支配地位案例研究为视角 [J]. 中国价格监管与反垄断, 2019 (11): 42-49.

[③] 徐晋, 张祥建. 平台经济学初探 [J]. 中国工业经济, 2006 (5): 40-47.

信息和知识交换及其生产遵循的是报酬递增规律,① 所以用户数量、用户活动量以及用户活动轨迹等基础性数据②（信息）为平台经营者重要的竞争要素。实践中，数据的生产要素属性日益彰显，数据成为"商家必争之地"。2020年发布的《中共中央、国务院关于构建更加完善的要素市场化配置体制机制的意见》中更是确认了数据的生产要素属性。与数据息息相关的网络效应的类型、正负和强度，决定了大数据时代下互联网平台经营者不同的经营模式、竞争维度与强度，而数据竞争是最根本的竞争维度。

（2）双边市场集聚用户，促进平台企业增值。

互联网平台往往是双边市场。③ 双边市场理论的主要关注点是连接两边具有交叉网络效应④用户群体的平台经营者的经济行为。⑤ 交叉网络效应是内含于市场价格机制的，其只涉及租金的转移，一方收益时必有另一方受损，不影响竞争均衡的帕累托最优。⑥ 所以，非对称性定价甚至低于边际成本定价是正当的经营策略。双边市场中，交易平台的两边存在价格弹性不同且相互之间存在网络效应的特征，定价策略的关键是将用户的外部性内部化，为交易平台的两边吸引尽可能多的用户。⑦ 用户数量增加，使得平台经营者更

---

① 贾根良. 第三次工业革命与工业智能化 [J]. 中国社会科学, 2016 (6): 87 - 106.

② 数据是指数字形式的信息。数据的本质是承载数字信息的有价资源，而信息是数据的价值渊源。李安. 人工智能时代数据竞争行为的法律边界 [J]. 科技与法律, 2019 (1): 62.

③ 平台并不一定是双边市场，比如所有银行卡交易系统均须同时提供两端的服务，平台本身构成一个整体，其两端的服务（对银行的服务，以及对持卡人的服务）则不能拆开来单独供应，所以不存在第二个市场。许光耀. 互联网产业中双边市场情形下支配地位滥用行为的反垄断法调整——兼评奇虎诉腾讯案 [J]. 法学评论, 2018 (1): 110 - 111. 本书如无特别说明，研讨对象都是双边市场情形下的互联网平台。

④ 双边市场与传统单边市场不同的是，这种间接网络效应是交互的，而非单向的。交叉网络效应是传统单边市场中的网络效应在双边市场这种特定环境中的特殊形态。王少南. 双边市场条件下滥用市场支配地位的反垄断法规制 [D]. 武汉：武汉大学, 2016: 28 - 29. 因为双边市场存在两个市场需求，两边市场的供需相互影响，所以双边市场条件下的间接网络效应是交互的。在本书探讨的互联网平台型产业中，无须格外强调间接网络效应的特殊性，而应对交叉网络效予以格外关注。除特别介绍和提及外，下文的网络效应包含直接网络效应、间接网络效应、交叉网络效应。

⑤ 吴汉洪, 孟剑. 双边市场理论与应用述评 [J]. 中国人民大学学报, 2014 (2): 149 - 156.

⑥ 原文用词是间接网络外部性，但实际上从原文的特征描述和原理阐释来看，其与交叉网络效应应是同一意思。曲振涛, 周正, 周方召. 网络外部性下的电子商务平台竞争与规制——基于双边市场理论的研究 [J]. 中国工业经济, 2010 (4): 121.

⑦ 岳中刚. 双边市场的定价策略及反垄断问题研究 [J]. 财经问题研究, 2006 (8): 30 - 35.

容易促成和利用网络效应，进而获得正反馈效应，增加企业的价值。[①]

（3）锁定效应会锁定用户，形成市场壁垒。

互联网平台型产业的锁定效应会形成市场壁垒，表现为转换成本。从根本上来讲，大数据时代互联网平台型产业的锁定效应源自网络外部性[②]、网络效应以及交叉需求弹性，其给用户带来的价值有多大，也意味着用户要想脱离这个系统所要付出的沉没成本就有多大。[③] 作为网络节点的数据越有价值，网络效应越强，则市场锁定效应越强。并且，随着转换产品和服务所需时间和成本的增加，消费者被锁定的程度越大，竞争对手就越难吸引用户并实现规模经济，[④] 即使产品性能在一定程度上优于现有产品，最终也会因为缺乏用户基础以及互补品的支持而无法与现有产品竞争。[⑤] 用户锁定及其对市场壁垒的影响彰显了用户的重要价值，这使得用户之争往往成为数据竞争的先导。

2. 数据竞争模式的展开：以用户为中心的跨界竞争

互联网平台型产业的竞争场景催生了以用户为中心的跨界竞争——用户竞争这一典型的数据竞争策略。平台的网络效应凸显出强大的吸附能力，促使企业一体化以平台为载体展开，创生"平台+生产型企业""平台+服务型企业+生产型企业"两类重要的纵向联合，[⑥] 进而衍生出超级平台。双边市场条件下，以免费为主要特征的用户补贴模式[⑦]是典型的商业模式。用户补贴模式与网络效应相辅相成、互相促进。网络效应、锁定效应、用户补贴模式和平台一体化使得互联网平台经营者形成以用户为中心的生态经营体系，

[①] 侯利阳，李剑. 免费模式下的互联网产业相关产品市场界定 [J]. 现代法学，2014 (6)：65-77.

[②] 双边平台可以通过扩充市场的方式将一部分外部性内部化，当然仍有部分网络产生的外部性存在。

[③] 王健，安政. 数字经济下 SSNIP 测试法的革新 [J]. 经济法论丛，2018 (2)：331-369.

[④] Maurice E. Stucke, Allen P. Grunes. Big Data and Competition Policy [M]. London: Oxford University Press, 2016, pp. 291-292.

[⑤] 王健，安政. 数字经济下 SSNIP 测试法的革新 [J]. 经济法论丛，2018 (2)：331-369.

[⑥] 冯鹏程. 大数据时代的组织演化研究 [J]. 经济学家，2018 (3)：57-62.

[⑦] 用户补贴一般包括一边免费一边收费、一边收费一边"烧钱"以及一边少收费一边多收费三种模式，三者都是为了吸引用户，"烧钱补贴"模式一般发生在平台建设初期，不会作为持续性的经营策略。本书探讨的用户补贴模式主要是指免费模式。

分析并应用用户数据,进而锁定用户、吸引新用户,追逐连接红利。连接红利往往来自跨界,通过充分挖掘消费需求,利用已有的用户基础,创造新的商业模式来创造价值。[①] 大数据时代的数据竞争,使得企业在传统意义上的实体边界变得模糊,而只有相对清晰的抽象意义上的价值边界,这种价值边界确立的根基在于它拥有的数据资源的多寡和对这些数据资源掌控、利用及据之进行价值创造的能力上。[②] 这形成了以用户为中心、以(用户)数据为导向的跨界竞争,平台经营者的经营边界不断扩大,竞争关系逐渐模糊化。[③]

(二) 数据竞争模式下平台经营者市场支配地位认定的现实困境

1. 法律规范的要素与平台经营者市场支配地位认定的相关性较弱

根据现有法律规定,市场支配地位的界定依靠市场份额的推定[《中华人民共和国反垄断法》(2022年修正,以下简称《反垄断法》)第24条[④]]或依靠多因素的认定(《反垄断法》第23条[⑤])。一方面,依靠推定认定互联网平台经营者的市场支配地位的方法,操作困难且存在科学性不足的争议。一般来说,市场竞争越激烈,推定市场支配地位的份额应越高。但是,在动态、跨界数据竞争的大数据时代下,由于从相关市场到市场份额都非常难以认定,依靠推定认定市场支配地位也变得非常困难。实践中,市场份额在市

[①] "连接"具有关系属性,它既指人与物的连接,也指人与人的连接,是用来聚合顾客的;而"红利"具有交易属性,是变现流量价值后的沉淀。罗珉,李亮宇. 互联网时代的商业模式创新:价值创造视角[J]. 中国工业经济,2015(1):104.

[②] 徐晋. 大数据经济学[M]. 上海:上海交通大学出版社,2014:17.

[③] 在不正当竞争法的法律适用中,竞争关系的认定基准从单一走向多元。例如,有关竞争关系的主要学说认为,以不正当手段破坏不具有直接竞争关系的其他经营者的行为,并未形成竞争关系,应依侵权法处理,而司法实践中该行为之于竞争关系的诉争得到越来越多的认可。陈兵. 互联网经济下重读"竞争关系"在反不正当竞争法上的意义——以京、沪、粤法院2000—2018年的相关案件为引证[J]. 法学,2019(7):23-28.

[④] 根据《反垄断法》第24条规定,一个经营者在相关市场的市场份额达到1/2的,或两个经营者在相关市场的市场份额合计达到2/3的、三个经营者在相关市场的市场份额合计达到3/4的并且不存在个别经营者市场份额不足1/10的,推定经营者具有市场支配地位。被推定具有市场支配地位的经营者,有证据证明不具有市场支配地位的,不应当认定其具有市场支配地位。

[⑤] 根据《反垄断法》第23条规定,经营者在相关市场的市场份额及相关市场的竞争状况、经营者控制销售市场或者原材料采购市场的能力、经营者的财力和技术条件、其他经营者对该经营者在交易上的依赖程度、其他经营者进入相关市场的难易程度及其他相关因素为认定经营者支配地位的参考因素。

场支配地位认定中的作用往往被高估。决定支配地位的是企业控制市场的能力，而大的市场份额只是企业控制市场的一种结果的体现，如果说市场支配地位是一种综合分析总结出的抽象的"质"，那么市场份额、财力技术、市场壁垒、交易限制都只是侧面论证该市场支配地位的本质的注脚。[①] 奇虎360诉腾讯案的判决书也提到，"高的市场份额并不当然意味着市场支配地位的存在"。[②] 不少学者提出应降低市场份额在支配地位认定中的权重，或者改进市场份额的计算根据。[③] 另一方面，法律规范中的市场支配地位的认定要素无法准确衡量平台经营者的市场地位。《反垄断法》第23条所列要素，主要适用于传统的工业经济产业，经营者之间的竞争主要发生在生产、销售领域，竞争的根本手段是增加产出，[④] 而在互联网平台型产业数据竞争的场景与策略下，对于市场支配地位的认定意义有限。总之，企业的市场份额、盈利情况等静态指标和既有的评估要素往往不能准确反映经营者真实的市场力量，应在结合互联网平台型产业的产业特性和数据竞争的基本模式，重新认识平台经营者市场支配地位本源意义的基础上，扩充市场支配地位认定的要素。

2. 数据如何作为市场支配地位的认定要素亟须阐明

数据成为市场支配地位的认定要素有实践基础，但也有现实约束，其具体分析方法亟待阐明。如前文所述，数据对于互联网平台型产业的重要性具有一定的理论基础。同时，立法和实践也表明，应当正视数据与市场力量之间的关系。2016年，法国竞争管理局与德国联邦卡特尔局联合发布的《竞争法与数据》调研报告指出，数据的采集和利用可能会设置市场进入壁垒，成为市场力量的来源。[⑤] 2017年3月，德国联邦参议院表决通过了《反对限制

[①] 刘贵祥. 滥用市场支配地位理论的司法考量 [J]. 中国法学, 2016 (5): 260-280.

[②] 参见奇虎公司与腾讯公司垄断纠纷上诉案，最高人民法院 (2013) 民三终字第4号民事判决书。

[③] 张坤. 互联网行业反垄断研究 [D]. 长沙: 湖南大学, 2016: 70; 张怀印. 数字经济时代企业市场支配地位认定: 基于德国反垄断执法案例的评析 [J]. 德国研究, 2019 (4): 128; 李荣, 陈祉璇. 大数据反垄断的挑战与规制优化 [J]. 石河子大学学报 (哲学社会科学版), 2019 (5): 18.

[④] 许光耀. 互联网产业中双边市场情形下支配地位滥用行为的反垄断法调整——兼评奇虎诉腾讯案 [J]. 法学评论, 2018 (1): 108-119.

[⑤] 韩伟. 数据市场竞争政策研究 [M]. 北京: 法律出版社, 2017: 197.

竞争法》第九修正案，认为在多边市场和互联网案件中评估企业的市场地位应该考虑企业获取的与竞争有关的数据。[①] 前已述及，我国《电子商务法》第 22 条和《暂行规定》第 11 条都明确提到用户等数据与市场支配地位的相关性。2019 年 11 月，美国律师协会主办的反垄断秋季论坛科技峰会上，与会者也注意到，占市场支配地位的平台收集的大数据可能会通过造成网络效应和进入壁垒，"巩固其支配地位"。[②] 而我国《反垄断法》第 9 条则明确规定，"经营者不得利用数据和算法、技术、资本优势以及平台规则等从事本法禁止的垄断行为"。

虽然数据的诸多属性，影响其作为市场支配地位认定要素的可靠性。譬如，大数据并非不可替代或稀有、存在替代品，不能给企业持续带来竞争优势。[③] 关于数据价值的不确定，在深圳微源码软件开发有限公司与腾讯科技（深圳）有限公司、深圳市腾讯计算机系统有限公司垄断纠纷案（以下简称微信公众号案）[④] 中，法院认为，用户注意力有限，并非所有用户量都可以作为支配地位认定的基础。但更明显的是，当数据企业为了收集、存储和分析数据付出了巨大的成本时，它们有强烈的动机限制竞争对手访问和获取这些数据集，阻止其他企业共享数据集。例如，谷歌限制广告活动的可携带性，要求第三方网站与其签订搜索广告的排他协议，这种行为会阻碍竞争对手使用相关数据资源。[⑤] 实际上，个人或公司可以排除数据的使用，对公司特别相关的数据，由收集数据的公司独家控制。[⑥] 因此，数据应在市场支配地位

---

① 评价企业市场支配地位的认定标准还包括：直接和间接网络效应；不同服务提供者之间的替代性以及用户的转换成本；因网络效应而产生的企业规模经济；创新驱动的竞争压力。崔海燕. 大数据时代"数据垄断"行为对我国反垄断法的挑战 [J]. 中国价格监管与反垄断, 2020（1）：60.

② Logan M. Breed, Andrew J. Lee, Hwijin Choi, et al. 反垄断执法趋势：2019 年美国律师协会反垄断秋季论坛科技峰会的最新消息 [EB/OL]. (2019 – 12 – 02) [2019 – 12 – 19]. https://mp.weixin.qq.com/s/FATvS – CfNYsusGdqWHl2fwHogan Lovells.

③ Anja Lambrecht, Catherine Tucker. Can Big Data Protect a Firm from Competition? [EB/OL]. (2015 – 12 – 18) [2019 – 03 – 27]. http://ssrn.com/abstract = 2705530.

④ 参见广东省深圳市中级人民法院（2017）粤 03 民初 250 号民事判决书。

⑤ Allen P. Grunes, Maurice E. Stucke. No Mistake About It: The Important Role of Antitrust in the Era of Big Data [J/OL]. (2015 – 04 – 28) [2022 – 07 – 08]. https://ssrn.com/abstract = 2600051.

⑥ Nils – Peter Schepp, Achim Wambach. On Big Data and Its Relevance for Market Power Assessment [J]. Journal of European Competition Law & Practice, 2016, 7（2）：120.

认定中发挥作用,① 可以对数据因素的理论基础、实现路径以及限制性权重做进一步细化分析。

3. 如何考量市场力量的传导性亟待明确

数据的可迁移性及其赋值能力在互联网平台的双边市场架构下可能会促进市场优势地位向关联市场传导,进而影响不同市场上的竞争状况。2017年,欧盟针对谷歌凭借其在搜索引擎市场的支配地位,优先显示自己的比较购物服务,使得其他比较购物服务企业处于不利境地的行为,处以巨额罚款。谷歌因前述策略在比较购物服务市场获得了与其服务水平不相称的竞争优势。② 在微信公众号案中,法院认为,增值服务的市场力量证明增值服务可以通过基础服务获得市场力量。《暂行规定》第11条也强调,互联网平台经营者在关联市场的市场力量应作为考察本级市场力量的因素。互联网双边平台内一边市场的市场力量应成为判断该平台在其他边市场力量的因素之一。也就是说,互联网平台经营者支配地位的认定需要考量市场力量的传导性,但其基本原理和分析路径亟待阐释。

(三) 互联网平台经营者市场支配地位认定的新思路

互联网平台型产业的数据竞争跨界化使得根据市场份额初步筛选案例尤为必要。数据价值的不确定性,使得数据之于市场支配地位认定的作用需要审慎考量。"用户迁移""用户补贴""平台化"等典型的互联网平台用户规模竞争方式,能促使平台快速形成最低网络规模,克服协调难题。③ 这说明,互联网平台型产业中,双边市场条件下市场优势地位的传导有一定的经济基础和现实需求。

---

① 对此,学界中有不少支持观点。王少南. 双边市场条件下滥用市场支配地位的反垄断法规制 [D]. 武汉:武汉大学,2016:94;曹阳. 数据视野下的互联网平台市场支配地位认定与规制 [J]. 电子知识产权,2018 (10):94;李荣,陈祉璇. 大数据反垄断的挑战与规制优化 [J]. 石河子大学学报 (哲学社会科学版),2019 (5):20;詹馥静. 数字市场中的单方排他性和剥削性行为——中国的视角 [J]. 竞争政策研究,2019 (5);崔海燕. 数字经济时代"数据垄断"行为对我国反垄断法的挑战 [J]. 中国价格监管与反垄断,2020 (1):60.

② 邓志松,戴健民. 数字经济的垄断与竞争:兼评欧盟谷歌反垄断案 [J]. 中国市场监管研究,2017 (10):32-35.

③ 鲁彦. 用户规模、用户类别与互联网平台竞争 [D]. 济南:山东大学,2019:8,83-84.

1. 认定之前根据市场份额设置"安全港"

在市场支配地位认定之前设置"安全港"主要有以下三个方面的考虑。第一，防止反垄断执法对市场过度干预。互联网平台型产业以用户为中心的数据竞争跨界化，扩大了竞争关系的范围，竞争多维且多变。在动态竞争的环境下，平台经营者的行为属于创新抑或损害尚且不易判断，反垄断执法更应谨慎而为。反垄断执法的谦抑性，是市场经济体制的内在要求，是"使市场在资源配置中起决定性作用和更好发挥政府的作用"的制度回应。[①] 第二，防止执法资源浪费，提高反垄断执法的针对性。尽管有不同观点，但国际社会占主导地位的观点仍然是"安全港"的建立是必要的。[②] 第三，初步划定执法边界，提高可预期性，警惕界限边缘的经营者。在具体的指标设定上，尽管市场份额与市场支配地位的相关性减弱，但其仍不失为一个基本的评判标准。但50%的份额可能不太适应大数据时代下互联网平台型产业的数据竞争结构和激烈程度。指标份额的确定应考虑市场集中度，在其他企业份额较小的情况下，即使20%的市场份额也极有可能反映市场力量。因此，应根据不同类别经营者的经营特点和市场竞争状况确定一个相对的指标。

2. 数据作为市场支配地位认定要素的两个维度和两面性

数据价值的不确定性，决定了将数据直接与市场支配地位进行联系缺乏规范性。平台经营者市场支配地位的本质在于，企业由于网络效应、锁定效应使得用户别无选择的能力，表现为用户的转换成本。[③] 用户的转换成本越大，企业控制市场的能力越强，换言之，用户的可选择能力或空间反映企业市场力量。数据与网络相辅相成，用户数量、用户活跃量等数据量影响网络效应的强度，而网络效应、市场锁定效应的强弱表现为用户转换成本的大小。例如，百度网盘有大量用户，而蓝奏云、115网盘等类似产品的经营者仅有

[①] 孙晋. 谦抑理念下互联网服务行业经营者集中救济调适 [J]. 中国法学，2018 (6)：151-171.

[②] 即便"安全港"内一个市场份额不足50%的企业的单边行为构成滥用行为，这样的案例也并不多见且一般不会是大案要案。在这种情况下，处理这种案件的成本可能会超过这些案件存在的竞争损害。王晓晔. 论相关市场界定在滥用行为案件中的地位和作用 [J]. 现代法学，2018 (3)：62.

[③] 企业具有市场支配地位的原因与本质在于让消费者"别无选择"。许光耀. 互联网产业中双边市场情形下支配地位滥用行为的反垄断法调整——兼评奇虎诉腾讯案 [J]. 法学评论，2018 (1)：113.

少量用户，那么百度云会员的转移成本就不仅仅是其会员费。因此，用户量等数据就可以成为判断互联网平台经营者市场支配地位的要素。

在认定方法上，数据作为市场支配地位的认定要素，可以从数据量作为市场份额的评判要素和数据对市场壁垒的影响两个方面予以考虑。第一，传统的市场份额的界定可以从企业拥有数据的多寡着手。譬如，平台用户的多少可以用作计算市场份额的工具。[①] 其他明显给经营者带来竞争优势的数据也可以用来计算市场份额。在美国 LiveUniverse 诉 MySpace 案中，法院采纳了原告使用网站访问量和浏览量计算市场份额的方法。[②] 欧盟调查的微软收购雅虎案中，欧盟委员会即以搜索请求量和竞价排名搜索请求量为指标来计算搜索市场的市场份额。[③] 第二，网络效应、用户锁定效应引起的市场壁垒也可以根据数据来衡量。[④] 其引起的市场壁垒的强度难以评估，但无论是直接网络效应还是交叉网络效应，它们的外在表现都是大量数据支撑下的结果。概言之，同一相关市场内互联网平台经营者的用户数量等数据的可获得性、可替代性考量对于市场壁垒的衡量有重要意义。

在实操步骤上，应综合把握支撑或阻碍数据成为市场支配地位认定要素的数据属性。根据微软收购雅虎案的经验，数据和市场力量关联的认定应考量两个要素。一是数据的稀缺性（复制的可能性）。应注意到，有些数据是非排他性的、多归属的、普遍存在且容易搜集的。某实施价格歧视的购物平台注册用户可能有8亿人，而另一个实施价格歧视的购物平台注册用户可能也有5亿人，这里面的注册用户可能存在大量重叠。这里需要考量的是有价值的数据，两个平台上每日活跃程度大于1小时的活跃轨迹数据就有某种稀缺性，若后者平台的活跃用户大于前者，则有可能更有能力实施滥用行为。

[①] 孙晋，赵泽宇.互联网平台经营者市场支配地位界定的系统性重构——以《反垄断法》第18条的修订为中心 [J]. 科技与法律，2019（5）：76—87.

[②] LiveUniverse Inc. *v.* MySpace Inc.，304F. App/x554（9th Cir. 2008）.

[③] 张坤.互联网行业反垄断研究 [D]. 长沙：湖南大学，2016：70.

[④] 有学者认为，用户锁定效应和网络效应会形成明显的市场进入壁垒。See Christophe Carugati. The 2017 Facebook Saga: A Competition, Consumer and Data Protection Story [J]. European Competition and Regulatory Law Review, 2018, 2 (1): 4. 当然，也不乏相反观点，但总体来看，就德国和欧盟反垄断实践而言，对于网络效应是否一定会导致市场壁垒，还未形成共识。张怀印.数字经济时代企业市场支配地位认定：基于德国反垄断执法案例的评析 [J]. 德国研究，2019（4）：126.

从时间维度上讲，数据的价值是短暂的，具有生命周期，由数据带来的回报会随时间过去而降低。[1] 彼时的数据随时间流逝，现在可能已经多归属而价值量锐减。二是数据搜集的规模与范围对企业竞争力的影响。一般来讲，数据搜集规模越大、范围越广，数据价值就越大。

3. 基于杠杆的市场力量的传导性分析

（1）在矛盾中发展的杠杆原理。

杠杆原理滥觞于美国的反垄断法实践，其自诞生起就饱受争议。20世纪80年代，芝加哥学派的经济学思想和理论深刻影响了反垄断执法，效率和市场影响成为反垄断法判决的主导判断依据，杠杆原理的应用领域被极大地压缩。尽管杠杆原理本身存在疑问，但实践表明该原理可用于解释市场力量的传导。杠杆理论用于判断垄断者是否将其在第一个市场的垄断地位扩展至第二个市场之中。[2] 一般认为，即便是在纵向一体化企业中，企业也很难同时在两个市场获得垄断利润。但是，企业可以借助一个市场的垄断力量，提高竞争对手成本，利用策略影响另一个市场的竞争格局，甚至获得另一个市场的垄断力量，尽管此时企业可能丧失初始市场的垄断力量，但可能的情况是企业在两个市场均获得市场支配地位。例如，前述谷歌案中，谷歌优待自家旗下比价购物服务，使其访问量剧增，导致竞争对手的访问量剧减。这在一定程度上，意味着谷歌在比价购物服务市场的市场份额（力量）上升。

（2）杠杆原理下，平台经营者市场支配地位的认定应考虑关联市场的市场力量。

一般认为，杠杆只可能发生在互补产品之中。[3] 双边市场条件下，互联

---

[1] D. Daniel Sokol, Roisin E. Comerford. Antitrust and Regulating Big Data [J]. George Mason Law Review, 2016, 23 (5): 1129–1161.
[2] 邓峰. 传导、杠杆与中国反垄断法的定位——以可口可乐并购汇源反垄断法审查案为例 [J]. 中国法学, 2011 (1): 179–190.
[3] 沃德·S. 鲍曼 (Ward S. Bowman) 在1957年对捆绑销售中的杠杆理论进行了完整分析，确立了"杠杆只可能发生在互补产品之中，并且并不必然是非法的"这一经典命题。这一命题至今仍是经典表述。邓峰. 传导、杠杆与中国反垄断法的定位——以可口可乐并购汇源反垄断法审查案为例 [J]. 中国法学, 2011 (1): 182.

网平台系统内两边市场间以及产品间具有互补性、相互依赖性，使得平台经营者能够实现市场力量的传导。这种互补性、相互依赖性往往不是源于平台内单个产品间的物理功能关系，而是经营模式上的交互关系。质言之，多种产品和两边市场在促成双边用户达成交易方面是互补和相互依赖的。[①] 具体来讲，平台生态系统中一种产品或服务的品质或性能可以影响互补或其他关联产品或服务的价值。在平台既有的优势产品的基础上，可推出新产品，并促成交易。因为网络效应、锁定效应引起的转移成本，可使得在一种产品市场上拥有市场力量的企业可以借助网络效应，扩大其不竞争性需求部分，进而实现市场力量的隐蔽、便捷传导，并逐渐在其他市场获得竞争优势。[②] 从市场支配地位的本质来讲，对消费者的锁定即是市场力量的表现，除负的交叉网络效应情形外，一旦经营者在一个市场上能将消费者锁定，那么在另一个市场上消费者基本上也是锁定的，另一个市场将平滑地获得锁定效果。

实际上，杠杆作用也存在于排斥性、限制性行为中。[③] 从互联网平台型产业以用户为中心的数据竞争跨界化策略来看，市场力量的传导是应然逻辑。平台经营者在盈利市场的各种经营策略的展开，可能更多地来自其在基础用户市场的市场力量，如在微信公众号案中，法院即是类似观点。以用户为中心的平台生态化，将通过各种方式（包含排斥性、限制性行为），促使平台最大限度地利用自身已经形成的市场势力，在杠杆效应下实现市场势力在平台创造的市场间传递。在该种传递下，平台厂商在被传递市场的竞争中能够利用自身的市场势力，降低获取用户和提高利润的阻力，减小跨市场成本对平台形成规模经济和范围经济优势的制约作用，增强平台厂商在多个市场之间的正反馈效应，甚至可能促使平台厂商实现跨市场垄断，获取垄断利润。[④]

---

① 岳中刚. 双边市场的定价策略及反垄断问题研究 [J]. 财经问题研究, 2006 (8): 30-35.
② 类似表述，参见王健，安政. 数字经济下SSNIP测试法的革新 [J]. 经济法论丛, 2018 (2): 339.
③ 实际上，具有杠杆作用的行为通常包括搭售、捆绑、排他性交易、掠夺性定价、拒绝交易等方式。Daniel L. Rubinfeld. Antitrust Enforcement in Dynamic Network Industries [J]. The Antitrust Bulletin, 1998, 43 (3-4): 859.
④ 鲁彦. 用户规模、用户类别与互联网平台竞争 [D]. 济南：山东大学, 2019 (8): 83-84.

谷歌案即是滥用其搜索引擎市场地位，进行限制性交易，增强其比较购物服务市场的市场地位的例子。

(3) 考虑市场力量的传导需要注意的几个问题。

其一，关注市场力量的传导，应区分是这个市场抑或那个市场的市场力量。谷歌案考察的是谷歌在搜索引擎市场滥用支配地位实施差别待遇的行为，而如果考察的是谷歌在比较购物服务市场的市场力量滥用行为，那么谷歌在搜索引擎市场的市场力量是作为比较购物服务市场的市场力量来源进行分析的。其二，分析市场力量是否传导，不能跳出既定的相关市场。在微信公众号案中，法院认为原告未举证证明基础服务的市场力量传导至增值服务，使得基础服务与增值服务构成同一相关市场，故原告不能证明其市场支配地位。笔者认为，前述法院判决混淆了相关市场界定和市场支配地位认定，基础市场和增值服务市场属于相关市场的判断，而基础市场与增值服务市场的市场力量传导应属于市场支配地位的判断，在市场力量的证明过程中反过来再去证明属于同一相关市场的逻辑思路将陷入循环论证的怪圈。这是市场力量传导的认定中应当提防的误区。其三，市场力量的传导分析用于解释市场力量的来源，但并非所有的市场力量都能传导，并且市场力量传导也并不意味着竞争损害。[①] 经营者追求最佳效率规模和扩展业务是最基本的经营策略。市场力量的传导可能是有效率的策略行为。正的交叉网络效应可以传导市场力量，负的交叉网络效应则构成对市场力量的限制。

互联网平台型产业的网络效应、锁定效应、"用户补贴"等特性，使得以用户之争为典型形式的数据竞争模式成为基本的竞争策略。互联网平台型产业的网络效应、锁定效应引起的转换成本是理解平台经营者市场支配地位的关键。数据与网络相辅相成，可从数据与网络效应的关系这一角度来理

[①] 有观点认为，借助杠杆实现垄断力量的传递是非法的。孙晋，钟原．数字经济时代下数据构成必要设施的反垄断法分析 [J]．电子知识产权，2018 (5)：44. 虽然反垄断法并不规制垄断地位，但不少观点认为，一个垄断至少比两个垄断更好。但也有学者认为，杠杆作用是客观存在的，市场优势的传导和作用发挥也都是客观存在而不被主观决定的。张一武．论互联网平台竞争案件中优势传导理论的适用——以滥用市场支配地位案例研究为视角 [J]．中国价格监管与反垄断，2019 (11)：46.

解数据与市场支配地位的相关性。具体可以从数据作为市场份额的认定要素和数据对市场壁垒的影响两个方面予以考虑。从用户竞争这一典型的数据竞争模式和双边市场条件下基于用户维度的两边市场及产品间的互补性、依赖性两个侧面，可以解释市场力量借助杠杆在关联市场的传导性。市场力量的传导并不一定意味着竞争损害，其只是分析市场力量来源的一个考量要素。

三、算法价格歧视的反垄断规制

（一）问题的提出

算法价格歧视的实施机理是通过对用户的历史消费行为、网络活动轨迹等数据的搜集与分析，判断消费者对不同产品的需求程度，预测其保留价格，进而针对不同的消费者确定不同的价格。典型表现形式是对于新用户或不太活跃的用户予以价格刺激，而针对活跃用户匹配相对较高的价格，也就是"大数据杀熟"。除了新老用户的差别外，任何可用于区分消费者的因素都成为歧视的信息基础。[①] 大数据算法的内涵中潜藏着歧视的"基因"。[②] 数据搜集和算法等人工智能技术对数据的价值挖掘是算法价格歧视得以发生的关键。而互联网平台型产业中惯用的免费模式的直接作用正是在于集聚用户、创造数据。大数据时代，由于数据搜集、分析及应用的便利，信息掌握量相对充分使得价格歧视具备了实施的前提条件，使其很容易实施；由于处于中间层的经营者减少甚至消失，价格歧视往往直接指向消费者，损害呈广泛分散化；由于个体终端天然的屏幕阻隔，价格歧视实施隐蔽化。所以，算法价格歧视在互联网平台型产业中得以广泛应用。

2020年，文化和旅游部发布的《在线旅游经营服务管理暂行规定》第15条明确规定：在线旅游经营者不得滥用大数据分析等技术手段，基于旅游

[①] 甚至用户所在地的天气，都是区分因素。9个账号网购同一双鞋出现7个价格！大数据杀熟真的存在吗？[EB/OL]. (2020-03-19) [2020-03-25]. https://m.k.sohu.com/d/435545674?channelId=2063&page=1.

[②] 张玉宏，秦志光，肖乐. 大数据算法的歧视本质 [J]. 自然辩证法研究，2017 (5)：83.

者消费记录、旅游偏好等设置不公平的交易条件,侵犯旅游者合法权益。[①]理论界亦关注到算法价格歧视的法律风险。研究关注主要集中在算法的法律性质,[②] 算法黑箱、算法操纵、算法权力的规训,[③] 个人信息(数据)保护,[④] 平台治理[⑤]等宏观、抽象领域。无疑这是法律对算法归化的有益探讨,是算法价格歧视法律规制路径研讨的理论基础。也有学者聚焦于算法价格歧视的部门法规制。主要观点有:损害个体权益的算法偏见因价格歧视,实行区别对待,违反消费者权益保护、价格管理等规定;[⑥] 这(网络区别定价)本质上是一种不正当竞争行为,目的之一就在于打击竞争者,收割更多的网络消费者;[⑦](算法)通过价格歧视损害公平交易权[⑧]等。当然,也有《中华人民共和国消费者权益保护法》(以下简称《消费者权益保护法》)角度的权利(益)救济策略。[⑨] 这些观点中关于算法价格歧视的描述和法律对策或抽象或具体,或粗略或翔实,都认识到算法价格歧视的法律风险,提供了算法价格歧视法律规制的有益视角。

作为市场规制法的反垄断法理应检视算法价格歧视这一市场经济现象对

[①] 《电子商务法》第18条第1款规定:"电子商务经营者根据消费者的兴趣爱好、消费习惯等特征向其提供商品或者服务的搜索结果的,应当同时向该消费者提供不针对其个人特征的选项,尊重和平等保护消费者合法权益。"第77条规定:"电子商务经营者违反本法第十八条第一款规定提供搜索结果……由市场监督管理部门责令限期改正,没收违法所得,可以并处五万元以上二十万元以下的罚款;情节严重的,并处二十万元以上五十万元以下的罚款。"

[②] 陈景辉. 算法的法律性质:盲论、商业秘密还是正当程序?[J]. 比较法研究,2020(2):120-132.

[③] 张恩典. 大数据时代的算法解释权:背景、逻辑与构造 [J]. 法学论坛,2019(4):155;张凌寒. 算法权力的兴起、异化及法律规制 [J]. 法商研究,2019(4):67.

[④] 郑智航,徐昭曦. 大数据时代算法歧视的法律规制与司法审查——以美国法律实践为例 [J]. 比较法研究,2019(4):115;姜野. 算法的规训与规训的算法:人工智能时代算法的法律规制 [J]. 河北法学,2018(12):149;程莹. 元规制模式下的数据保护与算法规制——以欧盟《通用数据保护条例》为研究样本 [J]. 法律科学(西北政法大学学报),2019(4):48-55.

[⑤] 杨成越,罗先觉. 算法歧视的综合治理初探 [J]. 科学与社会,2018(4):11;张欣. 从算法危机到算法信任:算法治理的多元方案和本土化路径 [J]. 华东政法大学学报,2019(6):17-30.

[⑥] 刘友华. 算法偏见及其规制路径研究 [J]. 法学杂志,2019(6):59.

[⑦] 叶雄彪. 网络销售区别定价现象的法律应对 [J]. 商业研究,2019(10):147. 具有市场支配地位的不正当竞争即是支配地位滥用行为,应纳入反垄断法范畴。

[⑧] 杜小奇. 多元协作框架下算法的规制 [J]. 河北法学,2019(12):178.

[⑨] 邹开亮,刘佳明. 大数据"杀熟"的法律规制困境与出路——仅从《消费者权益保护法》的角度考量 [J]. 价格理论与实践,2018(8):47-50.

市场秩序的负面效应。理论界不乏著述，譬如，针对算法价格歧视，控制算法应用的数据范围、消除监管机关的信息不对称是必要的制度安排。① 基于大数据的价格歧视会损害福利分配，可以更改反托拉斯规则，使得在当今不受反托拉斯审查的市场中进行更多的竞争，或政府使用大数据来设定旨在维持当前财富分配的价格。② 经营者利用大数据和算法实施的价格歧视可能会减少消费者剩余，提高市场进入壁垒，排挤或消灭竞争对手，这在大数据经营者与消费者、大数据经营者与竞争对手之间造成了新的不公平，侵害了消费者利益和社会公共利益，加剧了财富分配的不公平。③ 笔者认为，算法价格歧视已经不仅仅是单个消费者与经营者之间的利益纠葛，而是一种市场优势地位的剥削性滥用行为，使得广泛的不特定的消费者人人自危，同时市场力量悬殊的企业很难与之竞争，从而引起市场竞争的逆向选择。尽管消费者是受算法价格歧视影响最广泛的群体，而消费者利益在反垄断法中的价值定位有很大争论，④ 但如果深入检视反垄断法的基本原理和制度，就会发现反垄断法是规制算法价格歧视的基本工具。

（二）算法价格歧视反垄断法规制的理论证成

传统价格歧视的社会成本包括产出减少所产生的无谓损失、排挤性行为造成的损失、实施者的信息成本和防止套利成本。⑤ 实施者信息获取越充分，

---

① 施春风. 定价算法在网络交易中的反垄断法律规制 [J]. 河北法学, 2018 (11): 115.

② Ramsi A. Woodcock. Big Data, Price Discrimination, and Antitrust [J]. Hastings Law Journal, 2017 (68): 1371.

③ 殷继国. 大数据市场反垄断规制的理论逻辑与基本路径 [J]. 政治与法律, 2019 (10): 144.

④ 关于消费者保护在反垄断法中的地位，有最终目的、核心价值、首要目标等主张。王晓晔. 我国反垄断立法的宗旨 [J]. 华东政法大学学报, 2008 (2): 98-102; 徐孟洲. 论我国反垄断法的价值与核心价值 [J]. 法学家, 2008 (1): 6-10, 4; 刘宁元. 反垄断法政策目标的多元化 [J]. 法学, 2009 (10): 70-76. 同时，亦有消费者利益是反垄断法中的反射（间接）利益之说。许光耀. 价格歧视行为的反垄断法分析 [J]. 法学杂志, 2011 (11): 22; 刘继峰. 竞争法中的消费者标准 [J]. 政法论坛, 2009 (5): 135.

⑤ 一般来说，价格歧视不视为排斥性行为。价格歧视有可能获得更多的利润，所以价格歧视的实施者必须阻止其他企业竞争性地进入歧视性价格接受者所在市场。这样，实施者会愿意花更多的钱来从事排挤性行为。[美] 赫伯特·霍温坎普. 联邦反托拉斯政策——竞争法律及其实践 [M]. 3版. 许光耀, 江山, 王晨, 译. 北京: 法律出版社, 2009: 629. 无谓损失的衡量主要依托完全竞争模型而展开。

实施的价格歧视则会越完全,[1] 产出也会越接近竞争性水平,无谓损失也会随之降低。同时,实践中消费者越难以套利,防套利成本就越低。算法价格歧视实施便利化的形式要素,彰显了信息成本趋于降低的实质,同时实施便利化亦使得排挤性行为造成的损失也在一定程度上呈现降低趋势。[2] 算法价格歧视的社会成本降低,如果遵循传统价格歧视反垄断法的规制逻辑,其可责难性降低。但其可能造成广泛分散的消费者损害并联动第一线损害,改变福利分配,激化效率与公平的矛盾,由此反垄断法理应有介入空间。

1. 前提:消费者损害及其联动的第一线损害

法益损害是算法价格歧视反垄断法规制的逻辑起点。算法价格歧视的主要对象是消费者,消费者损害无疑是主要的法律风险。除消费者损害外,算法价格歧视还可能引发第一线损害。[3] 对于传统价格歧视,如果厂商给予批发商或者零售商价格优惠不是从成本出发,而是因为对方有市场优势地位,那么这种价格歧视不仅会损害中小企业的利益,因为这将使它们失去公平竞争的机会;而且,从长远来看,也会损害竞争,因为这会增强市场支配地位。[4] 同样地,算法价格歧视亦是一种比较隐蔽的增强企业市场势力的手段。这使得市场力量悬殊的其他经营者处于不公平的竞争地位,产生将竞争者排挤出市场,引发第一线损害的效果。并且,第一线损害是消费者损

---

[1] 由于阿瑟·塞西尔·庇古(Arthur Cecil Pigou)最早对价格歧视进行分类,这一分类依据下的类型也获得大多数经济学家的认可。一级(完全)价格歧视是指垄断者(庇古关于价格歧视行为的分类中,当然的假定实施者即为垄断者,因为庇古研究的理论假设是完全竞争理论)可以向任何不同单位的商品收取不同的价格,每一单位商品的价格刚好等于其需求价格,买方没有获得任何消费者剩余。二级价格歧视是指垄断者能够确定 n 个不同的价格,向任何单位的需求价格高于 x 的商品收取 x^1 价格,需求价格低于此价格而又高于 y^1 价格的商品收取 y^1 价格,以此类推至第 n 个价格。三级价格歧视是指垄断者能够将其顾客区分成 n 个不同的群体,每个顾客群或多或少地被某种实际的市场区分开来,这样垄断者能够向每一群体中的成员分别收取垄断价格。转引自肖伟志.价格歧视的反垄断法规制[M].北京:中国政法大学出版社,2012:41-42.

[2] 一般来说,排挤性行为"动作太大",极易引起执法者关注。在排挤性行为成本和风险较大而价格歧视相对隐蔽的情况下,实施企业"犯不着"以排挤性行为保障价格歧视的实施。

[3] 价格歧视的买方之间的竞争关系为第二线竞争,卖方之间的竞争关系称为第一线竞争,所以相应的损害分别称为第二线损害、第一线损害。第二线损害、第一线损害是价格歧视反垄断评价的专有名词。

[4] 王晓晔.欧共体竞争法[M].北京:中国法制出版社,2001:258.

害的联动效果。①

但径直以消费者损害、竞争者损害作为竞争损害与否的判断依据，面临质疑。"竞争法保护的是竞争而不是竞争者"这一格言最初的意思并不是将竞争者（小规模竞争者）从竞争中切割开，而是指出对竞争者的保护与维持竞争之间存在联系。20世纪70年代中期后，作为对当时被称为"过剩介入""司法积极主义"的反托拉斯法适用状况的反对，或者说为了在合理范围内限制反托拉斯法（公私两方面）实施，才使用了这一格言。② 竞争或竞争秩序是一种状态，它虽然是一种客观的存在，但它却极其抽象，人们的主观认知只能建构在充分把握其客观的实证现象或效果上。（竞争）这种秩序的维护，需要对具体的权利人的合法权益进行有力的保护，才能真正得以实现。③ 市场竞争与竞争者之间必然存在联系，毕竟竞争是竞争者之间的市场角逐。在反垄断法的实施中，对自由公平竞争秩序的维护的客观结果应有利于其他合法正当的竞争者，因而忽略竞争者利益的判断，忽视社会利益的客观变化，无法准确判断竞争秩序的现实效果。法律是正当利益的确认和登记，反垄断法也不例外，尽管反垄断法不是私法的权利、义务、责任的立法架构，但其仍然有明确的利益指向。反垄断法的法益可以分为国家法益、社会法益、竞争者法益和消费者法益。④ 譬如，国家安全、环境保护、科技进步、消费者利益、经营者合法利益等都是法益的具体表现形式。算法价格歧视引起社会法益损害的表现是，从微观经济学来看，当市场价格与供求的双向反馈机制失灵，市场价格决定于少数经营者，价格机制就会失灵，极容易引发市场的逆向选择。社会是非实体的存在，法益损害救济需要人为拟制。而竞争者、消费者是非抽象实体的客观存在，使得竞争者法益、消费者法益是否受到损害在一定程度上是竞争秩序的"晴雨表"。反垄断法应当关注竞争者、消费者的法益变化，并对其进行必要的衡平调整。

---

① 第一线损害难以脱离消费者损害而单独评估，见下文详述。
② 土田和博，陈丹舟，王威驷. 关于"竞争法保护的是竞争而非竞争者"之格言 [J]. 竞争政策研究，2018（1）：70-80.
③ 吴宏伟，谭袁. 保护竞争而不保护竞争者？——对主流反垄断法观点的审视 [J]. 北方法学，2013（4）：117.
④ 聂婴智. 反垄断法法益平衡问题研究 [D]. 吉林：吉林大学，2012：50-51.

2. 矛盾争点：个体利益冲突—福利分配变化—效率与公平冲突

算法价格歧视超脱了个体利益冲突范畴，损害社会福利分配，进而引发效率与公平的矛盾冲突。有学者认为，消费者差异化定价法律规制的真正难题在于协调经营者的商业自由（包含定价自由）与交易公平（尤其是消费者的交易公平）。① 笔者认为，这种认识的局限性来源于民商法抽象平等的"理性人"的初始假设。随着行为经济学和有限理性理论影响的不断扩大，我们应认识到，经济法即是权利（自由）的限制与再实现之法。在某种程度上，反垄断法就是对经营者的经营自由进行必要干预或限制之法。

我国经济法学者早就认识到，价格歧视可能对消费者造成损害（剥削效应）。② 但对算法价格歧视的福利效果有不同观点，因为基于大数据的价格歧视并不必然损害社会福利或消费剩余，而是也有可能有所提升。③ 商家凭借其掌握海量消费数据和具备自我学习能力的定价算法，能够逼近完全的价格歧视。④ 在完全价格歧视情况下，由于每个消费者均以其保留价格的消费意愿购得其需要的产品，而以单一垄断价格出售的情形下，那些消费意愿较低的客户就不会得到其需要的产品，这反而会降低社会产量，损害分配效率。相比之下，价格歧视在一定程度上能够增进社会经济福利。⑤

根据经济学中价格歧视的基本原理，算法价格歧视可能引起二级和一级价格歧视。从社会整体角度来看，一级价格歧视使得社会总福利增加，但消费者剩余全部转向了实施价格歧视行为的企业；二级价格歧视中，消费者剩余也部分转向实施企业。就本质而言，算法价格歧视会损害福利分配。⑥ 无

---

① 高富平. 大数据何以"杀熟"？[N]. 上海法治报，2018 - 05 - 16（B06）.
② 时建中. 反垄断法——法典释评与学理探源[M]. 北京：中国人民大学出版社，2008：213；许光耀. 价格歧视行为的反垄断法分析[J]. 法学杂志，2011（11）：22；兰磊. 非法价格歧视行为的判断标准研究[J]. 竞争政策研究，2015（2）：63.
③ 参见 2017 年欧洲监管中心发布的项目报告《大数据与竞争政策：市场力量、个性化定价与广告》.
④ [英] 阿里尔·扎拉奇，[美] 莫里斯·E. 斯图克. 算法的陷阱：超级平台、算法垄断与场景欺骗[M]. 余潇，译. 北京：中信出版集团，2018：118.
⑤ 刘廷涛. 反垄断法下价格歧视之竞争损害分析[J]. 东方法学，2016（3）：34.
⑥ Ramsic A. Woodcock. Big data, Price Discrimination, and Antitrust[J]. Hastings Law Journal, 2017（68）：1371.

论是一级还是二级价格歧视，都使更多的消费需求得到满足，但是消费者获得商品或服务并不是消费者福利上升的表现。需求得到满足的消费者并不快乐，此时的消费者效用接近于0。效用为0的节点是消费者痛苦的临界点，亦是幸福的起点。

算法价格歧视的福利效果似乎是消费者处于幸福的边缘，而生产者效率提升会引起社会总福利的增加。但是，由于商家有选择的、利益至上的营销方案，导致这种算法偏见会在事实上形成一个"鄙视链"，严重侵蚀社会公平和正义。① 同传统的价格歧视一样，算法价格歧视也使得反垄断政策陷入效率与公平冲突之中，② 只是冲突的来源不同。

而且即使推算出社会总福利增加的论断，其关注视角虽然是整体的，却也是短期的，也就是说，此处的效率是短期的。因为一个有效率的制度主要应考虑如何实现在私人成本与社会成本之间的均衡。③ 如果经营者不为其经营行为的社会成本（负外部性）承担责任，而是由其他个体或社会全体来负担，这不是效率的制度安排，亦不是公正的法律激励。长期来看，市场交易机制的不公正激励会打击市场信心，抑制市场进步的原生动力。效率与公平的矛盾是经济法需要解决的基本矛盾，④ 算法价格歧视规制的价值取向应侧重于公平。

3. 理念追溯：人本主义理念下市场规制与宏观调控的共生

经济法的人本主义理念包含市场规制与宏观调控的共生，二者协调才能共建实质公平的市场交易机制。社会总福利的提升应以消费者利益提升为基础，任何损害消费者利益获得生产或其他经济效率的行为都是"杀贫济富"。这有违经济法的元理念，即以克服资本意志对人的异化和物化所导致的人的分化为内涵的人本主义理念。⑤ 无论多么强调反垄断法的个性与特性，但由

---

① 马长山. 智能互联网时代的法律变革 [J]. 法学研究，2018 (4)：27.
② 价格歧视往往同时伴随着成本因素和市场势力，这使得反垄断政策陷入效率与公平冲突之中. 王晓晔. 欧共体竞争法 [M]. 北京：中国法制出版社，2001：258.
③ [美] 道格拉斯·诺斯，罗伯斯·托马斯. 西方世界的兴起 [M]. 厉以宁，蔡磊，译. 北京：华夏出版社，2009：7.
④ 张守文. 经济法原理 [M]. 北京：北京大学出版社，2013：63.
⑤ 李昌麒. 经济法理念研究 [M]. 北京：法律出版社，2009：90.

于其属于经济法的子部门法,决定其至少不能与经济法的理念和价值相冲突。一方面,不能单纯地寄希望于社会再分配之于公平的实现,由于资本的流动性和隐匿性,目前世界上没有一种合适的征税体制机制以实现税收充分。另一方面,算法价格歧视作用于广泛分散的个体消费者,将会带来市场总体价格水平畸高,而稳定物价是宏观调控的主要目标。市场规制作用于微观之维,是宏观调控的前提和基础。宏观调控着眼于经济全局,解决分配不公、周期性经济危机等问题,为市场规制之功能实现提供场域。市场规制和宏观调控是相互依赖、相互补充、相互配合的,[①] 市场规制法不能与宏观调控法的实施相抵触。所有的价值都要平等地分配,除非对一种价值或所有价值的一种不平等分配合乎每一个人的利益。[②] 不仅初次、再次分配要注重公平,市场交易机制的建设也要注入公平的价值理念。

4. 形式理性之内的实质正义:条文的逻辑意蕴

算法价格歧视的反垄断法规制符合《反垄断法》的立法目的和条文逻辑。《反垄断法》的立法目的是,预防和制止垄断行为,保护市场公平竞争,提高经济运行效率,维护消费者利益和社会公共利益,促进社会主义市场经济健康发展。消费者利益是在算法价格歧视的实施中最可能遭受损害的法益。从《反垄断法》条款的适应性来看,第22条第6项规定的"对条件相同的交易相对人在交易价格等交易条件上实行差别待遇",可以将消费者解释在内。消费者作为适格当事人,在司法实践中被广泛接受。[③]

算法价格歧视不仅可能侵害消费者,还可能损害社会公共利益。当市场

[①] 薛克鹏. 经济法基本范畴研究 [M]. 北京:北京大学出版社,2013:141.
[②] [美] 约翰·罗尔斯. 正义论 [M]. 修订版. 何怀宏,何包钢,廖申白,译. 北京:中国社会科学出版社,2009:48.
[③] 参见北京市高级人民法院(2010)高民终字第481号民事判决书、江苏省南京市中级人民法院(2014)宁知民初字第256号民事判决书、上海市高级人民法院(2014)沪高民三(知)终字第105号民事判决书、最高人民法院(2016)最高法民申2473号民事裁定书、北京市第二中级人民法院(2008)二中民初字第17385号民事判决书等。对比来看,从美国《罗宾逊—帕特曼法》第1条竞争损害的描述即"实质上减少竞争或旨在形成对商业的垄断,或妨害、破坏、阻止同那些准许或故意接受该种歧视利益的人之间的竞争,或者是同他们的顾客间的竞争,是非法的"的规定来看,根据法解释学很难将以消费者为歧视对象的价格歧视纳入规制范畴。美国不能援引旨在保护小零售商的《罗宾逊—帕特曼法》以规制针对消费者的价格歧视,而《欧盟运行条约》第101条C项也无法将消费者解释进去。

竞争使得社会福利只在极少部分人中分享，社会绝大部分人的欲望无法满足，那么个人（经营者）利益的实现过程就已经对公共利益造成侵害。① 一方面，这里受损的消费者利益是不确定的群体性的利益而非单个人的利益，是某种社会公共性的存在。这里获益经营者往往是极少数个体。质言之，在消费者与经营者的关系背后，隐藏的是经营者的个体利益与社会公共利益的矛盾冲突。② 另一方面，公共利益为各类私益的蓄水池，具有综合平衡不同代际、层次和领域人群的利益诉求的价值，并且各类私益彼此相连，逻辑上不存在梗阻不畅或者"短路"问题。③ 当利益单向流向个别经营者，公共利益作为蓄水池的功能受限，进而引发一系列负面效应。

此处的公共利益损害主要是消费者利益损害及其关联负面效应。推动反垄断法实施与有效保护消费者权益具有共同的法理基础和现实需求，④ 对算法价格歧视行为的规制，可以从消费者权益保护法和反垄断法的角度对消费者权益进行协同保护。⑤ 竞争维护与消费者保护的一致性主要体现在反垄断法所实现的竞争秩序能够确保产品或服务的价格维持在与市场竞争条件相适应的水平，从而给消费者以最大的选择自由和公平的价格。⑥ 就消费者的某些具体权利的保障而言，协同之于目的的实现具有现实可行性。譬如，为了保障消费者公平交易权的实现，必须依据反垄断法和反不正当竞争法等对劣质销售、价格不公、计量失度等不公平交易行为加以禁止。⑦ 消费者法益是反垄断法需要衡平的重要内容，在支配地位滥用行为的规制中尤其需要考量。

（三）算法价格歧视反垄断法分析的基本路径

算法价格歧视的广泛性，使得"一个卖方能够系统地、长期地从事价格

---

① 从算法价格歧视可能导致公共利益损害的逻辑来看，对于其激化的效率与公平矛盾，价值选择同样应倾向于公平。从深层次上讲，公平与效率的内在矛盾和冲突实际上也是社会强弱势群体间在生存和发展上的矛盾与冲突。李昌麒. 经济法理念研究 [M]. 北京：法律出版社，2009：109.

② 薛克鹏. 经济法基本范畴研究 [M]. 北京：北京大学出版社，2013：41.

③ 罗豪才，宋功德. 行政法的治理逻辑 [J]. 中国法学，2011 (2)：9.

④ 陈兵. 反垄断法实施与消费者保护的协同发展 [J]. 法学，2013 (9)：91.

⑤ 限于主旨，本书不再探讨算法价格歧视规制中反垄断法与消费者权益保护法如何协同实施，而只聚焦于算法价格歧视的反垄断法规制。

⑥ 刘伟. 论反垄断法上的消费者利益悖论及其破除 [J]. 经济法学评论，2018 (2)：167.

⑦ 张守文. 经济法原理 [M]. 北京：北京大学出版社，2013：457.

歧视行为，这本身就说明它具有支配地位"①的说法需要进一步加以论证。算法价格歧视的反垄断法规制应坚持市场份额范式，其引起的消费者损害及第一线损害应是执法规则改进的切入点和落脚点。

1. 算法价格歧视反垄断法分析应坚持市场份额范式

（1）相对优势地位规制之检视。

谦抑理念下，算法价格歧视的反垄断规制不宜援用相对优势地位规制的路径。从比较法来看，传统价格歧视的竞争关注和执法路径有对滥用相对优势地位之规制和市场支配地位滥用行为之矫正两种。欧盟反垄断法和我国反垄断法上的价格歧视为市场支配地位的滥用行为。美国《罗宾逊—帕特曼法》意在抑制被大型分销商、零售商施加压力而对不同购买者分别定价的上游经营者的价格歧视。这是对大型购买者之于厂商、厂商之于中小型下游购买者滥用相对优势地位的规制。我国也有学者建言，应将价格歧视实施主体的资格放宽至相对优势地位，②但相对优势地位规制理论本身存在着一定问题。由于存在巨大争议，美国司法部自1997年后就不再执行《罗宾逊—帕特曼法》，而美国联邦贸易委员会也基本把它忽略不计了。③德国、日本处罚的滥用市场相对优势地位案件面临巨大争议，实践中不得不保守执法。相对优势地位滥用的规制不适合放在反垄断法，中小经营者的保护可以用其他法律解决。④滥用相对优势地位的规定放在反垄断法会扩张其对市场的干预。而反垄断执法机构的谦抑执法，是市场经济体制内在属性的必然选择，是"使市场在资源配置中起决定性作用和更好发挥政府的作用"的制度回应。⑤

算法价格歧视发生环境和表现形式的特殊性使其更不适于援用相对优势规制的执法路径。为了配合数字市场的反垄断执法，日本竞争当局公平交易

---

① 许光耀. 价格歧视行为的反垄断法分析[J]. 法学杂志, 2011 (11): 22.
② 张莉, 万光彩. 价格歧视行为的反垄断规制探究[J]. 价格理论与实践, 2017 (10): 39; 叶高芬. 认定违法价格歧视行为的既定框架及其思考[J]. 法商研究, 2013 (6): 117.
③ 转引自[美]赫伯特·霍温坎普. 联邦反托拉斯政策——竞争法律及其实践[M]. 许光耀, 江山, 王晨, 译. 北京: 法律出版社, 2009: 631.
④ 国际上有滥用相对优势地位的规定, 截至2008年, 在德国仅有3起案例涉及滥用相对优势地位, 且都可以按照滥用市场支配地位解决。中小企业的保护可以放在民法、合同法、侵权法中解决。王晓晔. 论滥用"相对优势地位"的法律规制[J]. 现代法学, 2016 (5): 79—92.
⑤ 孙晋. 谦抑理念下互联网服务行业经营者集中救济调适[J]. 中国法学, 2018 (6): 159.

委员会于 2019 年 8 月 29 日公布了"关于数据平台经营者与提供个人信息的消费者之间交易上的优势地位滥用的独占禁止法指南（草案）"（以下简称指南草案）。该指南草案认为网络平台可能具有相对消费者的"对交易对象的优势地位"。[①] 笔者认为，任何一个消费者基于信息不对称都对卖方企业有一定依赖性，处于劣势地位。买卖双方信息不对称是再正常不过的交易现象，特别是针对经验品和信任品。[②] 若不是出于维护市场秩序和市场机制的考虑，而仅仅为了保护消费者，则不宜援用反垄断法。而且在大数据时代互联网平台型产业富于多变的市场竞争格局下，反垄断法更应保持谦抑品格。算法价格歧视的反垄断法规制应遵循传统的市场份额范式。

（2）遵循市场份额范式。

根据算法价格歧视的发生特点，其竞争损害认定需要界定企业的市场地位。虽然算法价格歧视的实施往往无须花费额外的控制成本即可防止套利，并且企业初始投入的技术和平台建设运营的支出已经成为沉没成本，获取信息并分析的边际成本递减，企业可以相对轻松地实施价格歧视。但是，如果企业不具有独占地位，其他同类互联网平台企业同样可以实施价格歧视，而在一个平台被歧视的消费者一般会在另一个平台被优待。这样，存在多个势均力敌的互联网平台企业的情况下，各企业相互竞争，消费者往往由此获利，但任何一个平台企业都难以因此获得市场力量，反垄断法无须介入。[③] 如果实施算法价格歧视的企业拥有较强的市场力量，其他竞争者则因为用户基础（数据拥有量）悬殊而很难与之进行竞争，造成消费者广泛性损害，并侵蚀

---

① 指南草案首先认定消费者向平台企业提供的个人信息、消费偏好等数据信息具有经济价值，因而消费者与平台之间构成交易对象关系，然后认定如果消费者为了利用网络平台的服务而不得不承受网络平台带来的不利益，那么就可以认定该网络平台具有"对交易对象的优势地位"。王威驷. 新机构、新指南、新问题——日本网络平台竞争法规制的近期动向 [EB/OL]. (2019 - 11 - 20) [2019 - 11 - 22]. https://mp.weixin.qq.com/s/rdPiTgsYRuoMOm mc379BTw.

② 产业组织理论按产品质量与信息的关系，将商品分为搜寻品、经验品和信任品。经验品是购买后才知道产品质量的商品，信任品是购买使用后仍不完全清楚产品质量的商品。这种分类，实际上是根据经营者与消费者信息不对称的程度区分的。

③ 史际春教授认为，寡头垄断是现实中最好的竞争结构，并以竞争须让位于效率、消费者利益、国际利益等为主线，提出了理由。笔者认同史际春教授的观点。史际春. 反垄断的辩证法 [J]. 经济法学评论，2017（1）：233 - 245.

同类竞争者的正当利益。可见，算法价格歧视的反垄断法规制亦不得不遵循市场份额范式，只是相关市场界定和市场支配地位认定应根据经济环境和产业特点的特殊考量要素。

2. 以消费者选择福利是否受损为核心构建消费者福利损害标准的执法标准

（1）消费者福利损害标准是合理评估第一线损害的必然选择。

算法价格歧视最先可能造成的损害是消费者损害，第一线损害是消费者损害的联动效果，所以算法价格歧视的反垄断执法应以消费者福利损害为核心考量。如未对消费者产生损害，则第一线损害无须进行价格歧视规则考量，或者说根本不存在。一方面，如果算法价格歧视的实施经营者急于求成，对任一消费者的价格过低，则可能涉嫌掠夺性定价，这种严重剥削的价格歧视将不再由价格歧视规则评价。掠夺性定价行为和价格歧视并非泾渭分明，规则的适用有选择性，相较于掠夺性定价规则而言，价格歧视规则无疑是备用规则。另一方面，即使实施经营者市场力量上升，也不能径直认定反竞争效应，因为这种效果可能是基于经营效率获得的。算法价格歧视策略能在支付较少成本的情形下促进市场出清，无疑能给企业带来经营效率。概言之，算法价格歧视造成的第一线损害十分难以评估，往往不能单独评价，而是需要在消费者广泛损害的基础上进行判断。所以，建立消费者福利损害标准的执法标准是对消费者损害和第一线损害合理评估的"钥匙"。

（2）消费者选择福利损害是消费者福利损害的核心。

在具有市场支配地位的互联网平台经营者海量的数据基础和强大的算力下，消费者在交易面前几乎没有选择的余地，所以消费者选择福利是否损害应是消费者福利是否损害的判断根据。评估算法价格歧视的消费者损害是一个复杂问题，单个消费者的受损金额是微量的，甚至是不可计算的，而总量的评估则更加困难。反垄断法视域下保护消费者利益的理论基础在于保护消费者的选择自由。[1] 这种选择自由是消费者可选择的主观能动性和客观现实性。如德国哲学家柏林所言："我希望我的生活与决定取决于我自己，而不是取决于随便哪种外在的强制力，我希望我成为我自己的而不是他人的意志

---

[1] 李剑. 反垄断法视野下的消费者保护问题 [J]. 经济法学评论, 2017 (1)：68.

活动的工具。"① 大范围消费者的被歧视效应即消费者选择福利是否广泛受损应成为衡量指标。这其实是将剥削效应（公平交易权的损害）归入歧视效应一并评估。具有市场支配地位的企业才能真正约束消费者的选择，带来大范围的消费者损害。②

（3）可在证明行为存在和认定市场支配地位的基础上初步推定消费者损害。

此处的消费者福利损害标准，不仅包括实质损害，还应包括较大的损害可能性。可根据较多消费者的歧视性反馈来判断消费者损害可能性，并在一定程度上以此作为执法程序启动的信号。对于行政执法而言，较多的消费者损害的可能性是其采取进一步调查措施的起点，也是其需要不断验证的观点。算法价格歧视往往使得消费者处于强制之中，消费者损害需要结合企业市场势力进行判断，不具有支配地位的企业很难真正限制选择自由。考虑到算法价格歧视广泛而分散，且十分隐蔽，不容易举证证明，结合市场势力进行判断无疑是一条捷径。所以，在对算法价格歧视指控时，在认定了企业的市场支配地位和行为的存在之后，即可初步推定存在竞争损害。

3. 强化消费者获益抗辩

我国《工商行政管理机关禁止滥用市场支配地位行为的规定》（国家工商行政管理总局令第 54 号）第 8 条规定了滥用市场支配地位行为的两类抗辩，③《暂行规定》第 19 条关于价格歧视的抗辩事由规定了行业惯例和交易习惯抗辩、短期新交易抗辩和兜底抗辩。④《暂行规定》第 20 条系关于《反

---

① [英] 以赛亚·柏林. 自由论 [M]. 胡传胜, 译. 北京：译林出版社, 2003：200.

② 如前所述，如果存在多个势力均敌的数字企业竞相施加强力，单个消费者仍然有所选择并且往往因此而获得质高且价优的产品或服务，亦不会造成大范围的损害。

③ 虽然该规定于 2019 年 9 月 1 日起不再有效，但对理论研究仍有一定意义。该规定第 8 条规定："工商行政管理机关认定本规定第四条至第七条所称的正当理由，应当综合考虑下列因素：（一）有关行为是否为经营者基于自身正常经营活动及正常效益而采取；（二）有关行为对经济运行效率、社会公共利益及经济发展的影响。"

④ 《暂行规定》第 19 条规定："禁止具有市场支配地位的经营者没有正当理由，对条件相同的交易相对人在交易条件上实行下列差别待遇：……本条所称'正当理由'包括：（一）根据交易相对人实际需求且符合正当的交易习惯和行业惯例，实行不同交易条件；（二）针对新用户的首次交易在合理期限内开展的优惠活动；（三）能够证明行为具有正当性的其他理由。"须注意的是，在现行有效的《禁止滥用市场支配地位行为规定》第 19 条规定中，关于"正当理由"这一点，增加了"基于公平、合理、无歧视的平台规则实施的随机性交易"这一项内容。

垄断法》支配地位滥用行为中"不公平""正当理由"规定的通用的其他判断因素的罗列。① 虽然《暂行规定》第20条中"有关行为是否能够使交易相对人或者消费者获益"的规定可以视为消费者获益抗辩，但从条款位置来看，显然消费者获益抗辩的地位没有在价格歧视规则中得到重视。

消费者获益抗辩的逻辑基础在于算法价格歧视最容易受到侵害的就是作为实施对象的消费者，如果消费者能因此获利，行为的正当性是不言而喻的。消费者获益抗辩将使消费者真正获益的价格存在差异的情形排除。消费者获益应是某种客观普遍性标准，应是一票否决式的，而不是与相关经营者利益变化衡量前的一个分步骤。② 消费者利益并非适于简单加减。③ 按照帕累托效率原则，一种结构（社会制度、经济体系）若被改变，以使一些人（至少一个）状况变好的同时，不可能不使其他人（至少一个）的状况变坏时，这种结构就是有效率的。④ 正当理由抗辩，一方面是经营者维护自身利益的权利基石，另一方面又是防止公权力"过度规制"的权力藩篱。⑤ 经营者与消费者处于利益共赢和利益冲突的两重处境。虽然在算法价格歧视中，消费者与

---

① 《暂行规定》第20条规定："反垄断执法机构认定本规定第十四条所称的'不公平'和第十五条至第十九条所称的'正当理由'，还应当考虑下列因素：（一）有关行为是否为法律、法规所规定；（二）有关行为对社会公共利益的影响；（三）有关行为对经济运行效率、经济发展的影响；（四）有关行为是否为经营者正常经营及实现正常效益所必须；（五）有关行为对经营者业务发展、未来投资、创新方面的影响；（六）有关行为是否能够使交易相对人或者消费者获益。"须注意的是，在现行有效的《禁止滥用市场支配地位行为规定》第22条规定中，增加了"有关行为对国家安全、网络安全等方面的影响"这一认定因素。

② 有学者认为，竞争秩序的评价标准分两个层次，一个是优位标准——竞争效率，另一个是补充标准——"竞争秩序"。"竞争秩序"来自消费者利益和竞争者利益，其可以在不危害竞争效率的前提下，通过"长期利益＞短期利益"和"经营者利益＋竞争者利益＞消费者利益或经营者利益＋消费者利益＞竞争者利益"来进行最终判断。刘继峰. 竞争法学 [M]. 3版. 北京：北京大学出版社, 2018: 24-25.

③ 在我国经营者集中的审查中，消费者利益标准不是补充性、抗辩性要素，而是审查要素之一。而且垄断协议的除外或可抗辩规定条款，即《反垄断法》第20条中，除了技术、环保等体现为客观公共利益的竞争效率外，不严重限制相关市场竞争和消费者利益也是必不可少的内容。由此来看，消费者利益的位阶并非补充性。

④ 换言之，如果有一些别的方式可以改善一些人且不损害另一些人的状况，那么既有方式就是无效率的。[美] 约翰·罗尔斯. 正义论 [M]. 修订版. 何怀宏, 何包钢, 廖申白, 译. 北京：中国社会科学出版社, 2009: 52.

⑤ 杨文明. 滥用市场支配地位规制中的正当理由抗辩研究 [D]. 重庆：西南政法大学, 2016: 13.

经营者的矛盾更加突出，但这并不意味着经营者正当经营利益的让位。若存在大量的消费者获利，则前述负面关联效应即算法价格歧视的负外部性就是不存在的。该抗辩原则的意义不仅在于避免社会安排的不效率，还能促进社会正义结构的优化。①

在法治社会中，权力在任何时候都不能成为目的，而只能作为保护权利和利益的手段。② 支配地位企业的经济权力不能损害消费者、同类竞争者利益。社会整体效率的实现应以消费者利益为基础，任何损害消费者（长远）利益获得生产或其他经济效率的行为都无异于杀鸡取卵。不仅初次、再次分配要注重公平，市场交易制度的建设也要注入公平、正义的价值理念。当然，算法价格歧视需要各个部门法综合规制，但无疑反垄断法是一个基本工具。算法价格歧视的反垄断法规制需要进一步思考必要的实操规则和相应程序。

四、算法定价模式下的消费者权利保护

大数据时代背景下的数字经济已经成为一种新兴经济形态，其"以数据为竞争核心、以平台为竞争媒介、以跨界传导为竞争方式、以寡头为竞争格局"③。交易平台利用算法定价侵害消费者权益的现象层出不穷。算法定价，俗称"大数据杀熟"行为，是指平台经营者通过掌握消费者的个人偏好数据（主要包括收入与支付能力、价格耐受度、选择喜好、家庭构成、商品信息页面停留次数及时间等），并加以分析、挖掘与检索，利用消费者与经营者之间的信息不对称，就同一商品或服务向不同消费者索取不同的售价，并且该定价差别不反映成本差别。④ 在电子商务的机票酒店、电影娱乐、就餐出行等众多消费领域，算法定价行为都比较常见。一般认为，算法只是一种技

---

① 这里似乎不是"合乎最小受惠者的最大利益"，但至少能在一定程度上促进社会财富分配结构上的优化。
② 薛克鹏. 经济法基本范畴研究 [M]. 北京：北京大学出版社，2013：267.
③ 邓志松，戴健民. 数字经济的垄断与竞争：兼评欧盟谷歌反垄断案 [J]. 中国市场监管研究，2017（10）：32-35.
④ 邹开亮，刘佳明. 大数据"杀熟"的法律规制困境与出路——仅从《消费者权益保护法》的角度考量 [J]. 价格理论与实践，2018（8）：47-50.

术工具,是中性的,法律规制的重点应该是滥用算法的行为。① 虽然在技术层面上,算法定价是算法在消费关系中的具体运用,但从法律规制角度来看,算法定价行为包含着经营者选择何种算法且设定算法规则的决策过程。从行为结果来看,算法定价是对消费者给予差别待遇。从消费者权益保护角度来看,由于《消费者权益保护法》缺乏对这一新型经营行为的相关规范,导致了法律适用上的困境,即在现有法律环境下,消费者无论通过公、私法路径,维权都存在着障碍,难以通过司法实践获得现实保护。笔者试图基于文义解释、行为构成分析,并结合法律后果与效率的考量,将算法定价行为归结为价格欺诈,具体分析该行为对于消费者权益的侵害,进而提出保护消费者权益的制度设计。

(一)算法定价行为中消费者权益损害

1. 消费者知情权受到侵害

知情权是消费者的一项基本权利,对于价格的知情是消费者知情权的核心。② 电子商务交易发展到现阶段,消费者必须提交姓名、地址、手机号码、支付账号等基本信息,才可以完成交易。随着交易关系的复杂化,消费者知情权的关注重点也包括其个人信息收集使用的基本规则。经营者算法定价的行为通过算法的隐蔽性来隐瞒其真实的定价机制,使消费者在不知情的情况下,被蒙蔽以至于认为其享受的价格理应与其他任何消费者均一致,进而构成知情权缺陷。例如,在通过外卖平台订购外卖时,消费者无从了解自己最终的付款价格,且无法明确:其实际定价机制是如何的,与其他消费者有何种区别;其他消费者所获得的优惠券,为何自己无法享受;在经常点餐的商

---

① 《国务院反垄断委员会关于平台经济领域的反垄断指南》(国反垄发〔2021〕1号)第17条规定:"具有市场支配地位的平台经济领域经营者,可能滥用市场支配地位,无正当理由对交易条件相同的交易相对人实施差别待遇,排除、限制市场竞争。分析是否构成差别待遇,可以考虑以下因素:(一)基于大数据和算法,根据交易相对人的支付能力、消费偏好、使用习惯等,实行差异性交易价格或者其他交易条件;(二)实行差异性标准、规则、算法;……"这条规定把算法视为一种技术手段。

② 参见《消费者权益保护法》第8条规定:"消费者享有知悉其购买、使用的商品或者接受的服务的真实情况的权利。消费者有权根据商品或者服务的不同情况,要求经营者提供商品的价格、产地、生产者、用途、性能、规格、等级、主要成份、生产日期、有效期限、检验合格证明、使用方法说明书、售后服务,或者服务的内容、规格、费用等有关情况。"

家购买同样食物,为何价格会越来越高等情况。另外,特定的优惠信息将会被推送给拥有特定消费习惯的用户,导致消费者在面临消费选择时,视野受阻。

对各大电子商务平台的用户协议仔细研读,可以发现该类协议无一例外地包含了获取消费者信息的知情条款,即提示消费者该平台可以自动化读取数据,并要求消费者同意该等数据的读取与使用。然而,对于个人信息通过何种手段被挖掘、如何被分析使用、最后又是怎样被应用于消费者自身等内容,消费者一概没有了解的渠道。

2. 消费者公平交易权难以保证

公平交易权是指消费者在购买商品或接受服务时,享有公正、合理地进行市场交换行为的权利。[①] 在数字经济的驱动引导下,经营者利用自身的数据优势,对不同消费者通过肖像刻画,进而进行差异化定价。例如,两名消费者分别在同一起点通过打车平台进行叫车,前往同一目的地,平台显示的预计价格(不受路线或交通拥堵情况影响)往往并不相同,这种情况下通常苹果手机用户需要支付相对更高的叫车费用。可见,同一时间、同一场景,也就是相同条件下,不同的消费者可能会被平台经营者收取不同的价款,此种"对人不对物、同物不同价"[②]的行为,侵害了消费者的公平交易权。算法定价机制往往通过向新用户提供更为优惠的价格,赚取低于其他消费者所能提供的利润,该部分差额理应属于经营者需负担的成本,如果经营者转而采取对老用户提高价格的做法,则有将其自身本应负担的经营成本转嫁于消费者(老用户)身上之嫌。[③] 平台经营者的垄断地位决定了消费者无法拒绝带有强制性的用户协议,如果拒绝就不能得到平台经营者提供的任何商品或服务。在交易过程中,消费者为了交易便利,不得不接受不公平的交易条件。

[①] 参见《消费者权益保护法》第10条规定:"消费者享有公平交易的权利。消费者在购买商品或者接受服务时,有权获得质量保障、价格合理、计量正确等公平交易条件,有权拒绝经营者的强制交易行为。"

[②] 廖建凯."大数据杀熟"法律规制的困境与出路——从消费者的权利保护到经营者算法权力治理[J]. 西南政法大学学报,2020(1):70-82.

[③] 张飒."大数据杀熟"违法吗?[N]. 北京日报,2018-04-18(14).

3. 消费者依法求偿权难以实现

消费者享有依法求偿权,[①] 该权利本质上是一种侵权损害赔偿的请求权,通常具有惩罚性赔偿的规定。消费者与平台经营者相比,总是处于相对弱势的地位。由于经营者算法定价行为的隐蔽性及算法技术的不透明性,使得消费者对于其自身损害的举证似乎成为一个不可能完成的任务,消费者因此也很难通过司法救济获得相应的赔偿。在实践中,有些平台经营者在用户协议中还规定了消费者不得通过诉讼途径解决交易纠纷的条款,这种格式条款造成消费者的困扰,许多消费者因不了解该类格式条款并不具有法律效力,而往往放弃了对经营者的追偿。

(二) 算法定价行为中消费者权利救济困境

算法定价行为体现了数据算法所带有的偏见性,为了规制此类行为,消除其带来的不良社会影响,我国已在反垄断领域作出一定回应。从消费者权利救济角度来看,2020年8月文化和旅游部发布了《在线旅游经营服务管理暂行规定》,其中第15条规定:"在线旅游经营者不得滥用大数据分析等技术手段,基于旅游者消费记录、旅游偏好等设置不公平的交易条件,侵犯旅游者合法权益。"这一规定将机票、火车票、酒店等出行居住类消费的算法定价行为纳入法律规制,是相关立法的一大进步,但是部门规定的法律力度及规制对象毕竟有限,且尚无匹配的惩罚性措施规定与之呼应,因而要切实维护被算法定价的消费者的权益,同时起到事先预防与事后惩罚作用,现有法律规制仍存在进一步完善的空间。

1. 难以预防平台经营者对消费者信息的过度获取

由于信息网络技术的发展,消费者在电子商务平台的搜索浏览记录可以被轻易获取。严重的信息不对称,导致消费者无从选择地处于劣势。消费者对经营者收集利用其个人信息的行为享有同意权。[②] 然而,对于平台经营者来说,由于适用同意规则将会带来更高的经营成本,所以经营者在设计用户

[①] 参见《消费者权益保护法》第11条规定:"消费者因购买、使用商品或者接受服务受到人身、财产损害的,享有依法获得赔偿的权利。"

[②] 参见《消费者权益保护法》第29条规定,经营者收集和利用消费者个人信息应当经消费者同意。

协议时,会将消费者置于一个无法选择拒绝的地位,使得消费者不得不同意,由此使得《消费者权益保护法》所规定的同意规则流于形式。在实际情况中,同意规则不但没有制止对消费者个人信息过度收集的行为,反而可能成为经营者对数据信息侵权行为的抗辩事由。除消费历史及消费偏好外,平台经营者还会挖掘消费者使用设备、收入水平、性别职业等各项有利于实施差异化定价的信息,这些信息通常与消费者消费行为无关,超出必要及合理范围只是为了使经营者能够对消费者精准定位,来制定最大化占有消费者剩余的价格。

2. 难以约束平台经营者的差异化定价行为

法律规制算法定价行为的难点在于,协调经营者经营自主权(定价权)与消费者交易公平之间的关系。《消费者权益保护法》明确规定了经营者明码标价的义务及经营活动中诸如存在欺诈行为的惩罚性赔偿。但对于算法定价行为,由于在交易之前,经营者往往就直接标明价格,而单个消费者很难判断所见价格是否存在差别,只有通过和其他消费者交易价格进行比较,才能看出自己的权益受到损害,因而平台经营者依据对消费者的精准画像而实施差异化定价的行为,在形式上无法明显地体现出对"明码标价"要求的违反,也就不能直接追究其赔偿责任。

3. 难以保障被"杀熟"消费者的退货需求

消费者在购买特定范围内的商品或服务之后,在一定期限内可以无理由退货或取消服务。[①] 算法定价行为存在于互联网电子商务领域,原则上应该符合《消费者权益保护法》中所规定的七天无理由退货的适用范围。但是,一方面,对于消费者来说,算法定价行为存在隐蔽性,消费者难以知悉自己被"杀熟"的事实;另一方面,算法定价集中于在线消费领域,这类消费普遍具有即时性、一次性的特征,消费者发现自己被"杀熟"后,相关商品或服务往往已经被使用或享受而无从退货。

---

① 参见《消费者权益保护法》第 25 条规定:"经营者采用网络、电视、电话、邮购等方式销售商品,消费者有权自收到商品之日起七日内退货,且无需说明理由……"

4. 难以解决被"杀熟"消费者的损害赔偿问题

《消费者权益保护法》第 11 条、第 40 条规定了消费者的求偿权,第 55 条还专门规定了经营者存在欺诈情况下的惩罚性赔偿。但是,这些规定却无法解决算法定价情况下消费者的损害赔偿问题。一方面,基于"谁主张、谁举证"的诉讼原则,被算法定价的消费者必须自证其损失,而这一点是极其困难的,因为每个消费者的消费行为都处于非公开状态,即使同一个消费者的两次类似消费行为出现价格差异,经营者也能以"促销""使用优惠券""商业经营策略"等理由解释其中的差异,从而推脱责任。另一方面,即使通过被"杀熟"的差额来简单算出损失金额,单个消费者的损失数额一般也不高,如果消费者欲凭一己之力追偿损害,其投入的时间精力与金钱也远不止其损失金额,对消费者而言,寻求救济的成本过高。

(三) 算法定价行为消费欺诈定性

1. 算法定价行为性质的双重性

2021 年 2 月 7 日发布的《国务院反垄断委员会关于平台经济领域的反垄断指南》(以下简称《反垄断指南》)明确了平台经济领域的相关概念、基本原则、市场界定等内容,尤其是在第 17 条将"无正当理由对交易条件相同的交易相对人实施差别待遇"作为滥用市场支配地位的表现形式。① 从本质上来看,算法定价行为就是对消费者实施差别待遇;从反垄断法的角度来看,该行为属于滥用市场支配地位的价格歧视行为。

从性质来研究,有学者早就提出算法定价行为是一种价格歧视行为;② 在此基础上,有的学者将其认为是经济学上的一级价格歧视,③ 即经营者为每一位消费者及其所购买的每一单位商品制定不同的价格;也有学者④认为

---

① 根据《反垄断指南》第 17 条规定,条件相同是指交易相对人之间在交易安全、交易成本、信用状况、所处交易环节、交易持续时间等方面不存在实质性影响交易的差别。平台在交易中获取的交易相对人的隐私信息、交易历史、个体偏好、消费习惯方面存在的差异,不影响认定交易相对人条件相同。平台经济领域内经营者实施差别待遇行为,可能具有以下正当理由:根据交易相对人实际需求且符合正当的交易习惯和行业惯例,实行不同交易条件;针对新用户在合理期限内开展的优惠活动;基于平台公平、合理、无歧视的规则,实施的随机性交易;能够证明行为具有正当性的其他理由。
② 高富平,王苑. 大数据何以"杀熟"?[N]. 上海法治报,2018-05-16 (B06).
③ 王恒睿. 大数据杀熟背景下的消费者公平交易权保护 [J]. 大数据时代,2018 (11):20-24.
④ 李美儒,庞允琛. 大数据杀熟的法律规制与市场监管体制 [J]. 北方经贸,2019 (6):65-68.

其符合《价格法》的第 14 条第 5 项规定,即经营者提供相同的商品或服务,不得对具有同等交易条件的其他经营者实行价格歧视,但严格从该条规定文本来看,价格歧视行为的相对方是其他经营者,消费者并不在此列,不易直接认为算法定价行为是价格歧视行为。也有学者另辟蹊径,提出算法定价行为应被认定为消费歧视。① 笔者认为,虽然《反垄断指南》已经将算法定价行为界定为价格歧视,但是从消费者权益救济角度来看,算法定价行为其实同时具备价格歧视和价格欺诈两种性质;从政府管制角度来看,强调算法定价行为属于价格歧视,将其纳入《反垄断法》《价格法》的规制范围之内,更有利于完善市场监管,保护竞争者;而从消费者权益保护的角度来看,算法定价行为是一种会导致消费者违背内心真实意愿的定价策略,它严重侵害消费者的知情权等基本权利,致使消费者基于恶意诱导或隐瞒做出并不符合内心真实意愿的消费选择,② 符合沉默型消费欺诈的法律构成要件,③ 定性为价格欺诈也更有利于切实保护消费者的实体权利。

2. 算法定价沉默型消费欺诈的证成

(1) 算法定价沉默型欺诈的欺骗性。

沉默型欺诈,又称消极欺诈,是相对于积极欺诈(即故意告知对方虚假情况)而言的。它是指合同当事人一方故意向对方隐瞒有关的真实情况,或者故意引导、放任对方在错误认识的基础上作出错误判断,从而促成双方合同的签订,导致对方利益受损的行为。根据《价格法》第 14 条以及 2022 年 4 月发布的《明码标价和禁止价格欺诈规定》(国家市场监督管理总局令第 56 号)的相关规定,经营者不得利用虚假或者使人误解的价格手段,诱骗消费者或者其他经营者与其进行交易。在算法定价中,经营者出于对商业利益的追求,未对消费者进行真实情况(包括数据收集、定价机制等)的说明,特别是隐瞒其他消费者对类似交易行为的支付价格等相关信息,诱导消费者

---

① 李英锋. "大数据杀熟"本质属于消费歧视 [N]. 中国工商报, 2018-03-28 (3).
② 刘佳明. 大数据"杀熟"的定性及其法律规制 [J]. 湖南农业大学学报(社会科学版), 2020 (1): 56-61, 68.
③ 朱程程. 大数据杀熟的违法性分析与法律规制探究——基于消费者权益保护视角的分析 [J]. 南方金融, 2020 (4): 92-99.

在不知情的被动处境下与经营者完成交易，经营者的"倾斜性"定价行为实质上是对消费者的误导，[①] 具有欺骗性，构成消费欺诈。

（2）算法定价沉默型欺诈的构成要素分析。

算法定价沉默型欺诈的构成要素包括以下五方面。

①主观方面：经营者具有故意。算法定价的规则基础是最大化地获得消费者剩余，其本着更大交易量和更高交易额的目的，对消费者在交易价格、交易余量等方面隐瞒实情。基本技术路径就是对算法机制选择"沉默"，即不告诉消费者其所见价格是针对其个体特别设置的，而不是通常交易适用的一般价格，这种"沉默"表明经营者的主观心理状态是故意的，是为了使消费者陷入错误认知而与其进行交易。

②主体方面：存在多元消费关系主体。平台经营者和消费者之间的交易关系和一般线下交易不太一样，往往包含多重法律关系。例如，通过手机App 点外卖这一行为中就包含多个法律关系。第一，基础关系是饭店和手机 App 经营平台事先存在的电子商务服务合同关系；第二，手机所有人通过下载注册 App，与手机 App 经营平台形成了信息服务合同关系；第三，使用 App 点单时，点单人与饭店形成了餐饮服务合同关系；第四，经营平台与外卖骑手之间形成劳务合作法律关系；第五，在点单人、饭店和经营平台之间又形成运输服务法律关系。在这些复杂的交易关系中，平台依据其具有的市场优势地位，在实践中隔绝了真正提供商品和服务的经营者和消费者的信息交流，消费者看到价格信息可能并不是平台内经营者的定价，而平台内经营者收到的价款也不是消费者提供的全部价款，平台经营者通过对消费者的精准定价来获得额外的收益。这种算法定价行为，不仅欺诈了消费者，往往还包括其他经营者。

③客观行为方面：存在欺诈行为。沉默型欺诈中，通常情况是一方当事人若依据法律规定或者依据诚信原则负有告知义务，则单纯的沉默就能够构成欺诈。从算法定价行为来看，通常采取三种方式来定价。一是根据消费者

[①] 孙善微．大数据背景下价格欺诈行为的法律规制——以大数据"杀熟"为例［J］．北方经贸，2018（7）：51－52．

的消费偏好、收入水平等信息对该用户进行精准画像，针对不同消费者的购买喜好和消费能力进行差异化定价，提高经营者的利润。二是根据消费者所在位置或经常购物的位置进行差异化定价，经营者通过分析上述信息可以摸清消费者所在位置的其他经营竞争者的情况，竞争者数量较少或竞争力不足的情况下就会暗中加价。三是根据消费者使用设备不同进行定价，通过消费者使用设备的价格推测消费者的收入水平和价格承受能力，从而为差异化定价提供参考。被称为"苹果税"①的现象就属于这种形式的算法定价行为。

④损害后果方面：造成了消费者实际损害。经营者通过误导消费者，致使消费者在信息不对称的情况下要承担额外的支出，经营者由此获得不当利益。正如前文所述，算法定价行为损害了消费者的知情权和公平交易权，也使得消费者的依法求偿权难以实现。

⑤因果关系方面：存在着直接因果关系。即经营者的算法定价行为与消费者的损害后果之间存在直接的因果关系。算法定价行为一般遵循的技术路径如下所述。首先，最大规模和最大限度地获取消费者数据信息。其次，运用数据分析，对消费者进行精准画像。经营者通过收集、挖掘、分析消费者数据信息的手段，实现对消费者的精准画像，并据此实现精准营销和差异化定价，经营者可以清楚地了解消费者对特定商品的购买意愿。最后，有效区隔消费者，避免转售套利现象。在电子商务背景下，在线消费自然地将每一个消费者独立地隔绝开。消费者如果不出于自主意识主动与其他消费者进行比价，是无从得知自己的购买价格与其他消费者之间究竟是被一视同仁，还是被差别对待。因此，不同消费者之间的转售套利行为自然没有太大的操作可能性，从而导致消费者的损害直接来源于算法定价行为。

(3) 算法定价沉默型欺诈的法律后果及法的实效性分析。

将算法定价行为定义为价格欺诈行为，则可对从事算法定价行为的经营

---

① 通过800余次平台叫车实验进行验证，数据表明苹果手机用户同时呼叫经济型车辆与舒适型车辆时，比非苹果手机用户叫到舒适型车辆的概率高出3倍。也就是说，使用苹果手机在线约车的消费者，将会有更大的可能性叫到价格相对更高的舒适型车辆。孙金云.2020打车报告（上）：复旦教授团队打车800趟，延误是时间游戏？[EB/OL]．(2021-02-20) [2021-09-22]. http://finance.sina.com.cn/jjxw/2021-02-20/doc-ikftssap7632791.shtml.

者进行行政处罚,没收其违法所得并处罚款,消费者也可以依据《消费者权益保护法》第 55 条第 1 款获得惩罚性赔偿。这样就破解了算法定价中消费者权益保护在司法实践中的制度困境,使得司法裁判保护消费者合法权益成为可能。2021 年 7 月,浙江省绍兴市柯桥区法院开庭审理了胡女士诉上海携程商务有限公司侵权纠纷一案,并当庭宣判,判决上海携程商务有限公司赔偿胡女士投诉后携程未完全赔付的差价 243.37 元及订房差价 1511.37 元的 3 倍支付赔偿金,共计 4777.48 元。① 这个案例被视为首次以司法裁判形式判决利用大数据"杀熟者"退赔差价并且按照差价的 3 倍支付赔偿金。这也说明将算法定价视为价格欺诈,使得使用惩罚性赔偿成为可能,更有利于保护消费者权益。

(四) 完善算法定价行为中消费者权利救济制度

对于算法定价行为的法律规制路径设计中,绝非某一部单独的法律即可解决,《价格法》《反垄断法》《电子商务法》以及《个人信息保护法》都应作出回应,同时还要加强对平台经营者的监督管理,将平台经营者的整个运行过程纳入法律调整的范围。

1. 保护消费者的知情权

从算法定价行为来看,大数据滥用行为已经逐渐趋向制度化和系统化。基于此,关于"数据透明"的规定就可以发挥作用,以个人的知情权来弥补数据信息的不对称性,从而在数据问题日趋复杂的形势下实现实质正义的要求。②

(1) 数据监管部门对电子商务平台经营者进行专项监管。

由于电子商务领域涉及面广,平衡各方利益的难度较大,监管主体部门职能的划分是一个较为突出的难题。目前电子商务领域多个部门分工共管的现实,使得平台经营者滥用大数据的行为缺乏专业监管,算法定价行为难以有效遏制。为了保护消费者知情权,需要国家明确电子商务监管主体部门,

---

① 乌梦达,鲁畅,邰思聪. "大数据杀熟"仍存 破除"隐蔽性"是难题 [EB/OL]. (2021-08-05) [2021-09-22]. https://m.gmw.cn/baijia/2021-08/05/35055824.html.
② 许可. 人工智能的算法黑箱与数据正义 [N]. 社会科学报,2018-03-29 (6).

对于经营者的告知许可义务以及定价机制披露义务予以审查。为此，建议尽快推动建立一个新的数据监管部门，以此部门来承担电子商务领域的主要监管职责，对算法定价行为及其他相关不法使用数据的行为采取惩罚性措施。实际承担监管职责的部门，诸如市场监督管理、文化旅游等相关部门，可以逐步将涉及大数据管理的权限转移至专门的数据监管部门，从而形成针对平台经营者的高效监管机制。

（2）强化经营者对消费者的个人信息保护义务。

《个人信息保护法》第14条规定消费者同意经营者处理个人信息应当在充分知情的前提下作出，第17条又明确规定了个人信息处理者的告知义务。[①] 需要注意的是，在经营者和消费者的交易关系中，消费者处于显著弱势，如何监督经营者告知义务的履行，如何追究经营者不履行告知义务的法律责任，都是《个人信息保护法》难以回答的问题。对此，还需要在《消费者权益保护法》中，对经营者的告知义务加以细化，需要特别明确经营者使用消费者关键信息的特别同意机制，明确保障消费者对个人信息在交易关系中的具体使用机制完全知情。

（3）形成算法定价中消费者和经营者的平衡机制。

就本质而言，算法正逐步发展成为一种"准公权力"，因为掌握数据算法的人与被算法使用数据的人之间的权利极不平衡，算法难以被审查或质询，也就是存在所谓的"算法黑箱"，所以消费者受到算法的不公正对待后，也难以获得救济。对于数据算法的治理，一个重要手段就是提高算法透明度，让政府和消费者对算法行为及定价机制进行有效监督。例如，美国联邦贸易委员会认为，企业应该以简明易懂的方式公开算法源代码的透明性和开放性，公开算法决策，从而确保被其算法涵盖的数据主体的充分知悉和认同，以此

[①] 《个人信息保护法》第17条规定："个人信息处理者在处理个人信息前，应当以显著方式、清晰易懂的语言真实、准确、完整地向个人告知下列事项：（一）个人信息处理者的名称或者姓名和联系方式；（二）个人信息的处理目的、处理方式，处理的个人信息种类、保存期限；（三）个人行使本法规定权利的方式和程序；（四）法律、行政法规规定应当告知的其他事项。前款规定事项发生变更的，应当将变更部分告知个人。个人信息处理者通过制定个人信息处理规则的方式告知第一款规定事项的，处理规则应当公开，并且便于查阅和保存。"

保证算法的合理性和正当性。①《消费者权益保护法》可以借鉴该规定，明确禁止企业隐匿其数据处理过程及定价机制的行为。如果经营者使用消费者个人数据信息来实行差异化定价，就应当将定价机制告知消费者，且如无合理理由不得实施。质言之，在经营者和消费者之间形成一个平衡机制，矫正双方之间权利失衡的局面。当然考虑到科技进步及企业生存发展的空间，为保护企业发展的活力，在具体案件中，经营者可以通过强调"商业必要性"来作为一项免责抗辩理由。

2. 保护消费者的公平交易权

算法定价行为的损害后果主要是被"杀熟"消费者为同等的商品或服务承担了不公平的价格，遭受了不必要的差额损失。因此，应通过具体措施对消费者的公平交易权进行维护。

（1）明确平台经营者使用消费者信息及差异化定价行为的权利边界。

以反垄断角度规制算法定价行为时，一个重要前提即为经营者滥用市场支配地位，这是认定算法定价行为违法性的关键。以消费者权益保护视角审视这一问题时，也应严格明确平台经营者使用消费者信息及差异化定价行为的权利边界，对于经营者在自身权利范围内的行为不应苛责。

对于消费者个人信息权利方面，虽然《民法典》和《消费者权益保护法》都已经对经营者保护个人信息义务作出规定，《个人信息保护法》也对处理个人信息的情形作出限制，但是个人信息的"权利"属性并未被明确，还停留在信息安全保护的层面，对数据使用者的义务内涵、具体程序以及相关配套制度并没有明确的规定。参考 GDPR 中体现的理念，在"数据效率"之外，提出"数据正义"的理念。也就是说，在利用数据提升效率的过程中，不应违反实质正义。"数据正义"的概念目前仍未被定型，但其含义必然包括"反数据歧视""数据透明"这两方面，它是在数据使用过程中判断某一行为是否符合实质正义要求的一个重要标准。"数据正义"应该成为规范平台经营者使用消费者信息的基本原则。

---

① 郑智航，徐昭曦. 大数据时代算法歧视的法律规制与司法审查——以美国法律实践为例[J]. 比较法研究，2019（4）：111-112.

平台经营者进行差异化定价行为，虽然是经营者的自主权之一，但是其目的要有合法性，其手段要有必要性，且须经消费者知情同意，否则应被认定为滥用市场支配地位，对交易条件相同的相对人实施差别待遇。对消费者进行差异化定价并予以消费诱导，这种情况已经超出差异化定价行为的合法性边界。《反垄断指南》第17条虽然对"正当理由"仍留有一定的解释空间，① 但如果平台经营者不满足上述任何一项限制，其实施的差异化定价行为就要受到规制。

（2）加重平台经营者的算法伦理责任和法律责任。

《消费者权益保护法》对平台经营者算法定价技术规则设定伦理标准，即明确数据算法可以涉足哪些领域、数据算法不能进入哪些领域，不能允许平台经营者无设限地使用算法技术。经营者使用数据算法应当遵循一定的社会伦理，从源头上明确算法的设计规则。具体而言，应将算法开发者作为算法合法性问题的直接责任人，应对自己开发设计的算法负有担保责任，当出现由其设计的算法而导致的损害时，算法开发者应当承担相应责任。而对于算法使用者即平台经营者，因为其相较于算法开发者将会更直接地关乎社会公众的利益，所以应该承担比算法开发者更为严格的责任。②

平台经营者作为算法使用者，对消费者负有忠实义务与注意义务，不能以隐瞒或欺诈的方式获取消费者的信息，并且不得滥用经授权所获取的信息。当其确实给消费者造成损失后，不仅应承担价格欺诈惩罚性赔偿责任，更重要的是从行政处罚层面，通过采取警告、通报批评等方式降低其商誉，提示消费者交易时，增强防范意识；还可以采取罚款、没收违法所得等手段，减少算法定价获利的可能性；严重时，甚至可以限制其开展生产经营活动、责令停产停业、责令关闭，对相关责任人限制其从业资格。由此，通过正向和反向激励机制，督促平台经营者规范使用算法机制。

---

① 《反垄断指南》第17条列明了平台经营者实施差别待遇行为可能具有的正当理由包括以下几项：根据交易相对人实际需求且符合正当的交易习惯和行业惯例，实行不同交易条件；针对新用户在合理期限内开展的优惠活动；基于平台公平、合理、无歧视的规则实施的随机性交易；能够证明行为具有正当性的其他理由。由此可见，平台经营者得以实行差异性交易价格的"正当理由"范围非常有限，并且不得侵害消费者合法权益，违反诚信原则。

② 刘友华. 算法偏见及其规制路径研究 [J]. 法学杂志, 2019 (6)：59.

3. 保护消费者依法求偿权的实现

保护消费者的依法求偿权，可以从以下三方面入手。

(1) 完善消费者纠纷网上解决机制。

目前，我国已先后在杭州、北京、广州三地设立了互联网法院。互联网法院依托互联网技术及现代科技进行网络治理，不仅可以对涉及网络交易的案件进行高效裁决，还是维护互联网信息安全、促进互联网技术和社会深度融合的司法保障。① 针对算法定价情形，消费者可以向互联网法院立案起诉，借助互联网法院专业、高效、便民的网上审理机制，降低自身的诉讼维权难度。借助互联网法院的专业性，使得算法定价案件的争议焦点得到更为科学准确的判断。

考虑算法定价案件通常涉及的标的金额都比较小，建议设立网络消费在线仲裁制度。具体而言，一是开辟电子商务消费者纠纷在线解决渠道，在线开展立案受理、庭前调解、仲裁裁决工作。二是导入公共服务辅助裁决，比如由消费者协会等公共服务机构专门处理线上交易中的消费者投诉、法律咨询工作。三是利用科技提高裁决效率。在线仲裁平台可以利用机器人自助调解、电子谈判技术等智能化科技，为消费者提供纠纷解决的最佳调解方案。②

(2) 加重平台经营者的举证责任。

在算法定价引发的纠纷中，由于数据使用者掌握着算法和数据，可以轻易地收集消费者的个人信息，而消费者难以对其进行调查取证，双方间存在明显的地位差距，传统的"谁主张，谁举证"原则难以保护消费者权益，故应加重经营者的举证责任。由于定价机制等主要争议事实控制在平台经营者手中，所以应当依据《消费者权益保护法》第 23 条规定，要求平台经营者对涉及定价机制的有关数据信息在一定期限内负有保存义务，在义务期限之内由平台经营者承担举证责任。换言之，以相关性明确责任分配，根据案件事实本身的性质明显应该由经营者承担的举证责任，如平台经营者使用消费

---

① 赵骏. 互联网法院的成效分析 [EB/OL]. (2020 - 10 - 25) [2021 - 10 - 21]. https://www.chinacourt.org/article/detail/2020/10/id/5543501.shtml.

② 顾雷. 数字经济时代需完善金融消费纠纷在线解决机制 [EB/OL]. (2020 - 03 - 15) [2021 - 10 - 20]. https://www.financialnews.com.cn/ll/ft/202103/t20210315_213929.html.

者数据的合法性以及平台经营者的真实定价机制等,应适用举证责任倒置。

(3) 完善专家陪审员参与庭审机制。

通过专家陪审员参与庭审,发挥其专业知识方面的优势,协助法官准确把握相关证据。专家陪审员在一定程度上可以节省当事人申请专家鉴定所需的费用,提高审判的实际效果,同时也能使当事人更加信服,提高司法公信力。以算法定价案件来说,当经营者不能或不愿公开解释其算法时,专家陪审员或许能通过专业发问及为审判员提供法律意见,帮助审判法官更清晰地了解平台经营者的算法机制是否公平。

数据浪潮席卷了社会生活的方方面面,一方面它为人们的日常生活带来了无限便利,另一方面算法数据也逐渐显露出一些弊端。互联网不是法外之地,未来商业竞争必然是建立在数据优势的基础上,而数据使用关涉消费者的权益以及隐私、公平等法律问题,同时也关乎诚实信用的商业环境建设需求。经营者是否尊重消费者的权利,决定着消费者的消费选择,电子商务中消费者合法权益应该怎样得到切实有效的保护,是一个难度较大的法律命题,需要监管部门、平台经营者自身以及网络消费者共同做出努力。只有综合运用各种手段,才能切实实现《消费者权益保护法》的立法目的,对消费者的各项合法权益加以维护。

五、功能主义进路的网约车安全与秩序之治

《网约车暂行办法》作为首个从国家层面规定网约车的规范,承认了网约车的合法性。《网约车暂行办法》于2016年发布之后,在其授权之下,已有上百个地级市制定并实施各地的网约车管理办法,其中网约车市场准入规制及运营规制为各城市规范的重点。各城市的网约车规范设置了严格于《网约车暂行办法》的市场准入条件,使得本应纳入规范范畴的许多网约车仍游离在外。网约车市场的秩序令人担忧,网约车的安全性问题亦持续挑战着公众的敏感神经。本书拟分析网约车市场准入规范与实践现状,充分考虑社会实然,检视巡游出租车数量限制合理性,提出以秩序为基、安全为本的功能主义的规制路径,冀益于理论研究和司法实践。

(一) 网约车市场准入规范异化和功能主义规制路径的提出

根据《国务院办公厅关于深化改革推进出租汽车行业健康发展的指导意见》(国办发〔2016〕58号)第3条规定，巡游车、网约车皆为城市出租汽车。在巡游车与网约车城市功能定位上，二者皆为城市公共交通的补充，应优先发展公共交通。明确这一点，方可进一步审视网约车市场准入的具体规范与实践。

1. 网约车市场准入规范梳理与评析

《网约车暂行办法》规定了网约车市场准入条件为车辆拥有《网络预约出租汽车运输证》，驾驶员持有《网络预约出租汽车驾驶员证》。另外，网约车服务企业应取得《网络预约出租汽车经营许可证》。关于车辆运输证的取得，《网约车暂行办法》第12条规定应为7座及以下乘用车辆，且安装具有行驶记录功能的车辆卫星定位装置、应急报警装置，以及车辆技术性能应符合运营安全相关标准要求，并授权各城市自行规定。针对各城市自行规定的适应于本地方的要求，本书选取以下几个有代表性的城市规范以作对比（见表2）。①

表2　部分城市网约车市场准入规范情况

城市	是否本地车	是否本地户	车辆使用（年以内）	车辆计税价（燃油）或轴距、排量[1]	是否变更使用性质	其他
北京	是	是	无	5座轴距2650毫米，排量1.8T；7座轴距3000毫米，2.0T	是	60万千米或8年，[2]驾驶员证3年
西安	是	是或居住证	2	轴距2650毫米，排量在1.8L或1.6T以上	是	60万千米，运输证有效期8年
青岛	是	是或居住证	1	车辆价格不低于礼宾型巡游车	是	运输证有效期8年

---

① 本书主要考察了影响一线、新一线和四五线城市车辆准入的规范。

续表

城市	是否本地车	是否本地户	车辆使用（年以内）	车辆计税价（燃油）或轴距、排量[1]	是否变更使用性质	其他
武汉	是	是或居住证	3	12万元，轴距2650毫米	是	驾驶员证3年
巴中	是	是或居住证	8	7万元，排量1.6L或1.4T	是	60万千米或8年
临汾	是	是或6月以上居住证	3	排量1.6L或1.4T，轴距2650毫米	是	60万千米或8年；非营运车转网约车里程不超10万千米
赤峰	是	是	3	12万元，轴距2600毫米	是	60万千米或8年；不能同时接入2个平台
白山	是	是或居住证	3	15万元	是	—

注：[1] 本次罗列主要考虑最能体现汽车品质差异的价格，有价格规定的优先列出价格，没有的用规范中最能体现价格的词句"轴距""排量"替代，并且仅列出最常用的燃油车，未考虑电车或混合动力车。

[2] 此处指的是网约车行驶里程达到60万千米时强制报废。行驶里程未达到60万千米但使用年限达到8年时，退出网约车运营。以下如无特别说明，60万千米和8年均为同一含义。该条规定来源于《网约车暂行办法》第39条第1款规定，即"网约车行驶里程达到60万千米时强制报废。行驶里程未达到60万千米但使用年限达到8年时，退出网约车经营"。

关于车辆运输证的取得，绝大多数城市都要求待接入网约车平台车辆为本市车辆。在车辆具体要求上，多要求为新车，车辆购置税的计税价格一般要求在12万元以上，有些虽未明确价格，但实际所定标准车辆价格已达20万元以上，如北京、青岛。虽然所有的网约车管理办法都要求网约车缴纳具有营运性质的保险，但长沙、武汉、上海等城市直接规定该保险的购买人为网约车（车主）。例如，长沙市要求车辆需具有营运车辆相关保险，其中承运人责任险保额不低于 50 万元/座、机动车第三者责任保险的保额不得低于 100 万元；武汉要求车辆投保营业性机动车交通事故责任强制保险（以下简称交强险）、营业性机动车第三者责任险（以下简称商业三者险）、乘客意外伤害险和承运人责任险；上海要求车辆投保营业性交强险、营业三者险和乘客意外伤害险等。

关于驾驶证的取得，《网约车暂行办法》第 14 条规定至少应取得相应准驾车型机动车驾驶证并具有 3 年以上驾驶经历，无交通肇事犯罪、危险驾驶犯罪记录，无吸毒记录，无饮酒后驾驶记录，最近连续 3 个记分周期内没有记满 12 分，无暴力犯罪记录以及各城市人民政府规定的其他条件。北京、上海、天津要求驾驶员应为本地户籍，其他城市要求具有本地户籍或拥有本地、本省居住证。①

除了上述举例外，网约车公司准入手续也十分繁杂，每一个城市都需要重新办理设立公司或分公司等各项手续。

网约车准入制度一经公布，便引发许多争议。首先，从对驾驶员的要求来看，对驾驶员户籍提出要求，② 有户口歧视之嫌，这与当前强调政府管制公平审查，促进统一市场形成的"放管服"改革理念相背离。

其次，从保险要求来看，不对全职和兼职的网约车进行区分，一律要求购买统一标准的营运性质保险，不够公平，在实践中也比较难以落实。实际上，由网约车（车主）自觉购买营运性保险，也是难以实现的。

再次，影响车辆准入的要求。准入规范大多规定了 3 年以内新车、车辆不计税价格、轴距和排量等内容，这显然是对网约车提出了更高的品质要求（高于巡游出租车）。特别是四五线城市对准入车辆提出 15 万元的价格要求，与网约车的客观实际不相符。而且对准入车辆的排量要求较高，这也与城市

---

① 参见《上海市网络预约出租汽车经营服务管理若干规定》第 9 条第 1 项规定、《北京市网络预约出租汽车经营服务管理实施细则》第 8 条第 1 项规定等。

② 有很多学者对户籍要求予以批评。例如，光明网. 全国人大代表蔡继明：不宜用户籍限制网约车司机准入［EB/OL］.（2018 - 03 - 02）［2021 - 10 - 22］. http：//it. gmw. cn/2018 - 03/02/content_27874910. htm.

环境保护理念相违背。特别需要强调的是，取得网约车运输证或完整的合法运营资质，都需要将车辆使用性质变更为"预约出租客运"。[①] 所有城市都直接或间接地对网约车提出了变更登记使用性质的要求。与此同时，关于网约车报废和经营期限有 60 万千米或 8 年的规定，而营运客运性质的车辆是 8 年报废的。[②] 营运性质车辆接受安全技术检验期限也比家庭自用性质车辆频繁。[③] 在实践调研中发现，兼职网约车车主往往难以接受变更车辆使用性质的规定。登记性质的变更，对兼职车主的影响不仅是需要提前报废车辆，[④] 还要购买客运车辆保险费。客运车辆保险费是个人自用车辆保险费的两倍。而从网约车整体数量来看，兼职网约车数量远超过全职网约车。对现有规定的不满，是实践中有些兼职网约车不愿去或根本不能取得相应资质的重要因素，这也导致当前有些城市在建立网约平台出现"黑车洗白"现象后，又出现"黑车复燃"的现象。网约车的市场准入规制虽未遵循传统上政府特许方可准入的市场进入模式，[⑤] 但是"使用时间""户籍""轴距""排量"等要求，实际构成了准入数量控制。网约车的发展实践使得网约车市场准入规范

[①]《上海市网络预约出租汽车经营服务管理若干规定》没有对变更登记作强制性要求，但其第 23 条系非法客运处罚条款，而《上海市查处车辆非法客运若干规定》和《上海市查处车辆非法客运办法》则是禁止利用未取得营业性客运证件的汽车从事经营性客运活动的规定。

[②] 根据《机动车强制报废标准规定》第 5 条规定，各类机动车使用年限分别为：小、微型出租客运汽车使用 8 年，中型出租客运汽车使用 10 年，大型出租客运汽车使用 12 年。

[③]《中华人民共和国道路交通安全法实施条例》第 16 条规定："机动车应当自注册登记之日起，按照下列期限进行安全技术检验：（一）营运载客汽车 5 年以内每年检验 1 次；超过 5 年的，每 6 个月检验 1 次；（二）载货汽车和大型、中型非营运载客汽车 10 年以内每年检验 1 次；超过 10 年的，每 6 个月检验 1 次；（三）小型、微型非营运载客汽车 6 年以内每 2 年检验 1 次；超过 6 年的，每年检验 1 次；超过 15 年的，每 6 个月检验 1 次；（四）摩托车 4 年以内每 2 年检验 1 次；超过 4 年的，每年检验 1 次；（五）拖拉机和其他机动车每年检验 1 次。营运机动车在规定检验期限内经安全技术检验合格的，不再重复进行安全技术检验。"

[④] 其实，《机动车强制报废标准规定》和《网约车暂行办法》都是部门规章，对同类型车辆作出不同的规范，无论按时间先后还是特别法优于一般法的规范适用标准，都应以后者为准。但《网约车暂行办法》并没有明确其与其他规范冲突的处理办法。执法部门对有效的《机动车强制报废标准规定》往往形成路径依赖，而公众对新的《网约车暂行办法》里的报废条款，可能还了不解。

[⑤] 有学者从传统巡游车系道路产权的界定出发，认为网约车市场准入为特许经营。陈国栋. 网约车地方立法合法性之辨析——以城市道路资源的公共性为视角 [J]. 浙江社会科学, 2018 (8)：44 – 53, 156. 但学者一般认为，网约车为一般许可。翟翌. 中国出租车行业的行政法分类规制——以"行政特许"和"普通许可"的区分为视角 [J]. 政治与法律, 2017 (10)：126 – 137；薛志远. 网约车数量管制问题研究 [J]. 理论与改革, 2016 (6)：108 – 113.

的应然效力无从落实。网约车合法化之路受阻,不得不以"黑车"姿态继续运行,打车难、打车贵等问题重现,且安全性问题饱受质疑。

2. 网约车准入规制异化现状

当前网约车发展实践中出现了几个问题,都与网约车准入规制难以落实密切相关。

其一,网约车安全性不足。从"空姐被害案"到"乐清奸杀案"等事件,都暴露出预约车辆与实际乘坐车辆不符、实际司机与注册司机不一致等制约网约车安全性的问题。

其二,交通事故保险救济不足。无论城市管理规范要求网约车还是网约车平台投保商业综合险,但实践中真正购买的数量还比较少,导致交通事故发生时以家庭自用费率投保的商业三者险、机动车上人员责任险、机动车损失险往往被保险公司拒赔,其理由是网约车属于营运车辆,其车辆运行风险显著增加,不在其所购买的保险承保之列。而且,法院也倾向于支持保险公司的这类主张。[1]

其三,兼职网约车地位尴尬。让兼职网约车一律变更车辆使用性质显然不甚合理,而且保险缴纳上也存在问题。

其四,对于侵权所致网约车不能运行的车主请求误工损失的,由于网约车未能获得合法资质,法院往往不支持被侵权人,不对误工损失给予赔偿。[2]

其五,实践中大量存在网约车无合法运营资质而运营的情况。由于立法和司法存在冲突,实践中容易出现选择性执法等现象,行政监管存在"缺位"和"越位"问题,[3] 容易滋生权力寻租。

---

[1] 参见江苏省南京市江宁区人民法院(2016)苏0115民初5756号民事判决书、江苏省淮安经济技术开发区人民法院(2017)苏0891民初4099号民事判决书、广东省佛山市南海区人民法院(2017)粤0605民初16448号民事判决书、天津铁路运输法院(2017)津8601民初1377号民事判决书、天津市滨海区人民法院(2016)津0116民初84421号民事判决书等。

[2] 参见湖南省长沙市岳麓区人民法院(2017)湘0104民初3787号民事判决书、广东省深圳市福田区人民法院(2016)粤0304民初23561号民事判决书、辽宁省沈阳市皇姑区人民法院(2017)辽0105民初2178号民事判决书等。

[3] 参见山东省菏泽市中级人民法院(2018)鲁17行终11号行政判决书、山东省滨州市中级人民法院(2018)鲁16行终2号行政判决书、安徽省合肥市中级人民法院(2017)皖01行终347号行政判决书等。

法律是动态的，是为现实社会服务的，"如果一个规则和行为的现实状况没有关系，那就意味着它的功能已经被扭曲了，因为规则的形成原本就是要获得落实的"①。本应纳入监管范畴的网约车，仍存在许多不符合各城市政府规制要求却继续运营的情况。

将违法成本和实际利润进行现实考量，一方面，违法经营受到行政违法查处的可能性较小。其理由在于，一是交通管理部门执法能力有限，二是网约车司机采取各种规避法律管制的手段，如避开车站、机场等执法较为严格的区域，对客户进行选择等。② 另一方面，达到各城市规范相应计税价格或排量、轴距标准的车辆，按照现行网约车的一般定价来看，③ 接普通快车运送服务的利润空间十分有限，而高档型专车的约乘人数也十分有限。所以，油耗较少、维修保养成本较少的不符合各项要求的网约车大量存在。

其实最根本的是，乘客对于网约车有需求，网约车和网约车平台对此有利益。即使偶尔受到巨额罚款，也是比较过违法成本后的理性选择。这也就是不符合资质的网约车仍然存在的根本原因。

3. 以秩序为基、安全为本的功能主义规制路径的提出

法律的真正功能就在于对错误行为的社会抗议进行登记。④ 有学者认为，网约车与传统巡游出租汽车行业之间的矛盾是网约车监管中法律价值矛盾存在的根本原因。⑤ 此外，笔者认为网约车市场规制的再规范化，除考虑上述冲突外，还面临两个基础矛盾。第一个基础矛盾是未将绝大部分网约车纳入监管范畴与安全性之间的矛盾。"法治所要求的和禁止的行为应该是人们被

---

① [美]卡多佐. 司法过程的性质及法律的成长 [M]. 张维，编译. 北京：法律出版社，2012：152.

② 笔者调研团队有成员第一次或前几次使用时，地图上显示车辆众多，但出行订单过了好长时间才有人接单，司机还要先打电话询问定位外的各种事项。事后上车才知道，司机是害怕被选择性执法。

③ 参见《网约车暂行办法》第 21 条规定.

④ [美]罗斯科·庞德. 通过法律的社会控制 [M]. 沈宗灵，译. 北京：商务印书馆，2010：37.

⑤ 程琥. 我国网约车监管中的法律价值冲突及其整合 [J]. 环球法律评论，2018（2）：90 - 109.

合理地期望去做和不做的行为。"[1] 乘客确实需要网约车的同时，也最关心网约车的安全性问题。这主要涉及网约车司机驾驶资质和车辆运行保险的问题，还涉及网约车司机权益保护问题，并引发各界广泛探讨。[2] 安全性的控制，应是网约车准入规范考量的第一价值目标。

第二个基础矛盾是网约车数量过多与市场秩序之间的矛盾。这又涉及三个方面的问题。一是网约车数量过多与交通拥堵等交通秩序的抵牾，即关注网约车发展给社会福利带来的影响。二是网约车灵活运营机制是否建立以及如何建立的问题。"科斯认为，只有当政府矫正手段能够以最低的成本和较高的收益促成有关当事人的福利改善时，这种矫正措施才是正当的。"[3] 大量存在的兼职网约车具有缓解出行高峰通勤压力、节省乘客需求匹配成本等优势。应允许存在并制定相应的配套措施，以保障和激励这种灵活的多方受益的兼职网约车运营方式。[4] 三是过度竞争的问题，包括网约车与巡游车之间、

---

[1] [美]约翰·罗尔斯. 正义论 [M]. 修订版. 何怀宏，何包钢，廖申白，译. 北京：中国社会科学出版社，2009：185.

[2] 杨云霞. 分享经济中用工关系的中美法律比较及启示 [J]. 西北大学学报（哲学社会科学版），2016（5）：150-152；刘新春，杨河清. 共享经济对劳动关系认定标准的挑战和反思——以 Uber 公司为例 [J]. 劳动经济评论，2018（2）：142-143；袁文全，徐新鹏. 共享经济视阈下隐蔽雇佣关系的法律规制 [J]. 政法论坛，2018（1）：124；盖建华. 共享经济下"类劳动者"法律主体的制度设计 [J]. 改革，2018（4）：102-109；柴伟伟. "互联网专车"劳动用工问题的法律规范——以 P2P 模式为中心 [J]. 四川师范大学学报（社会科学版），2018（2）：57-64；班小辉. 论"分享经济"下我国劳动法保护对象的扩张——以互联网专车为视角 [J]. 四川大学学报（哲学社会科学版），2017（2）：158-160；于莹. 共享经济用工关系的认定及其法律规制——以认识当前"共享经济"的语域为起点 [J]. 华东政法大学学报，2018（3）：52，59；丁晓东. 平台革命、零工经济与劳动法的新思维 [J]. 环球法律评论，2018（4）：87-98；Megan Carboni. A New Class of Worker for the Sharing Economy [J]. Richmond Journal of Law & Technology, 2016, 22 (4): 1; Orly Lobel. The Gig Economy & the Future of Employment and Labor Law [J]. University of San Francisco Law Review, 2017, 51 (1): 51; [美]赛思·D. 哈瑞斯. 美国"零工经济"中的从业者、保障和福利 [J]. 汪雨蕙，译. 环球法律评论，2018（4）：28-36；穆随心，王昭. 共享经济背景下网约车司机劳动关系认定探析 [J]. 河南财经政法大学学报，2018（1）：40；魏益华，谭建萍. 互联网经济中新型劳动关系的风险防范 [J]. 社会科学战线，2018（2）：84-90；吴清军，李贞. 分享经济下的劳动控制与工作自主性——关于网约车司机工作的混合研究 [J]. 社会学研究，2018（4）：138；苏方国，赵曙明，高慧如，等. 共享经济中劳动关系治理 [J]. 现代管理科学，2018（8）：10.

[3] [美]理查德·A. 波斯纳. 法律的经济分析：上 [M]. 蒋兆康，译. 北京：中国大百科全书出版社，1997：17.

[4] 兼营网约车有利于城市道路资源的利用效率和社会总体福利，在保障车辆和司机安全的情况下，应当积极鼓励。徐天柱. 创新与管制：互联网约租车管制制度研究 [J]. 江淮论坛，2017（2）：64-70.

网约车之间恶性竞争的问题。政府以法治建设的名义和方式对市场进行过多的不必要的干预——特别是政府出现混乱、某些人受到损害时；而这种干预往往是无效益的，往往更易于限制而不是促进社会主义市场经济的形成。[①] 正如美国著名经济学家保罗·萨缪尔森所指出的："竞争制度是一架精巧的机器，通过一系列的价格和市场，发生无意识的协调作用。它也是一具传达信息的机器，把千百万不同个人的知识和行动汇合在一起。虽然不具有统一的智力，它却解决着一种可以想象到的牵涉数以千计未知数和关系的最复杂的问题。没有人去设计它，它总在变动。但是，它承受了任何社会组织的最基本的考验——它可以生存。"[②] 网约车作为新兴业态一经产生，已经"野蛮生长"成为数量可观的交通力量，并呈现极强的生命力。巡游车特许经营由来已久，但实践中面临着种种质疑。在网约车领域，不应该照搬准入规则，而需要从公众对网约车的合理需求和网约车运营主体的利益需求及其与巡游车的利益分歧的社会实然出发，同时考虑对社会福利的影响，破解监管部门"想管又怕管不好"的难题，以实现网约车安全之治、秩序之治。

（二）网约车时代巡游出租车市场准入规制之比较借鉴

巡游出租车准入管制通常采取特许经营，以进行严格的数量限制。[③] 数量控制是巡游车监管中最重要、最根本的规制举措。因此，分析现今的巡游车特许经营规制的合理性，对于网约车市场准入的把握与定位十分必要。

1. 巡游车数量限制合理性饱受质疑

巡游出租车行业不具有自然垄断的性质。自然垄断的基本经济特征大致包括两个方面：一是规模经济性，即边际生产成本随着产量持续下降；二是大量的沉没成本，因较大的沉没成本构成了较高的进入壁垒。[④] 就出租车行

[①] 苏力. 法治及其本土资源 [M]. 3版. 北京：北京大学出版社，2015：93.
[②] [美] 保罗·萨缪尔森. 经济学：上册 [M]. 高鸿业，译. 北京：商务印书馆，1979：61.
[③] 根据《中华人民共和国行政许可法》（以下简称《行政许可法》）以及《国务院对确需保留的行政审批项目设定行政许可的决定》的规定，出租汽车经营资格证、车辆运营证和驾驶员客运资格证核发由县级以上地方人民政府出租汽车行政主管部门依法实施行政许可。此外，《出租汽车经营服务管理规定》（2016年修改）第二章"经营许可"以及第45条对特许经营进行了明确规定。
[④] 于良春. 论自然垄断与自然垄断产业的政府规制 [J]. 中国工业经济，2004（2）：27-33.

业而言，交通需求在一个城市的一段时间内是相对固定量，并不随着出租车数量增加而减少；出租车边际运营成本并未随着运量持续下降，不具有规模经济性。诚然，巡游出租车的特许经营权取得费用成为其巨大沉没成本，并构成了传统出租行业较高的壁垒，出现天价出租车牌照现象。[1] 但慎而思之，这种现象并不是该行业的天然属性，反而是政府限制车辆接入导致稀缺的结果。政府对特许牌照并不一定需要收费，也就是说，巡游出租车的沉没成本完全可以降得很低甚至为零。[2] 有学者将政府铺设城市道路交通网投入的大量固定成本视为沉没成本。[3] 依此来看，增加运行车辆的边际成本变得微不足道。但是，笔者不认为出租车行业为自然垄断行业，其显然不具备自然垄断行业的经济属性。城市交通道路网的建设与规划是各城市政府应履行的基本公共服务职能；而出租车行业是一项产业，是准公共性质的产业，两者并非一体，有着显然区分。D. 韦宾克（D. Webbink）认为，即使是自然垄断，也不意味着要限制进入，科技的进步会不断地对抗垄断。[4] 长远来看，自然垄断的范围将会越来越小，甚至消失。[5] 移动互联网和大数据技术携裹而来的网约车，已经大举进入出租车行业并占据不小的市场规模。

出租车行业不属于国家垄断的产业。出租车属于准公共交通，[6] 其行业特征和功能定位都与我国《反垄断法》第 8 条规定的"关系国民经济命脉和国家安全的行业以及依法实行专营专卖的行业"有着显著区别。

从巡游出租车牌照是对道路产权的界定角度来解释其数量管制合理性的

---

[1] 章亮亮. 对出租车行业特许模式的经济学和行政法学分析 [J]. 上海经济研究, 2012 (2): 70 – 76.

[2] 参见《国务院办公厅关于深化改革推进出租汽车行业健康发展的指导意见》的相关规定，新增出租汽车经营权全部实行无偿使用，已实行经营权有偿使用的，城市人民政府要综合考虑各方面因素，科学制订过渡方案，逐步取消有偿使用费。

[3] 张月友，刘志彪，叶林祥. 出租车运营模式之争：北京模式或温州模式 [J]. 上海经济研究, 2012 (12): 101 – 109.

[4] D. Webbink. Should Cable TV be Regulated as a Public Utility? [J]. Public Utilities Fortnightly, 1972 (89): 32 – 35.

[5] Richard A. Posner. Natural Monopoly and Its Regulation [J]. Stanford Law Review, 1969 (21): 548 – 643.

[6] 荣朝和，王学成. 厘清网约车性质 推进出租车监管改革 [J]. 综合运输, 2016 (1): 6.

理论，也逐渐丧失解释力。① 以北京为例，1996 年道路资源并不稀缺，北京出租车牌照却进行严格的管制。租值消散理论在解释出租车数量管制问题上，不具有时间连贯性。② 道路特别是大城市道路仍然十分稀缺，而越是稀缺，出租车牌照数量越应该得到管制，牌照获得之竞争就越激烈，牌照之利用也就越充分。但是，2018 年江苏省南京市出现 1/3 的巡游出租车停运现象。与巡游车有相同功用的网约车的合法数量，也远超巡游车的数量。未获得合法资质的网约车数量更是庞大，且久管不绝。③ 本来更加稀有的巡游车牌照，现在已很少有人愿意入手。原先活跃的牌照二级市场也面临巨大的萎缩。可以说，租值消散理论在逻辑上解释出租车牌照是与道路产权的界定问题相挂钩的，这一解释已经被实践经验所证伪。

2. 巡游车市场准入规制的目标未能实现

很多学者将巡游车的数量管制归结为行政垄断，且已陈其弊端。④ 巡游车准入规制目标可总结为两点：一是防止过度竞争、议价、拒载、安全性等影响服务质量和安全的情形，此为出租车准入规制的基本原生目标；二是防止道路阻塞、拥挤、大气污染等社会问题，⑤ 损害社会公共福利，此为出租

---

① 较早提出出租车牌照是对道路产权界定的有：Christopher D. Hall. The Uncertain Hand：Hong Kong Taxis and Tenders [M]. Hong Kong：Chinese University Press，1996；金迪. 出租车牌照管制、产权与资源配置 [J]. 综合运输，2010（4）：53-57；李利群. 出租车业数量管制效应分析——基于租值消散理论的视野 [J]. 交通企业管理，2012（12）：34-37. 在网约车发展初期，也有学者认为出租车牌照是对道路产权的界定。例如，李俊慧. 从经济学角度看出租车与专车之争的本质——行政垄断的维护还是道路资源的产权界定？[J]. 社会科学家，2015（8）：50-54. 在网约车一定程度上合法化的今天，仍有学者从传统巡游车系道路产权的界定出发，认为网约车市场准入为特许经营。陈国栋. 网约车地方立法合法性之辨析——以城市道路资源的公共性为视角 [J]. 浙江社会科学，2018（8）：44-53，156.

② 姜昊晨. 既得利益拗不过市场——我国出租车行业的管制博弈 [J]. 中国法律评论，2017（3）：194-206.

③ 张麒麟. 3000 余辆出租车"闲置"！南京"的哥"为何纷纷退群？[EB/OL]. (2018-05-22) [2021-10-30]. http：//news. enorth. com. cn/system/2018/05/22/035563944. shtml.

④ 彭晓娟. 出租车行业经济性垄断背后的行政性垄断分析 [J]. 湖北社会科学，2010（4）：50-52；章亮亮. 对出租车行业特许模式的经济学和行政法学分析 [J]. 上海经济研究，2012（2）：70-76；刘乃梁. 出租车行业特许经营的困境与变革 [J]. 行政法学研究，2015（5）：61-73；宣喆，何敏. 放宽出租车市场准入和价格管制的经济学分析 [J]. 价格月刊，2016（6）：33-37；刘新慧，韩振文. "网络专车"的法经济学分析 [J]. 知与行，2015（4）：82-87.

⑤ 郭传凯. 共享经济属性的回归与网约车监管思路的选择 [J]. 山东大学学报（哲学社会科学版），2017（3）：82-88.

车准入规制的次生目标。

过度竞争是指产品价格接近或低于平均成本水平,导致经济效率低下,损害社会公共福利的低效竞争状态。[1] 在互联网、大数据技术等未发展以前,对出租车行业采用数量限制,有一定的合理性。一般而言,供过于求会导致市场价格下降,但政府又对出租车行业价格有一定管制,由于信息不对称、信息传递迟缓,此时会导致替代价格产生、服务质量下降。但是,由于出租车司机间信息传递、获取信息能力较差,且面临运营利益的诱导,以及巨大沉没成本的压迫,出租车市场可能会存在供过于求、汽车严重空驶且效率低下的现象。

从巡游车数量控制实践来看,名义数量俨然得到控制,但是替代性的"黑出租"不断增加。准入规制时期,在位经营者能够获得垄断租金,进而逐步形成垄断,而大量潜在竞争者出于行业利润率的吸引,也将会以各种打破"限制"的形式存在。[2] 例如,实践中,出租车无证照经营大量存在。大量的空载车辆亦是司空见惯,偏远地区拒载、议价、故意绕道等现象并未得到控制。随着经济发展以及"点对点"出行的需求扩大,私家车逐渐增加,道路更加拥挤,污染等问题更加严重。基于物权的内生权利,每辆汽车都有上路行驶的权利,并且在我国城乡二元分化下,随着城市化进程及有限的道路规划,城市拥堵在一定限度上是难以避免的。

从巡游车市场准入规制目标之实现来看,巡游车规制举措成效不大。从选择性执法和"黑车"乱象来看,交通管理部门规制成本远大于秩序维护之收益,此时交通管理部门更应该减少准入干预,让市场机制发挥作用。[3] 网约车赖以发展的科技亦可以较大限度地解决巡游车的信息不对称问题。法律规范能够得到有效贯彻执行,往往是因为其与通行的惯例相一致或相近。[4]

---

[1] 曹建海. 过度竞争论 [M]. 北京:中国人民大学出版社, 2000:56.
[2] Mark W. Frankena, Paul A. Pautler. An Economic Analysis of Taxicab Regulation [R]. Federal Trade Commission, 1984.
[3] 丁煌. 公共选择理论的政策失败论及其对我国政府管理的启示 [J]. 南京社会科学, 2000 (3):44-49.
[4] 苏力. 法治及其本土资源 [M]. 3版. 北京:北京大学出版社, 2015:11.

从传统黑出租乱象以及网约车发展现状来看，传统的巡游车准入控制抓手之功能已经发生了流变。①

(三) 网约车宽松准入视域下网约车与巡游车协调适度发展

市场优胜劣汰是市场生命力的体现，而法律规范的任务在于保障资源能够从效率较低的企业转向效率较高的企业，②即保护竞争，而不是保护竞争者。网约车发展之初，学界的态度大体上可以分为乐观和消极两种。有学者认为，如果放任网约车采用纯粹的市场逐利行为，很可能导致大量的投机行为，使大众对公共交通的需求得不到满足，并可能影响社会稳定。③亦有学者认为，网约车可与巡游车展开良性竞争，政府无须对网约车进行数量限制，巡游车应当接受市场优胜劣汰的竞争选择。④网约车发展至今，诸多担忧并没有被证实。网约车规范出台以来，同样面临很多问题。巡游出租车补偿和司机权益保护是维护市场秩序应关注的问题。

1. 网约车管制秩序实现的抓手：是否数量限制

数量限制历来是营运车辆监管的抓手，也是监管成本之所在。有学者从成本收益角度着手，以北京市网约车管理办法为例，认为其规制成本高于收益约3成，成本高于收益，建议解除类数量限制。⑤李俊峰认为，对App出租车市场而言，现在科技已经使得实施"限制竞争"政策不具有经济学意义上的正当性。⑥

---

① 有学者为巡游车发展提出放松车辆数量管制的路径。但在网约车崛起的背景下，越来越多的巡游车被司机所抛弃。徐天柱. 网约车崛起背景下出租车规制制度改革探讨 [J]. 新疆大学学报（哲学·人文社会科学版），2018（1）：16-23.

② 李小明，任宇馨. 论互联网用户消费者权益之保护 [J]. 湖南大学学报（社会科学版），2016（1）：150-156.

③ 唐清利. "专车"类共享经济的规制路径 [J]. 中国法学，2015（4）：286-302. 也有学者认为，网约车应原则上禁止。张学军. "专车"服务的法律属性及有限许可研究 [J]. 苏州大学学报（哲学社会科学版），2016（2）：80-90.

④ 熊丙万. 专车拼车管制新探 [J]. 清华法学，2016（2）：131-148.

⑤ 原文建议降低网约车排量要求，鼓励小排量私家车从事网约车活动和放宽网约车驾驶员准入。笔者认为，这可以视为对类数量限制解除的建议。若实质性要求降低排量要求，则车辆价位、轴距、车长等限制将形同虚设。宋心然，张效羽. 网约车地方规制细则成本收益分析——以北京市网约车规制细则为例 [J]. 国家行政学院学报，2017（5）：123-130, 148.

⑥ 李俊峰. App对出租车市场竞争政策的挑战与重塑 [J]. 上海财经大学学报（哲学社会科学版），2016（2）：91-103, 128.

还有学者反对管理办法的类数量限制举措。[1] 但陈国栋对此持相反态度,[2] 他认为网约车的类数量限制为特许经营的表现,因行政许可所依据的客观情况并没有发生变化——比如道路资源变得足够宽裕或网约车管理水平足够高,以至于不需要实施数量限制,而且也没有可以为网约车大开方便之门的公共利益。[3] 网约车的发展,在一定程度上解决了打车难和打车贵的问题。不可否认,这是增进社会福利的表现。从实践来看,许多巡游车也改变了"扫街"的原始接单模式,而是接入某个或某几个App,抑或在客流量大的站点等客。从理论上来看,根据李俊峰对App的功能分析,[4] 巡游车信息不对称的问题已经有所缓解,可以说,巡游车数量限制的客观情形已经发生变化。实践中,乘客看着巡游车驶过而不招停,而是看手机等待网上预约的出租车的情形,并不鲜见。

可以看出,不应该也不需要对网约车市场准入进行类数量限制,其可以防止过度竞争,维护公平有序的竞争环境。一方面,网约车类数量限制规范面临违法及侵权的质疑。例如,各城市关于网约车司机户籍限制的规定,涉嫌违反《行政许可法》第15条第2款关于地方性法规与省级政府规章中不得设定"限制其他地区的个人或者企业到本地区从事生产经营和提供服务"的规定。而对车辆牌照、车轴距等的限制也涉嫌违反了上位法《网约车暂行

---

[1] 许明月,刘恒科. 网约车背景下地方出租车市场法律监管的改革与完善 [J]. 广东社会科学, 2016 (5): 249-256; 顾功耘, 罗培新. 经济法前沿问题 (2016) [M]. 北京: 北京大学出版社, 2017: 143; 薛志远. 网约车数量管制问题研究 [J]. 理论与改革, 2016 (6): 108-113; 徐昕. 网约车管理细则的合法性及法律救济 [J]. 山东大学学报 (哲学社会科学版), 2017 (3): 76-81; 张维迎. 网约车监管不能漠视穷人的权利 [N]. 中华工商时报, 2016-10-21 (3); 张效羽. 试验性规制视角下 "网约车" 政府规制创新 [J]. 电子政务, 2018 (4): 32-41.

[2] 也有学者认为,只要数量管控的主要或者唯一目的不是制造人为垄断,其作为必要监管手段的正当性仍应得到承认。因为数量管控还可以弥补市场失灵,防止因供求关系失衡而引发的价格上涨、交通堵塞和环境污染等问题。楼秋然. 美国法上的网约车监管理论与实践——兼评七部门《网络预约出租汽车经营服务管理暂行办法》[J]. 政治与法律, 2017 (10): 100-112.

[3] 陈国栋. 网约车地方立法合法性之辨析——以城市道路资源的公共性为视角 [J]. 浙江社会科学, 2018 (8): 44-53, 156.

[4] 李俊峰. App对出租车市场竞争政策的挑战与重塑 [J]. 上海财经大学学报 (哲学社会科学版), 2016 (2): 91-103, 128.

办法》第 12 条规定。① 网约车市场准入类数量限制有限制人的发展权之嫌，若言之是出于公共安全利益的考量，则在立法层次上，对于权利的限制由地方作出规定显然是不合适的。实质上，网约车的安全性虽然备受质疑，但出租车行业亦存在类似的问题，② 其中更多地体现为人的道德素养低下、法律认知欠缺、法律威慑不足等问题。进一步讲，在实操性、针对性层面，对于驾驶员户籍、车辆价位、轴距、排量等的限制，显然不能直接实现网约车安全性的价值目标。类数量限制措施一直存在侵害公民的财产权、劳动权和平等权的质疑，③ 甚至被认为构成对穷人的歧视。④

另一方面，交通运输部实际上创造了政企合作监管模式。⑤ 学界对这种模式也深表赞同。⑥ 但是，在网约车市场准入如此严格的限制条件下，网约车平台与网约车为利益共同体，这对平台而言，没有监管的内生动力。在外部制约上，监管部门成本巨大，难免操作困难。在准入数量上设置限制，属于人为地创造稀缺资源，那么"权力寻租"亦会随之而来，这与国家治理体系、治理能力现代化要求不相适应。一旦对网约车数量进行管制，必然使得兼职司机数量下降，这也不符合共享经济、节约车辆和其他社会资源的目的。⑦

实际上，传统管制秩序的有力抓手，已无力于保障网约车市场秩序的实现，网约车的类数量管制已经变成了选择性惩罚管理。网约车市场规制，由于无法解释为安全和秩序之保障措施的不必要行政手续等，所以应当尽可能避免。特别需要解除的是，各城市网约车管理办法对车辆使用年限、价格、

---

① 薛志远. 网约车数量管制问题研究 [J]. 理论与改革, 2016 (6): 108-113; 徐昕. 网约车管理细则的合法性及法律救济 [J]. 山东大学学报（哲学社会科学版）, 2017 (3): 76-81.
② 根据最高人民法院调查, 网约车的司机犯罪率低于巡游车。张俊. 最高法: 去年网约车司机万人案发率 0.048 低于出租车 [EB/OL]. (2018-09-20) [2021-11-05]. https://tech.sina.com.cn/i/2018-09-20/doc-ihkhfqnt3080707.shtml? cref=cj.
③ 徐昕. 网约车管理细则的合法性及法律救济 [J]. 山东大学学报（哲学社会科学版）, 2017 (3): 76-81.
④ 张维迎. 网约车监管不能漠视穷人的权利 [N]. 中华工商时报, 2016-10-21 (3).
⑤ 参见《网络预约出租汽车运营服务规范》（交通运输部公告第 51 号）, 其中规定了网约车平台对车辆、驾驶员以及信息安全等管理职责.
⑥ 唐清利. "专车"类共享经济的规制路径 [J]. 中国法学, 2015 (4): 286-302; 王静. 中国网约车的监管困境及解决 [J]. 行政法学研究, 2016 (2): 49-59; 高电玻, 张远健. 公共利益背景下网约车监管路径优化研究 [J]. 价格理论与实践, 2017 (8): 136-139.
⑦ 王静. 中国网约车的监管困境及解决 [J]. 行政法学研究, 2016 (2): 49-59.

轴距、排量等间接性的准入数量控制措施。数量管控对于应对网约车经营中可能引起的价格变化、拥堵等问题系非必要措施,采取其他应对措施会更具有针对性和精准性,能更好地化解前述网约车规制中的两个基本矛盾。

2. 网约车运营秩序维持的着力点:价格管制

网约车运营秩序实现的着力点应在网约车运营价格管制上,数量限制对于运营秩序的维持不具有针对性。各类型网约车在运营价格上存在竞争,网约车与巡游车在运营价格上也存在竞争,特别是实践中已有多地放开巡游车政府定价这一传统定价模式的情况。

值得肯定的是,网约车价格按照行使路程与时间计价,允许其实行高峰期动态调整。高峰期根据出行供需调整运价符合经济学基本原理,让供求关系对价格影响发挥作用,实现资源优化配置。动态溢价机制在抑制高峰需求、促进供求匹配方面,发挥着重要作用。但是,笔者不认同完全依靠价格来调控交通供需,监管者不应该对网约车进行限价的观点。[1] 对于包罗万象且诡变的市场,尤其是掌握科学技术的网约车平台而言,尽管互联网的发展使得信息交流充分,信息不对称问题得到一定程度的缓解,但新的问题亦随之而来;在海量信息面前,消费者信息获取失灵,信息接收失真,对此消费者往往无法作出自主真实的意思表示。事后救济对于权利的保护成本巨大,[2] 完全由市场对网约车定价实际上会存在较多风险。

所以,有必要对网约车进行一定的价格管制。虽然价格管制往往导致供给不足,但网约车大量处于兼职状态,成本低,可以灵活变动。网约车平台在用车供不应求的情况下,会通过一些手段激励兼职网约车开启运送模式,以缓解出行压力。

网约车运营价格管制的主要目的是防止网约车定价引导增加潜在出行需求,使得大量采用公共交通方式的乘客转到出租出行方式上来,即防范补贴、价格战等显著影响出行方式、增加拥堵的行为。这已为《网约车暂行办法》

---

[1] 王静. 中国网约车的监管困境及解决 [J]. 行政法学研究, 2016 (2): 49-59.
[2] 江西律师起诉网约车加价诉讼第一案 [EB/OL]. (2018-06-04) [2021-10-21]. http://www.jnds.com.cn/system/2018/06/04/030034560.shtml.

第 21 条所规制。网约车运营价格管制的另一目的是，防止网约车（企业）损害乘客的合法权益。为此，应时刻警惕网约车平台对用户的锁定效应及随之而来的掠夺性定价。消费者在出行需求急迫的情况下，往往难以判断网约车动态加价数额的合理性，且难以拒绝。笔者认为，让消费者竞价来决定其是否享受出行服务，不是正常的商业经营和竞争样态，而是对消费者财产利益的掠夺。

从盈利能力以及服务定价的角度分析，对网约车公司进行指导定价是建立良好市场秩序、细分市场和提升公众出行质量较为理想的选择。[①] 网约车运营价格应由政府予以指导定价，限制过分低价或高价；网约车价格规范化，巡游车价格也同样会趋于规范。对此，应有效防范补贴、价格战等显著影响出行方式、增加拥堵的行为，限制高峰动态时、偏远运送时的过度加价行为，进而防止对乘客财产的隐形侵占，维护良态竞争环境。

3. 网约车与巡游车竞争秩序的维持：完善巡游车退出机制

虽然《网约车暂行办法》已对网约车的退出机制进行了规范，但为了保障良好的竞争秩序，还有必要进一步完善巡游车的退出路径。网约车与巡游车之间的冲突持续不断，[②] 为保护巡游车，人为划分网约车和巡游出租车的层次和定位，没有现实意义。在让消费者做出选择的情况下，应充分保障巡游出租车的退出路径，这不仅有利于实现对巡游车相关主体权益的保障，还是网约车市场良性竞争秩序实现的应然要求。而这里涉及是否对巡游车补偿的问题。[③]

[①] 王汉斌，岳帅. 网约车指导定价模型研究 [J]. 价格月刊，2016 (10)：32-36.
[②] 网约车被出租车司机"钓鱼" 然后发生了"大规模冲突" [EB/OL]. (2017-09-08) [2021-10-21]. http：//tech. qq. com/a/20170908/019150. htm? qqcom_pgv_from = aio；山西出租车"大战"滴滴车！冲突再起！你会站在哪一边？ [EB/OL]. (2018-01-23) [2023-03-20]. http：//www. sohu. com/20180123/n528977638. shtml. 当然，国外也有冲突。南非出租车司机浇汽油焚烧网约车：他们抢生意 [EB/OL]. (2017-09-08) [2023-03-20]. http：//www. haiwainet. cn/middle/3508/2017/09/08/content_31108810_2. html.
[③] 楼秋然. 美国法上的网约车监管理论与实践——兼评七部门《网络预约出租汽车经营服务管理暂行办法》[J]. 政治与法律，2017 (10)：100-112；刘连泰. 网约车合法化构成对出租车牌照的管制性征收 [J]. 法商研究，2017 (6)：70-78；Benjamin Edelman, Damien Geradin. Efficiencies and Regulatory Shortcuts: How Should We Regulate Companies Like Airbnb and Uber? [J]. Stanford Technology Law Review, 2016, 19 (2): 293; David K. Suska. Regulatory Takings and Ridesharing: "Just Compensation" for Taxi Medallion Owners? [J]. Social Science Electronic Publishing, 2016 (19): 183; Katrina M. Wyman. Taxi Regulation in the Age of Uber [J]. Legislation and Pubic Policy, 2017, 20 (1): 1.

在美国，执照和特别许可证等一直被认为属于"特权领域"，政府对其可以任意撤销，而不受正当法律程序的限制。① 但按照我国《行政许可法》，网约车合法化确实面临对巡游车补偿的问题。美国纽约大学法学院卡特里娜·M. 怀曼（Katrina M. Wyman）教授认为，政府如果对出租车行业进行补偿，不是出于市场效率和监管逻辑，而是出于公平或政治的原因，则应该采取货币化补偿而不是政策保护。但这等于是对产生牌照的无效政策进行二次补偿，让公众为此承担社会成本。所以，应以公平和社会分配正义的角度来限制补偿的范围，对于通过举债借贷来购买牌照并自营的个体户来说，可以进行适当的经济补偿。② 笔者认同怀曼教授的观点。网约车未发展以前，巡游车公司是出租车行业垄断利益的获得者，对于该垄断利益的信赖，不值得保护。

与此同时，还需要关注实践中广泛存在的承包制巡游车司机的权益保护问题。③ 网约车发展应属于导致巡游车承包合同情势变更的情形。司机主张解除承包合同的，其交纳的押金、保证金应予以退还。

4. 网约车交通运输秩序的控制：综合治堵

网约车的发展给交通运输秩序带来的最大影响可能就是加剧拥堵。但各地网约车政策似乎并没有考虑交通拥堵问题。④ 巡游车数量限制的出发点之一为治堵，网约车的大量进入，是否加剧了城市拥堵？是否需要准入控制？网约车的突出特点是利用大数据实现交通需求和交通供给的匹配程度，这在

---

① 张淑芳. 负面清单管理模式的法治精神解读 [J]. 政治与法律，2014（2）：11 - 18.
② Katrina M. Wyman. Taxi Regulation in the Age of Uber [J]. Legislation and Public Policy, 2017, 20（1）：1.
③ 张麒麟. 3000 余辆出租车"闲置"! 南京"的哥"为何纷纷退群？[EB/OL]. （2018 - 05 - 22）[2021 - 10 - 21]. http://news.enorth.com.cn/system/2018/05/22/035563944.shtml. 同时，可参见湖南省永州市中级人民法院（2017）湘 11 民终 2220 号民事判决书、广东省韶关市中级人民法院（2017）粤 02 民再 16 号民事判决书、江苏省海安县人民法院（2016）苏 0621 民初 7281 号民事判决书等。
④ 有学者通过微观数据的仿真分析，认为网约车加剧了拥堵。宋绪扬，陈力诚，肖烨. 微观情况下网约车对交通能耗与排放的影响研究 [J]. 交通节能与环保，2017（6）：46 - 50. 而北京交通大学课题组发布的《基于滴滴大数据的北京道路交通运行状况分析报告》认为网约车不是造成北京道路拥堵的直接原因。

某种程度上来说，减少了空驶率①和对道路的占有②，而且网约车与交通拥堵可能并不存在直接关联，③其对城市交通拥堵的正面和反面的影响还有待进一步论证。

此外，大城市交通拥堵治理是系统工程，不能单纯地寄希望于对网约车管控来治理拥堵。④ 促使拥堵发生以及加剧的原因，除了城市道路规划，过度城市化也是一个重要因素。在既有规划难以改变的情况下，应采取多种措施综合治堵，如大力发展公共交通、收取交通拥堵费、科学设置道路设施等。⑤ 城市交通拥堵不仅是网约车之过，在网约车准入规制中完全解决城市交通拥堵问题亦是其难以承受之重。

网约车的动态加价机制可能会较大程度地减轻其对交通拥堵的影响。怀曼教授认为，网约车的动态加价可以起到收拥堵费的功能，所以动态加价的费用应交给相应的公共管理部门。⑥ 网约车运行会给其他道路使用者带来负外部性，不能将成本转移至乘客承担，而网约车同时由此获益。因为拥堵意味着运行时间的加长和资源的稀缺，网约车若因公共资源的稀缺得以动态加价而获利，则是不正义的。若由乘客完全负担拥堵成本，网约车仍然有驶入拥挤路段的激励。溢价交公，不仅从出行需求侧减轻拥堵之压力，还从供给侧减少网约车驶入拥挤路段的可能。这样的双向截流，对疏解拥堵作用显著。

---

① 滴滴打车汽车空驶率比巡游车低20%。姜昊晨. 既得利益拗不过市场——我国出租车行业的管制博弈 [J]. 中国法律评论，2017 (3)：194 – 206.

② 网约车和轨道交通呈现强烈的"互补"关系。从早六点到晚九点，互补的关系大概占据80%，竞争的关系则占据20%。姜昊晨. 既得利益拗不过市场——我国出租车行业的管制博弈 [J]. 中国法律评论，2017 (3)：194 – 206.

③ 有学者基于155个城市网约车严格程度与城市出行服务体系关系的回归分析，发现交通拥堵与网约车政策的关系并不显著。王学成. 网约车政策的影响因素与波及 [J]. 改革，2018 (3)：124 – 133.

④ 熊丙万. 专车拼车管制新探 [J]. 清华法学，2016 (2)：131 – 148.

⑤ 彭军，王江锋，王娜. 我国大城市交通拥堵成因及治理策略分析 [J]. 中国科技信息，2011 (16)：199 – 200，204.

⑥ Katrina M. Wyman. Taxi Regulation in the Age of Uber [J]. Legislation and Pubic Policy, 2017, 20 (1): 1.

(四) 安全为本，网约车宽松准入视域下运营安全与质量的保障

"法律应避免依赖于波动不定的经济形势，摆脱变幻无常的社会趋向的冲击，并且采取保障措施以杜绝不适当的偏见和因人而异的司法所可能产生的危险。"[①] 无论网约车怎么发展，对其采取怎样的规制措施，巡游车面临怎样的冲击，网约车的安全性都应是得到切实保障的根本性问题。不能因为网约车的泛化，而降低对司机安全性的准入要求和核查。"安全保障义务"源于"开启、参与社会交往因而给他人带来潜在危险的事实"，《民法典》第1198条明确了公共场所的管理者或者群众性活动的组织者应承担的侵权责任。在侵权责任法领域中，违反此义务时应承担的侵权责任，应当适用过错责任，其规定的承担责任的主体具有广泛性，"公共场所的经营者"或"群众性活动的组织者"都应履行此义务，适用场所或活动以线下开展形式为主，具有一定的群众性和公开性。而《电子商务法》将"安全保障义务"同样施加给平台经营者，扩张了主体的适用范围，不再局限于实际的物理场所或活动，而是赋予其在互联网平台背景下使用的可能，可谓"源于侵权责任法，而高于侵权责任法"。

安全保障义务之所以作为合理的法定义务，是因为其产生符合对社会成员期待进入的某一公共空间为其提供安全保障的信赖利益的保护，同理可延伸至电子商务环境中。电子商务平台是"虚拟空间"的经营者、管理者或组织者，对其课以安全保障义务是对理性和秩序的基本要求的回应。相较于《中华人民共和国侵权责任法》（已失效），《民法典》第1198条实际上对安全保障义务的内容作了进一步区分，第1款和第2款分别指向义务主体自身的侵权行为以及除义务主体之外的第三人的侵权行为。就传统的义务主体而言，由于其具有现实意义上的管理行为，自身行为构成侵权，存在可能性；而平台经营者是"线上经营"，其义务基础是基于其所掌握的商品或者服务信息而产生的，体现为对平台内经营者施加抽象的管理和控制，侵权行为更多地来自与消费者沟通更直接的平台内经营者，即义务主体以外的第三人。

---

① [美] E. 博登海默. 法理学：法律哲学与法律方法 [M]. 邓正来，译. 北京：中国政法大学出版社，2017：260.

1. 应进行网约车准入资格安全性控制

各城市网约车管理规范已经规定了网约车退出机制,但仍有待进一步完善。网约车灵活退出机制的建立和完善,对于防止过度竞争,实现市场供给量上的内在自发的优化配置,发挥着重要作用。为此,应以安全目标为出发点和落脚点,区分全职、兼职网约车,以构建不同的准入、退出机制。特别是要建立兼职网约车特殊的准入退出机制,使其真正地被纳入可监管范畴。兼职网约车报废标准应按照里程,而不应按照年限,其年检期限也应与全职网约车有所不同。

网约车的政企合作监管模式,对网约车监管有一定优势,网约车平台企业应对其监管下的网约车进行全方位的安全性负责。网约车平台之于网约车准入,开启了风险状态,强调平台之于交通事故责任的承担即事后责任,这对于公众安全来讲,显然是不够的。对此,应加强网约车平台对车辆尤其是对驾驶员背景的核查准入,而这显然会造成网约车平台成本的增加。不特定人的安全权代表着一般利益,应优于属于特殊利益的网约车平台用于谋求利益之经营权。[①]科斯认为,在权利冲突时,法律应当按照一种能避免较为严重的损害方式来配置权利,或者反过来说,这种权利配置能使产出最大化。[②]法律安排应保障公众对可能遭受的人身损害得到控制、避免的合理期待。不得不说,由平台自我监管是目前成本最小的监管方式,网络平台"具有成为自我监管主体的巨大潜质——因为掌握着下单给司机的通道还有数据平台"。[③]赋予网约车平台更多的监管职责,有利于倒逼市场创新,激励技术发展,谋求社会共赢。当然,定期与不定期的行政监管、社会监督对于平台安全性管理的落实,也十分必要。

2. 设定网约车强制保险的弹性保费制度

对于网约车作为营运车辆一律缴纳营运保险而不考虑多数为兼职的现状,显然有违公平、对等原则。网约车保险费用的适量增加,从法经济学的角度

[①] 刘作翔. 权利冲突的几个理论问题 [J]. 中国法学, 2002 (2): 69-70.
[②] 苏力. 法治及其本土资源 [M]. 3版. 北京: 北京大学出版社, 2015: 194.
[③] Molly Cohen, Arun Sundararajan. Self–Regulation and Innovation in the Peer–to–Peer Sharing Economy [J]. University of Chicago Law Review Dialogue, 2015, 82 (1): 116.

来讲,恰恰能在一定程度上抵消网约车开展公共运输服务所造成的负外部性,并且相对成本较低,具有经济合理性。[①] 所以,应探索专门的商业保险类型,使得可以适度参保而不投入过多成本,保障事故车辆、乘客、第三人有损即赔。"以实时用途为基础"的保险比较适合网约车运营的现状。[②] 有学者建议,我国私家车兼营网约车的保险可以采取在私家车保险基础上附加浮动运营险的模式,即"私家车保险+浮动运营险"模式。[③] 为避免私人不同的风险偏好和投机行为造成保险漏缴的情形,网约车平台应为保险缴纳的第一责任人。

3. 规范网约车动态监管、事后惩戒机制

2022年2月发布的《交通运输部办公厅、工业和信息化部办公厅、公安部办公厅、人力资源社会保障部办公厅、中国人民银行办公厅、国家税务总局办公厅、国家市场监督管理总局办公厅、国家网信办秘书局关于加强网络预约出租汽车行业事前事中事后全链条联合监管有关工作的通知》(交办运〔2022〕6号,以下简称《网约车联合监管通知》)明确规定了针对不同阶段的网约车平台进行监管的规则。

《网约车联合监管通知》将网约车服务中应受到规制的时段大致分为事前审核、事中跟进及事后反馈三个部分。事前审核是指在司机申请进入平台时,平台有义务对司机的驾驶资格、基本身份信息、违章信息、许可证件等进行核查,对不符合资质,具有严重违章记录、犯罪记录的申请者不予通过,对此可以归纳为驾驶员准入资格的审查义务。事中跟进阶段作为网约车服务中关键的一环,应当在服务过程中通过录音功能、人脸识别功能、紧急报警功能等进行全程监控并随机抽查,同时给予乘客可采取的紧急措施。事后反馈阶段作为服务过程结束的"收尾工作",主要通过服务结束后阅读乘客的评价、反馈等,对服务过程中存在可疑行为的驾驶员进行标记并密切关注其后续服务情况。由于此时某一特定订单已结束,平台侧重于对文字信息进行

---

① 彭岳. 共享经济的法律规制问题——以互联网专车为例 [J]. 行政法学研究, 2016 (1): 117-131.
② 吴绪. "专车"对车险市场的影响 [N]. 中国保险报, 2015-03-26 (7).
③ 孙宏涛, 王静元. 我国网约车保险制度构建研究 [J]. 浙江金融, 2018 (5): 57-58.

审阅和收集。在此阶段，平台需要做出的积极行为是：收集乘客投诉信息，如发现乘客的意见中有该类状况的描述，则应予以重视并记录特定驾驶员，并可以结合举报次数、严重程度等因素对其采取警示、暂停运营、永久停止经营等措施，由此起到与"管理者就管理范围内履行安全保障职责"同等的作用，而不是服务过程结束后就放松懈怠、置之不理。网约车平台通过后台能够实时监控车主的驾驶习惯，及时发现并警示那些不规范、不文明的驾驶人，实现对部分司机进行有选择性、有针对性地应对，而无须像出租车时代那样一律培训，增加负担。

网约车的事前资质准入许可应与市场后的随机抽查、动态监管相结合，建立可追溯机制和更为严格的追责机制。为此，应认定获得经营许可的网约车具有公共交通运输职能，应承担普遍服务义务，即不得随意拒绝乘客的运输服务要求。特别是面对老年人、残障人士等特殊群体，网约车司机更不能拒绝运输，这也是出于对人格尊重的应然之举。在运营质量上，最重要的是构建乘客、司机、网约车企业以及监管部门之间透明的沟通机制，建立健全投诉反馈制度，以减少违规行为的发生。

激励性规制应是规制共享经济的核心原则。[1] 网约车规制应充分考虑社会实然，坚持秩序为基、安全为本。首先，网约车准入规制中关于户籍、车牌、轴距、排量等类数量限制，对于过度竞争以及交通拥堵等的防治收效甚微。其次，建议采用政府指导定价，限制过分低价或高价，以维护网约车经营秩序，防止消费者权益和社会福利受损。再次，应强化网约车平台监管之责，创新网约车保险形式，以应对实践中兼职网约车的情形，防止漏保即投入运营对公众安全造成损害。从次，应该完善巡游车、网约车退出机制，特别是兼职网约车的退出路径。最后，规范网约车动态监管，构建严厉的惩罚机制和透明的沟通交流监管机制。

六、网约车平台在交通事故中的民事责任[2]

网约车给人们生活带来便利的同时，也引发了各种各样的问题，其中最

---

[1] 蒋大兴，王首杰.共享经济的法律规制 [J].中国社会科学，2017 (9)：141-162，208.
[2] 山茂峰，郑翔.论网约车平台在交通事故中的民事责任 [J].时代法学，2019 (5)：84-95.

受人关注的是其安全性。从交通法律制度设计来考虑,网约车发生交通事故后,相关当事人如何承担责任是需要研究的问题。其原因在于"社会车辆加盟"① 模式已成为网约车平台主要的经营模式之一。② 私家车加盟网约车平台则主要从事顺风车、快车、专车业务。顺风车为非营利性的民事行为,③ 笔者限于主旨不再讨论,而专注于讨论快车、专车业务。网约车平台对此似乎责无旁贷,但其是否以及如何承担责任仍有待考量,审判实践和理论研讨都分野鲜明。笔者从典型案例分析入手,探寻各裁判争议之所在,并结合现有理论中的有益探讨,深入分析网约车运行模式,试图界定约供乘交易中网约车平台的法律地位,进而梳理平台与司机的法律关系,对网约车发生交通事故时平台的民事责任承担问题予以清晰地分析,冀益于理论研究和司法实践。

(一) 问题的提出

《网约车暂行办法》作为部门规章,虽不具有严格的裁判拘束力,但作为首个国家层面的规范,对司法审判仍有较强的影响力。《网约车暂行办法》规定网约车平台应承担承运人责任,④ 这对网约车交通事故平台合同责任的界定有一定指导意义,其意味着平台应对乘人损害负责。但其对第三人损害的责任承担缺乏明确规定,那么网约车平台是否应对第三人损害承担侵权责任?另外,关于网约车运营保险的责任缴纳主体亦不清晰。考虑到网约车运行规模之广大,社会影响面之庞大,相形之下,《网约车暂行办法》作为监管规则显得过于空泛,不仅制约了乘车人对网约车的安全性预期,还使得公共交通安全面临侵权损害的风险。

---

① 吴晓灵. 互联网专车如何规范发展 [N]. 第一财经日报, 2015 - 10 - 14 (A15).

② 笔者探讨私人车辆从事网约车的情形,不考虑公车私用情形,如无特别说明,只探讨私人产权小汽车(非巡游出租车)加盟网约车平台运营的情形。为简化讨论,除特别探讨之处外,本书所述的网约车司机与车主视为同一人。

③ 《网约车暂行办法》第38条规定:"私人小客车合乘,也称为拼车、顺风车,按城市人民政府有关规定执行。"截至2018年7月18日,已有38个城市出台私人小客车合乘相关规定,都认为网约顺风车为民事行为,其中杭州市规定因已满试行期而失效,其他有效的城市包括有北京、上海、天津、重庆、广州、深圳、葫芦岛、芜湖、淮北、宜昌、郴州等。

④ 《网约车暂行办法》第16条规定:"网约车平台公司承担承运人责任,应当保证运营安全,保障乘客合法权益。"

在网约车平台与司机之间的合作协议背景下，网约车交通事故平台赔偿责任的最终确定，往往被在网约车运营中实际的权利义务关系所掩盖，[①] 这导致司法实践对网约车交通事故责任的承担存在很大分歧。不断增加的网约车交通事故数量和裁判种类，使得网约车平台法律地位及其与司机之间的法律关系亟待明确。

（二）网约车交通事故裁判示析[②]

网约车交通事故及责任承担涉及约乘人、第三人、司机、网约车平台、保险公司等多方当事人。不同类型的保险关系，涉及不同的受害人，相关的责任人也有所不同。笔者通过选取网约车交通事故的典型案例，说明网约车交通事故平台责任承担的司法分歧，并进行比较分析。

1. 网约车交通事故的裁判对比与梳理

(1) 网约车交通事故之第三人受害的裁判对比与梳理（见表3）。

表3 网约车交通事故之第三人受害的赔偿责任承担

案例	交通事故赔偿责任承担			
	平台	司机	交强险	商业三者险
程某颖案[1]	×	√	√	×
石某兵案[2]	×	√	√	未交
马某顺案[3]	×	×	√	
吴某兵案[4]	×	√	未交代偿	√
刘某利案[5]	×	√	√	√
李某中案[6]	√	√	√	×

注：〔1〕江苏省南京市江宁区人民法院（2016）苏0115民初5756号民事判决书。
〔2〕云南省昆明市官渡区人民法院（2018）云0111民初310号民事判决书。
〔3〕天津市东丽区人民法院（2016）津0110民初8139号民事判决书。
〔4〕四川省成都市新都区人民法院（2017）川0114民初4078号民事判决书。
〔5〕四川省成都市中级人民法院（2017）川01民终11056号民事判决书。
〔6〕江苏省常熟市人民法院（2016）苏0581民初10221号民事判决书。

---

① 《网约车暂行办法》第18条规定。
② 为聚焦问题，笔者关于交通事故责任承担的讨论，皆建立在网约车交通事故中车辆一方经交通管理部门或法院认定应承担全部或部分交通事故责任份额的基础上。

由表3可知，网约车发生交通事故致使第三人受害需要承担赔偿责任时，实践中裁判的赔偿结果主要有四种情形。第一种情形，由保险公司（交强险）、司机予以赔偿，如程某颖案、石某兵案；第二种情形，由保险公司（交强险、商业三者险）赔偿，如马某顺案；第三种情形，由保险公司（交强险、商业三者险）、司机赔偿，如刘某利案、吴某兵案；第四种情形，由保险公司（交强险）、司机、网约车平台赔偿，如李某中案。

上述四种裁判结果的裁判理由，根据相关法律和司法解释可分为三个层次。[①] 第一层次，交通事故发生时，首先基于交强险的性质由保险公司予以赔偿，没有交强险的，由应投保交强险的责任者予以赔偿，如吴某兵案。

第二层次，区分事故车辆是否投保商业三者险，以及是否符合保险合同约定或法定的予以承保情形。石某兵案中，事故车辆未缴纳商业三者险，当然不存在赔偿的问题。马某顺案中，法院认定符合商业三者险，保险公司应予以赔偿。[②] 刘某利案中，法院亦认定为商业三者险，保险公司不得拒赔，但理由与前述马某顺案相距甚远。[③] 吴某兵案中，法院也是持相同态度，裁判理由亦可折射出另一维度的价值考量。[④] 然而，最高人民法院公报发布的程某颖一案中，江苏省南京市江宁区人民法院作出了相反判决，该院认为私人小汽车用于网约车，改变了其用途，显著增加了危险程度，不符合商业三者险理赔范围。该案在一定程度上指引了裁判方向，在随后类似案例的裁判中，绝大部分与此案判决理由相似，免除了保险公司关于商业三者险的赔偿责任。

[①]《道路交通安全法》第76条；《最高人民法院关于审理道路交通事故损害赔偿案件适用法律若干问题的解释》（2020年修正）第16条规定。

[②] 天津市东丽区人民法院以保险公司未能举证证明其与被保险人的保险合同中，约定了被保险人的家庭自用汽车如用于网约车营业运输，则属于导致承保车辆危险程度显著增加的情形，所以认定符合商业三者险的范畴，保险公司应予以赔偿。

[③] 事故车辆曾经从事网约车，但是事发时并未搭乘其他人员，只是在非机动车道内临时停放，因妨碍其他车辆通行而导致事故发生。四川省成都市中级人民法院认为，司机在事发前后是否从事网约车与本次事故发生之间不存在因果关系，也并非因从事网约车业务而导致车辆危险度增加，故保险公司不得免赔商业三者险。

[④] 四川省成都市新都区人民法院认为，网约车为网络时代的新生事物，应当依法予以规范和保护，部分网约车系零星载客，在未有法规明确规定网约车系营运车辆的情况下，一律认定为营运车辆于法无据，也不符合经济社会发展的客观现实，对受害人和投保人也显失公平。

第三层次，上述两类保险赔偿不足以弥补损害的部分，由相关责任人承担。司机实际运行支配和控制车辆，为交通事故的责任者，但具体交通事故赔偿责任的承担须根据损害大小、保险缴纳情况，以及司机与其他相关主体（此处主要是平台）间的法律关系等因素来确定。①

（2）网约车交通事故之约乘人受害时裁判对比与梳理（见表4）。

表4　网约车交通事故之约乘人受害的赔偿责任承担

案例	交通事故赔偿责任承担			
	平台	司机	对车的保险[2]	对人的保险
杜某磊案[1]	√	√	√	无
赵某案[3]	×	√	交强险赔偿	×
高某道案[4]	√	×	无对车	无
刘某伟案[5]	√	√	√	无

注：[1] 陕西省西安市未央区人民法院（2015）未民初字第07245号民事判决书。
　　[2] 对车的保险，主要包括两类：一类是交强险，另一类是商业保险。
　　[3] 重庆市江北区人民法院（2017）渝0105民初3838号民事判决书。
　　[4] 安徽省合肥市中级人民法院（2017）皖01民终3982号民事判决书。
　　[5] 河南省郑州市二七区人民法院（2017）豫0103民初5379号民事判决书。

网约车交通事故致约乘人受害的裁判赔偿结果，首先应区分是否存在引起事故的其他车辆，然后在对方车辆承担交强险赔付责任后，考虑对方机动

---

① 程某颖案中，由于保险公司在商业三者险方面拒赔，司机在保险公司就交强险赔付不能后，应予以赔偿。马某顺案中，保险公司就交强险和商业三者险赔偿后，司机不再需要赔偿。刘某利案、吴某兵案中，因所致损害巨大，保险公司就交强险和商业三者险赔偿之后，司机仍需要赔偿。在李某中案中，江苏省常熟市人民法院认为，网约车平台与司机存在挂靠关系，应与司机对第三人损害承担连带责任。而在石某兵案中，由于涉案车辆未缴纳商业三者险，云南省昆明市官渡区人民法院认为，石某兵面临网约车平台发送的乘客信息，有权选择何时何地提供劳务以及是否提供劳务，有权根据个人意愿决定是否抢单、接单，自行提供驾驶服务车辆，平台对服务车辆无法实现有效控制；并且石某兵的收入取决于个人的接单量，收入直接来源于乘客的车费给付，平台只是提供支付手段。据此，法院认定石某兵与平台即滴滴公司之间并不存在劳动或雇佣关系，滴滴公司也不是服务车辆的有效管理人或交通事故中的侵权人，不支持受害第三人请求被告滴滴公司承担连带赔偿责任的诉求。所以，石某兵虽只负事故同等责任，却需承担高达37万元的赔偿数额。（判决无业且家境贫困的车主承担交通事故赔偿责任，受害人极有可能得不到赔偿。该案中法院判决如上，但是滴滴出行平台的答辩理由却是："服务协议的时间是订单下单时到下车以后，该事故发生时，乘客已经下车，本次事故发生的时候，已经不是服务的合作期。我公司没有侵权行为，不承担侵权责任。"法院没有确认这一点。）

车商业三者险（如有）与自家机动车车上人员险（如有）责任比例内的赔偿问题，最后再确定其他责任人的赔偿责任。

既有裁判赔偿结果以约供乘参与当事人进行区分，主要有三种类型：一是司机自己赔偿；① 二是网约车平台赔偿；② 三是网约车平台和司机一起赔偿。承运人认定存在分歧，二者共同承担责任的形态亦各不相同。③

2. 网约车交通事故的裁判分析

纵观前述各案，在判断网约车平台是否需要承担赔偿责任的过程中，共有三个分歧。第一个分歧为，网约车发生交通事故时以家庭自用费率投保的商业保险是否需要赔偿的问题。涉及的商业保险主要有商业三者险、机动车上人员责任险以及前文未提及的机动车损失险。这直接影响网约车平台或司机的赔偿责任。

回归法条，《中华人民共和国保险法》（以下简称《保险法》）第52条第2款规定"被保险人未履行前款规定的通知义务的，因保险标的的危险程度显著增加而发生的保险事故，保险人不承担赔偿保险金的责任"，该内容已成为各裁判法官的共识。但对于该款规定有两种不同解释及适用路径。第一种是根据中国保险行业协会和原保监会的解释、提示，④ 即因私家车改变了

---

① 如在赵某案中，司机向保险公司申请理赔，最终重庆市江北区人民法院认定因司机开网约车，擅自进入营运领域，未履行通知义务、增加保费，保险公司可就车上人员责任险拒赔。其中，该案原告赵某的弟弟为涉案车辆实际驾驶人，其内部责任承担不得而知。

② 如在高某道案中，安徽省合肥市中级人民法院认为，网约车司机王某系履行网约车平台"优步"出行与约乘人高某道的客运合同。在履行合同过程中致乘客受伤，王某属于提供劳务一方致他人损害，其因劳务造成他人损害的，因与平台系雇佣关系，由"优步"出行平台承担替代责任。

③ 在较早的杜某磊案中，陕西省西安市未央区人民法院认为，司机作为网约车承运人应当根据其过错对约乘人承担相应的赔偿责任，而网约车平台作为经营者收取管理费，应当对约乘人胡某的赔付义务承担连带赔偿责任。在刘某伟案中，河南省郑州市二七区人民法院认为，网约车平台为承运人，而司机没有取得《网约车暂行办法》要求的合法资质（即《网络预约出租汽车驾驶员证》）就从事网约车服务，存在重大过错，应当与网约车平台承担连带赔偿责任。

④ 《中国保险行业协会机动车商业保险示范条款（2020版）》第23条第3项规定，被保险机动车改变使用性质，导致被保险机动车危险程度显著增加，未及时通知保险人的，保险人不赔。《中国保监会关于使用手机应用软件预约出行服务发生事故的理赔风险提示》（2015年）明确指出，根据《保险法》第52条规定，商业车险条款若约定：因被保险机动车改变使用性质，未及时通知保险人，且因改变使用性质等导致被保险机动车危险程度显著增加而发生的保险事故，保险人不赔。非营运车辆以家用车性质投保，却有偿提供"专车""拼车"等营运服务，并未与保险人就变更车辆使用性质协商一致而发生事故的，保险人可依法拒赔。

使用性质而未通知保险公司的,直接认可保险拒赔的正当性,这也是大多数法官都肯认的处理路径。第二种则着眼于危险增加的程度及其与事故发生的因果关系。从网约车提供的点到点运送服务来看,其显然是具有商业营运性质的道路客运服务。①《网约车暂行办法》也认为网约车提供的运送服务为营运行为。前一种解释是根据传统的营运、自用车辆这两种使用性质而径直区分危险程度的情况。《最高人民法院关于适用〈中华人民共和国保险法〉若干问题的解释(四)》(2020年修正)第4条第1款关于危险程度显著增加的解释的适用,可能会引导法官聚焦于网约车运营情况及其与事故发生时的因果关系,并进而作出综合具体的判断。②危险程度显著增加是保险公司的法定免责事由,应审慎判断。但像马某顺案,法院不着眼于危险程度,而以合同未约定被保险人车辆用于网约车营业运输属于导致承保车辆危险程度显著增加的情形,进而认定保险公司拒赔不合理,这实际上是对保险公司提出了超强预期能力的要求。

第二个分歧为,网约车交通事故致使第三人受害时,网约车平台是否需要赔偿的问题。司机基于运行控制和对事故发生的客观原因力,并结合主观上的可非难性,须承担交通事故责任,为第一责任人,是司法实践中的共识。③司机也往往是交通事故的唯一责任人,例外者如李某中案、韩某案④。前述两案中,法院都认为涉案网约车平台与司机存在挂靠关系,应与司机对第三人损害承担连带责任。网约车平台与司机之间法律关系的界定,直接决定了网约车平台是否应对第三人损害予以赔偿。

第三个分歧为,网约车交通事故致使约乘人受害时,谁为约乘人损害承

---

① 《道路旅客运输及客运站管理规定》(2022年修正)第3条规定:"本规定所称道路客运经营,是指用客车运送旅客、为社会公众提供服务、具有商业性质的道路客运活动,包括班车(加班车)客运、包车客运、旅游客运。……"

② 《最高人民法院关于适用〈中华人民共和国保险法〉若干问题的解释(四)》第4条第1款规定:"人民法院认定保险标的是否构成保险法第四十九条、第五十二条规定的'危险程度显著增加'时,应当综合考虑以下因素:(一)保险标的用途的改变;(二)保险标的使用范围的改变;(三)保险标的所处环境的变化;(四)保险标的因改装等原因引起的变化;(五)保险标的使用人或者管理人的改变;(六)危险程度增加持续的时间;(七)其他可能导致危险程度显著增加的因素。"

③ 参见《民法典》第1165条规定、《道路交通安全法》第76条规定。

④ 参见天津市河东区人民法院(2017)津0102民初7644号民事判决书。

担合同责任。约乘人约乘之运输服务合同的相对人是谁？何者为承运人？在杜某磊案中，司机为第一责任人。在高某道案中，法院认为网约车平台为第一责任人，司机运送行为被视为履行平台与约乘人之间形成的客运合同的劳务行为，网约车平台与司机是雇佣关系。在刘某伟案中，法院认为网约车平台为承运人，而司机存在重大过错，应当与平台承担连带赔偿责任，平台与司机之间似乎又是雇佣关系。

网约车平台与司机之间法律关系的确定，在司法实践中不仅因案而异，更因人（第三人与约乘人）而异，这是十分危险的。概言之，网约车交通事故裁判面临两个亟待解决的基础问题：一是何者为承运人的问题；二是网约车平台与司机之间法律关系界定的问题。在明晰前述两个基础问题后，在考虑交通事故责任承担时，还应考虑两种特殊情形：一是司机没有运营资质时，平台责任的承担情况，如刘某伟案；二是网约车平台注册账号外借、车辆外借等致使线上司机与线下司机（或者车辆）不一致时，平台责任应如何厘定，如赵某案。

（三）网约车平台承运人地位证立及约乘人受害时的合同责任人厘定

《网约车暂行办法》将提供网约租车行为的网约车平台认定为承运人，似乎结束了网约车平台居间人的历史。但网约车关于居间人的抗辩理由，即使在《网约车暂行办法》出台之后，仍有不少法院支持。[1] 实践中，有不少案例认可司机为承运人，如杜某磊案、石某兵案等。其实，判决司机与平台之间为挂靠关系，也是在认可司机的承运人地位，如李某中案、韩某案等。更有许多法院对此避而不谈。[2] 理论界还有将二者法律关系界定为劳务承揽关系之说，这其实也显示司机应为承运人。总体来讲，网约车平台与司机何者为承运人？可以通过对平台与司机权利义务的逐一具体分析，审视网约车运行的全貌及盈利的模式，廓定平台法律地位，进而剖析司机承运人地位的合理性。

---

[1] 参见北京市顺义区人民法院（2017）京0113民初9825号民事判决书、北京市顺义区人民法院（2017）京0113民初7741号民事判决书等。

[2] 参见北京市通州区人民法院（2016）京0112民初7560号民事判决书、北京市西城区人民法院（2017）京0102民初14100号民事判决书等。

1. 网约车平台与司机之间认定为挂靠关系面临困境

在前述李某中案、韩某案中,法院在处理第三人受害时,注重网约车平台的运行利益,却难以找到网约车承担风险的依据,反而援引个体巡游出租车与出租车公司之间的挂靠关系,似乎是一个可行的选择。但细观之,平台与司机之间为挂靠关系的定位有望文生义、生搬硬套之嫌。

传统车辆挂靠是指挂靠人不具有运输业务经营资格,为获取营运资质,车辆登记在被挂靠人名下,从被挂靠人处获得实际经营权利的车辆经营方式。① 关于挂靠协议的性质,有各种理论界定,且实践中挂靠协议内容不一,挂靠主体间法律关系处于不确定状态,而网约车平台与司机之间的法律关系亦处于不确定状态,从一个不确定寻求另一个不确定,显然有违初衷。关于挂靠引起的侵权纠纷,应当根据挂靠的类型,具体问题具体分析。② 再者,"车辆挂靠行为的性质决定其往往不能得到肯定评价。从民法来看,挂靠违反诚实信用原则;从行政法来看,挂靠行为使得不具有从业资格的主体得以从业,系违法行为"③。

实践中,很多案件案由界定为挂靠合同纠纷,张铮法官也为此撰文,认为在审判中应类推适用挂靠合同的规则。④ 笔者认为,这种处理实际上是与《网约车暂行办法》规定的平台承运人责任相抵牾的。挂靠关系下,司机为第一责任人,而《网约车暂行办法》之于平台承运人的规定,则彰显着平台为第一责任人、运输合同相对人。而且,在乘客遭受损害并请求损害赔偿的案件判决中,几乎没有遵循挂靠关系处理,而只是在第三人受害时援引该规则。

诚然,平台与司机之间挂靠关系的界定,有利于保障网约车侵权行为中受害人乘客的利益,但挂靠关系的隐蔽性亦使得司机面临不利地位。挂靠司机拥有完全自主的经营权利,而网约车司机不仅在运送服务的收益方面受制

---

① 沈涌.车辆挂靠经营法律关系探析 [J].法律适用,1999 (1):40-43.
② 杨立新.道路交通事故责任研究 [M].北京:法律出版社,2009:196-197.
③ 刘成安.试析挂靠车辆交通肇事损害赔偿纠纷中被挂靠人的民事责任 [J].法律适用,2006 (8):62-65.
④ 张铮.O2O 众包模式交通事故的责任承担——以车辆挂靠关系为类推 [J].山东法官培训学院学报,2018 (2):94-104.

于平台定价规则,还往往在运送过程中受到平台各种各样的限制,甚至还存在平台指派司机运送乘客、捆绑惩罚等约束情形。所以,从权利实质上看,网约车平台与司机之间认定为挂靠关系,显然失之偏颇。再者,网约车平台会根据合作协议向司机追偿,而且网约车规模如此之大,平台的追偿也会变得频繁,同时制约平台的发展。质言之,这种法律安排不是匹配权责、化解冲突、稳定各方的优先选择。

2. 网约车平台承运人地位证立

网约车平台承运人地位的证立,主要从以下三方面展开论述。

(1) 网约车平台收费数额对其交易法律地位不具有决定性影响。

网约车平台企业市场是典型的双边市场,具有交叉网络外部性、价格的非中立性等特征。正是因为这样的市场特性,使得网约车平台的法律地位不能仅依据平台对运送服务的定价及其与司机间抽成的比例而定。网络平台潜在后发的合作盈利模式,① 可能使得网络平台对约乘人、司机的一系列服务不存在或不需要相应的对价。例如,神州专车推出的"U+平台"尽管承诺不对司机抽成,但绝不意味其因此在运输服务市场中的法律地位与其他抽成平台之间有实质性差别。也就是说,不可仅仅根据网络平台约供乘过程收费与否以及收费数额的微小差异对平台法律地位进行实质判断,收费数额与其法律地位界定或平台法律关系的厘定并不是一一对应关系,因此有必要解构约供乘过程,以全面分析平台、乘客、司机之间的相互权利义务关系。

(2) 网约车平台对约供乘交易的作用力。

网约车平台对网约车服务的开启、促进、达成、履行及后续评价进行全方位的服务,包括对车辆、司机准入审核,信息公开,约供乘匹配,资费收取,约供乘履行保障以及交易评价等方面。网约车平台通过提供无纸化、数字化交易来保障服务,"将对使用者的约束力内化在其设计的技术规则或交

---

① 根据麦肯锡5Cs模型,企业获取剩余价值主要在于竞争、集中、攫取、创造、合作五个方面,其中合作获利是企业实现盈利最大化与长期性盈利的新型战略与发展趋向。网约车平台以大数据为背景建造"超级大脑",通过更好地整合与传递需求,实现更好的体验,从而提升用户依赖度与使用黏性。与此同时,延长价值链,实现增值,并依靠巨大的用户流量,逐渐激发潜在的商业价值。王依娜. 滴滴打车如何"造血"?——基于虚拟价值链理论的打车软件盈利模式研究 [J]. 经济论坛, 2015 (12): 85 – 89.

易规范之中"①，网约车平台对约供乘交易（特别是司机一方）存在显著的影响力乃至支配力。

首先，网约车平台负责网约车的接入。② 网约车合法接入资质在《网约车暂行办法》中有所规定，即机动车和司机应取得《网络预约出租汽车运输证》和《网络预约出租汽车驾驶员证》。③ 截至2018年6月20日，全国已有107个地级市在2016年7月出台的《网约车暂行办法》授权下制定了可取得双证的本城市准入车辆及驾驶员标准。营运资质是由政府规定的，网约车平台只是一个操作执行者，仅进行简单地审核。值得一提的是，实践中各网约车平台亦有各自的准入标准，使无资质的车大量接入了网约车平台。④ 也就是说，平台虽对网约车的开展起决定性作用，但网约车平台自行订立的准入标准也是平台得以经营生存的基础。在这一层面上，平台仅是一个网络服务提供者，只是服务领域特殊而已。

其次，平台在信息提供、整合以及约供乘合意的达成、履行方面作用显著。在约供乘过程中，由乘客发布出行需求信息，平台对信息进行整合并发布给相应司机或直接指派给待接入的空乘司机。网约车平台提供的格式条款，规定了根据实际路程、时间等定价收费，在一定程度上决定了司机收入的多少。同时，平台还会推出各式各样的奖励规则来激励司机出车。网约车平台对此种运输服务进行定价，就意味着平台不仅仅是具有信息介绍、约供乘搓成功能的居间人的法律地位。

在促成和保障约供乘的履行阶段，网约车平台仍保有较强的控制力。例如，通过设置乘客取消订单规则，在由于乘客原因致使合乘未履行时，平台

---

① 周辉. 平台责任与私权力 [J]. 电子知识产权, 2015 (6): 37-43.
② 本部分考察某网约车平台下网约车运营过程，关于平台、司机地位界定也都是建立在对类似运营平台的运营过程梳理基础之上的。
③ 《网约车暂行办法》第13条、第15条规定。
④ 笔者及其他团队人员在百余次乘车调研中，很少遇到取得网约车运营之双证的情形。从实践中关于从事网约车的误工索赔争议，也可发现实践中大量无资质车辆准入，且无资质往往不赔偿。实践中亦有相关案例。参见上海市第一中级人民法院（2017）沪01民终12530号民事判决书、湖南省长沙市岳麓区人民法院（2017）湘0104民初3787号民事判决书、辽宁省沈阳市皇姑区人民法院（2017）辽0105民初2178号民事判决书等。

径直扣乘客车费、限制其使用等;① 通过设置司机取消订单规则,司机几乎不可取消订单,即使基于正当原因在合理时间内取消订单,亦会受到大幅信用减等、罚款、限制接入等处罚。②

最后,约供乘结束之后,乘客对司机予以评价并将评价予以公开供潜在乘客查看。乘客对司机的评价,影响着平台对司机的奖励、订单派送及其他经济利益的多少、有无以及可能的惩罚。

可见,平台对运送服务具有全程性、隐蔽性的监督和管理。司机抢单相较于平台派单的区别,也只是司机多了一层选择,具有选择劳务给付内容的权利。由于司机具有可替代性,劳务给付的过程同样不得不处于监督之中。线下车辆运送服务是平台主营业务,司机自由决定是否抢单也只是假外包的"皮囊"。就权利的外观及信赖利益保护而言,乘客约车更多的是对平台的信任和认可,而不是对陌生的单个会开车的人的信赖。所以,无论平台与司机签订怎样免责的合作协议,怎样以"四方协议"或其他形式规避责任,怎样隐匿其对私人运输服务的干预,但其以保障服务之名、行实质性管理的内核不能被掩盖和忽视。《网约车暂行办法》将网约车平台界定为开展网络预约出租车服务的公司并设置资格要求,平台取得《网络预约出租汽车经营许可证》方可营业,是洞穿现象看到其关系的本质。2017年12月20日,欧洲法院也裁定优步是一家出租车公司。③

3. 网约车司机界定为承运人与网约车运行实际相悖

司机可以作为独立运输经营者,实践中许多城市的出租车就采用个人享有特许经营权并进行个体经营的模式。从表面上看,网约车司机进入运输服务领域,具有谋取利益的营利目的,客观上亦常常收益颇丰,确实符合运输服务经营者的基本特征,④ 而且司机工作时间灵活、自由。但是,私家车司机接入网络平台,即使是自主选择接单的司机,也只是提供运输劳务,而不

---

① 参见广东省深圳市中级人民法院(2016)粤03民终4978号民事判决书、浙江省绍兴市越城区人民法院(2016)浙0602民初9693号民事判决书等。
② 参见北京市海淀区人民法院(2016)京0108民初33183号民事判决书。
③ 李晢寅. 欧洲法院裁定:优步是一家出租车公司,并非数字服务公司 [EB/OL]. (2017-12-20) [2018-08-25]. https://www.thepaper.cn/newsDetail_forward_1914440.
④ 对于经营者的概念,可参见《中华人民共和国反不正当竞争法》(2019年修正)第2条规定。

是实际承运人。这种观点着眼于司机的独立性判断,如果司机能够独立获得利益,可以自主决定接取消订单,且平台设定的评价、评分不与奖惩挂钩,亦无其他实质性控制司机劳动过程的行为,则司机仍不失其独立性,仍可能为承运人;相反,如果司机接入网络平台后,被平台所控制,则不应作为承运人。如前所言,平台收费与否不决定其法律地位,其薪酬定价也对平台、司机间法律关系没有实质性影响。网约车作为出租车的一种,属于准公共交通,① 各司机处于无组织、分散的状态,由平台予以统一定价在一定程度上体现了秩序价值。②

有学者认为,债之标的,亦即债务人之行为,在于提供劳务者,是劳务性契约之债,依各种债之规定,其类型可分为雇佣、承揽、旅游、出版、委任、经理人及代办商、居间、行纪、寄托、仓库、运送营业、承揽运送等。③ 司机运送乘客是一个劳动过程,提供的是一种劳务给付活动。宽泛来讲,平台与司机之间为劳务关系。"社会车辆加盟"的网约车平台和司机因没取得证件导致主体都很难适格,且双方之间没有管理与被管理关系,司机仅提供劳动工具亦形成不了事实劳动关系,故平台与司机之间应该属于劳务性质的承揽关系。④《网约车暂行办法》已经明确了网约车运营主体资格所需的《网络预约出租汽车驾驶员证》《网络预约出租汽车运输证》《网络预约出租汽车经营许可证》的相关要求与标准,没有取得相关证件不能成为平台逃避责任的理由。无论平台有无《网络预约出租汽车经营许可证》,平台都是适格用人单位;无论司机有无《网络预约出租汽车驾驶员证》,车辆有无《网络预约出租汽车运输证》,无业之司机都是适格劳动者。承揽以工作之完成为契

---

① 荣朝和,王学成.厘清网约车性质 推进出租车监管改革 [J].综合运输,2016 (1):4-10.
② 大规模的上游企业往往决定性影响某种商品或服务的市场定价,商业特许经营中的特许人往往基于其品牌直接决定被特许人所卖商品或服务的定价。网约车也是有品牌的,平台定价是其经营权利的体现。所以,仅从网约车无自主定价之能力来说,不能否定司机的独立经营能力和独立经营主体资格。
③ 邱聪智.新订债法各论:中 [M].北京:中国人民大学出版社,2006:3.
④ 张素凤."专车"运营中的非典型用工问题及其规范 [J].华东政法大学学报,2016 (6):75-87.

约目的，因此劳务之提供过程并非当事人所注重。[1] 司机工作时间灵活、自由，见不到管理者之所在，甚至也感觉不到管理之存在。但平台的薪酬计价与奖励规则，限制取消订单规则，以及评价、评分与奖罚挂钩的机制隐蔽地实现了平台对司机劳动过程之方法、方式、态度的实际控制。[2]

"平台这游戏规则定的，一个差评就得多跑五单补回来，不然就得不到奖励，还会丧失优先派单的权利""太可恶了，乘客定位有误，还打电话骂我，我开着车赶过去，他们连续给我打电话，威胁说再不来就揍我，我这边取消订单就影响评分及下次抢单、派单，太气人了！"这是笔者在调研中听到的司机们的部分吐槽。但大多数司机只是发一下牢骚，在资本与劳动的碰撞中往往选择好好工作，通过提高服务质量、向乘客索要好评的方式来获得评分、报酬的改善优化。如美国马克思主义社会学家迈克尔·布若威所言："存在的不满，并未指向反抗资本主义，而是指向其再生产。"[3] 平台对司机而言，显然存在隐性的强有力的监督管理和被服从关系。所以，笔者认为，平台与司机之间不是劳务承揽关系。权利是指人们通过某种作为或者不作为来改变某种法律关系的能力，权利的相关概念是责任，相对的概念是无资格。[4] 平台对司机劳动过程的控制已经使得司机不具备对外独立之资格，已经改变了表象上的司机运输行为系履行其与乘客间运输合同之法律关系。

也就是说，网约车交通事故中乘车人受损害时，网约车平台应承担合同损害赔偿责任。这也论证了《网约车暂行办法》第23条要求网约车为乘客购买承运人责任险等相关保险的正当性。

(四) 网约车平台与司机间法律关系纳入劳动法规制范畴

在明确网约车平台的承运人地位的基础上，还需要结合理论界的有益探讨，进一步判断平台、司机间的法律关系，对实践中的雇佣关系之说予以回

---

[1] 郑尚元. 民法典制定中民事雇佣合同与劳动合同之功能与定位 [J]. 法学家, 2016 (6): 57-69.
[2] 吴清军, 李贞. 分享经济下的劳动控制与工作自主性——关于网约车司机工作的混合研究 [J]. 社会学研究, 2018 (4): 137-162.
[3] [美] 迈克尔·布若威. 制造同意——垄断资本主义劳动过程的变迁 [M]. 李荣荣, 译. 北京: 商务印书馆, 2008: 102.
[4] 吕世伦. 现代西方法学流派: 上卷 [M]. 北京: 中国大百科全书出版社, 1999: 183.

应，为网约车交通事故平台侵权责任的最终厘定解决前置性问题。

1. 网约车平台与司机之间认定为雇佣关系有失严谨

在前述高某道案中，法院认为网约车平台指派司机运送乘客，平台与司机系雇佣关系，追究平台之于乘客承担替代赔偿责任有一定的合理性，在某种程度上也符合司机与平台权责匹配的实际。

从郑尚元教授关于民事雇佣契约与劳动契约的区别研究中，可以看到民事雇佣中，通常存在雇主不是适格用人单位主体的固定员工的情形，其往往是一次性的、非固定的，受雇人不具备职业性的私人约定。① 雇佣合同是独立自主意志下的劳务给付关系，在民法范畴内强调对双方的平等保护。在网约车平台与司机之间的关系中，尽管司机有选择是否进入的自由，但其一旦进入，即被激励、奖惩措施所控制。双方地位悬殊，已不适宜平等保护。特别需要注意的是，从事网约车的司机数量是可观的，在网约车规模化发展，特别是有不少专职人员存在的情况下，认定平台与司机之间为雇佣关系，显然不利于劳动管理和保护。

2. 认定网约车平台与司机间法律关系是否纳入非标准劳动关系范畴的依据

劳动关系的认定与适用应慎之又慎，竭力避免平台将成本转移给劳务给付者。互联网时代下，经济形态多样，劳务给付方式灵活，针对某类劳务性的给付是否属于劳动法规制范畴，应严格以劳动关系的从属性为依托，不可随意扩大劳动法范围，以免损害新生互联网经济形态的发展，扭曲劳动法制度功能。② 《网约车暂行办法》第18条规定亦将网约车平台与司机的劳动合同强制要求，变为鼓励性规定。另外，劳动者保护之社会保障是一种有限的公共资源，对参与者地位的界定，应避免其对社会保障资源之滥用，③ 尤其是在司机往往有本职工作的情况下。

袁文全教授、徐新鹏副教授将法院以"网约车公司系承运人，网络约车

---

① 郑尚元. 民法典制定中民事雇佣合同与劳动合同之功能与定位 [J]. 法学家, 2016 (6): 57 – 69.
② 王天玉. 基于互联网平台提供劳务的劳动关系认定——以"e代驾"在京、沪、穗三地法院的判决为切入点 [J]. 法学, 2016 (6): 50 – 60.
③ 蒋大兴, 王首杰. 共享经济的法律规制 [J]. 中国社会科学, 2017 (9): 141 – 162.

交易是平台指派司机及车辆履行客运合同"，即认为平台与司机之间存在事实劳动关系。① 笔者认为，根据网约车平台指派给司机订单而认定两者之间具有劳动法上的从属关系，这种观点略缺谨慎。如果平台之于司机之运送过程没有其他形式的控制和管理，平台与司机之间可不可能为委任关系？不少学者从不同角度探讨网约车新型用工关系或司机权益保护。②

在传统劳动关系中，劳动者在固定工作时间、地点从事雇主指示之工作，无组织工作之自由，也不能用指挥性、计划性或创造性方法对自己所从事的工作加以影响，只有人格从属性达到此种程度时，劳动关系方可成立。③ 显然司机之于平台人格从属性难以达到确认双方之间为标准劳动关系的程度。但只要平台之于司机具有劳动过程控制、管理，且呈固定、持续形态，都可以将二者间关系纳入非标准劳动关系范畴。相对于标准劳动关系，"非标准劳动关系表现出劳动关系与工作场所分离、劳动关系与持续性工作分离、劳动关系中雇用与使用分离等特征"④。杨云霞教授在分析中美两国应对分享经

---

① 袁文全，徐新鹏. 共享经济视阈下隐蔽雇佣关系的法律规制 [J]. 政法论坛，2018（1）：119-130.

② 刘新春副教授和杨河清教授认为，网约车平台与司机是平等民事主体关系，不具有人格从属性，只有经济从属性，类似于德国劳动法三分法中的类似劳动者，我国或许可以借鉴该分类，由政府提供有限的劳动保护。刘新春，杨河清. 共享经济对劳动关系认定标准的挑战和反思——以 Uber 公司为例 [J]. 劳动经济评论，2018（2）：135-145. 美国也有不少学者注意到共享、分享、零工经济的用工问题。网约车用工也是他们论证的重要实践根据。梅根·卡尼（Megan Carboni）博士提出应引入第三类型的用工分类，以打破传统的雇员、独立承包人二分的模式，在公平劳动基准法下达到一种更公平、更准确地平衡雇主和工人之间关系的权利和需要。Megan Carboni. A New Class of Worker for the Sharing Economy [J]. Richmond Journal of Law & Technology，2016，22（4）：1. 奥利·洛贝尔（Orly Lobel）教授提出四项改革以应对零工经济下用工关系，简化劳动关系分类测试；将某些劳动保护扩展至覆盖全部工人，不再分类；为中间类型创建特殊规则；取消工作和某些社会保护的关联。Orly Lobel. The Gig Economy & the Future of Employment and Labor Law [J]. University of San Francisco Law Review，2017，51（1）：51. 赛思·D. 哈瑞斯教授认为，政策制定时应平等对待同一群体，考量劳动者的议价能力，既考虑是否提高劳动力市场和工作场所的效率和是否利于创新、创业，还应避免监管套利。并对无为而治，确立任意性规则；所有从业者都推定为雇员，除非雇主明确反驳；声明所有独立从业者（和类似工人）是"雇员"；宣布所有独立从业者是"独立承包商"；针对独立（和类似）工人定制一套修改后的公司福利保护措施；建立/扩张公共福利体系，为所有独立从业者和类似主体提供福利和保障六种可能采取的政策予以分析和评价。[美] 赛思·D. 哈瑞斯. 美国"零工经济"中的从业者、保障和福利 [J]. 汪雨蕙，译. 环球法律评论，2018（4）：28-36.

③ 穆随心，王昭. 共享经济背景下网约车司机劳动关系认定探析 [J]. 河南财经政法大学学报，2018（1）：34-42.

④ 董保华. 论非标准劳动关系 [J]. 学术研究，2008（7）：50-57.

济用工关系制度供给不足的现状后,也认为以网约车为典型形态的分享经济应在包括劳动法在内的法律体系下发展与创新。劳动保护关涉社会公共利益,应考虑非标准劳动关系的特征并予以认定标准指标化,以纳入保护范畴。①

此外,还应以从属性为基本衡量尺度,借鉴更加具体化的社会学上的劳动过程控制理论,② 结合劳动者工作时间,③ 适当考量劳动者从平台获得收入占比来判断劳动者从属性强弱及劳动关系与否。基于劳动过程控制即用人单位控制、监督、管理、奖惩机制下的全职从事网约车的司机,网约车平台与司机之间应认定为事实劳动关系。而且,实证调研发现,平台灵活性与否与专职司机劳动时间长短没有显著差异。在平台使司机产生认可、满意进而催生合作的机制中,激励机制和评分惩戒机制能够刺激专职司机延长劳动时间。④ 因此,尽管司机工作有一定的灵活性,但网约车平台接入的全职司机仍应尽快纳入劳动法保护范畴,建立劳动基准法保护机制。

相比之下,兼职司机拥有更多的选择性和自由,大部分兼职司机也已经与其他用人单位建立了劳动关系,尽管其本身可能并不希望或不需要与网约车平台公司签订劳动合同,⑤ 但这并不意味着他们不需要一定的劳动保护。对此,可以将在平台工作的劳动时长作为重要衡量尺度,以保障那些服务于多个平台,却找不到合适诉由寻求保护的司机,⑥ 或在从事其他自由职业的同时,固定、持续从事一定时间的网约车运送服务的司机,甚至是那些有固定职业,但固定从事网约车业务的司机。当然,零星载客的司机不宜纳入劳

---

① 杨云霞. 分享经济中用工关系的中美法律比较及启示 [J]. 西北大学学报 (哲学社会科学版), 2016 (5): 147 - 153.
② 社会学劳动过程控制理论认为,判定平台与劳动者关系的核心问题在于劳动过程的控制。其实,这类似法学领域中关于劳动关系判断的人格从属性理论。
③ 也有管理学者提出,应依据劳动者工作时间界定二者关系,但完全根据时间来定,笔者无法认同。苏方国, 赵曙明, 高慧如, 等. 共享经济中劳动关系治理 [J]. 现代管理科学, 2018 (8): 9 - 11. 其实劳动时间是从属性理论比较鲜明的可以量化的具体指标。
④ 郑尚元. 民法典制定中民事雇佣合同与劳动合同之功能与定位 [J]. 法学家, 2016 (6): 57 - 69.
⑤ 穆随心, 王昭. 共享经济背景下网约车司机劳动关系认定探析 [J]. 河南财经政法大学学报, 2018 (1): 34 - 42.
⑥ 笔者在长沙实地调研时,遇到多位网约车司机,他们在滴滴快车、首汽约车多个平台之间轮流使用,哪个定价高就跑哪个,哪个客多就跑哪个。实践中这样的案例,也有就侵权与劳动保护问题引发争议的。参见湖南省长沙市岳麓区人民法院 (2016) 湘 0104 民初 9071 号民事判决书等。

动法规制范畴,其发生争议时可以适用雇佣关系的相关规定。

当然,这一划分是建立在以监督、管理、控制和奖惩为基础及从属性的考量之上的,并充分考虑了互联网平台经济的新型经济形态及用工形式。如果平台对于司机没有控制、管理、奖惩,即使司机全职从事运送,二者关系也只能界定为劳务关系。或者如果平台不再抽成,平台对司机的控制、奖惩(即从属性)有所弱化,即使司机全天工作也不宜纳入劳动关系范畴。而即便有较强的劳动过程控制,司机系零星工作,工作持续时间较短,也不应该纳入劳动法范畴,可视为雇佣关系。

所以,基于前述网约车的运行过程分析,现行的网约车平台与司机间的法律关系可以区分为非标准劳动关系和雇佣关系两大类。此外,平台与司机间的法律关系根据实践不同可能有事实劳动关系、非标准劳动关系、雇佣关系、劳务承揽关系四种表现形式。当然,限于本书主旨,具体的标准指标化制定以及应给予纳入非标准劳动关系范畴的司机何种适宜且可操作的劳动保护,本书不再探讨。

"历史是一条'永动的河流,随着它的奔腾,独特的个性逐渐被抛弃,并且在新的法律基础上形成新的个性结构'。"[1] 以身体之劳动谋生存者是事实上的弱者,对于劳动的保护,应居于首先考量地位。对其进行必要的保护是法律人文情怀的重要表现,更是人权保障的应然要求。

(五)网约车交通事故中平台侵权责任与限度

无论网约车平台的法律地位如何界定,基于其开启并提供准公共运输服务时,如果其不对交通事故承担任何责任,必将如柏拉图所言,产生傲慢和不正义。[2] 网约车交通事故平台侵权责任的界定应依二者法律关系的厘定为重要依据,考量过错责任的适用,以勉励各方为运输安全之事尽心尽力。[3]

---

[1] [美] E. 博登海默. 法理学:法律哲学与法律方法 [M]. 邓正来,译. 北京:中国政法大学出版社,2017:88.

[2] [美] E. 博登海默. 法理学:法律哲学与法律方法 [M]. 邓正来,译. 北京:中国政法大学出版社,2017:13.

[3] 笔者接下来将延续对前述实践中平台的实证考察,探讨网约车司机与平台分别为雇佣关系、非标准劳动关系下的交通事故侵权责任承担问题。

1. 网约车平台原则上应对网约车交通事故致害第三人承担替代责任

美国各州对于网约车与司机间的劳动关系之争持续发酵，理论界也认定不一。有学者在美国加州公共事业委员会对网约车作出类似出租车监管举措的情况下，认为网约车企业基于公共许可而生，且其运行对公众有不可避免的内在危险，使其天然需要承担"不能委托履行的（合同）义务"。[①] 尽管 Uber 与司机之间可能有独一无二的法律关系，网约车有其独特性，但 Uber 和司机之间的相互权利义务关系使得替代责任总有适用的余地，以确保侵权责任的公平分配以及充分的损害赔偿。[②] Uber 责任基础贯彻替代责任原则，适当考虑个性和特殊性，网约车交通事故将会得到公平适当的规制。[③]

网约车平台基于其与司机间事实劳动关系或非标准劳动关系，承担网约车交通事故替代责任。平台可以向因故意、重大过失导致交通事故发生的司机进行追偿。平台应基于雇佣关系对司机承担替代责任，有故意或重大过失的司机应承担连带责任。对平台作出这样的规定，首先可以保证受害人损害得到切实填补。若将司机界定为第一责任人，受害人极有可能获得胜诉判决，而损害仍然无法得到填补。如果司机也是受害人，或者司机也面临着更大的不幸，那么乘客或第三者受害人极有可能得不到任何索赔。有学者首先从运行支配和运行利益二元道路交通事故赔偿主体理论出发，根据保有人制度理论，综合运行支配和运行利益两个危险责任的基本标准，并结合无过错责任来源的危险理论的四个要素，即危险开启、危险控制、运行利益和分散风险，进而认为网约车平台与司机应对外承担连带责任。对内责任分担上，"社会车辆加盟"模式中的网约车司机以过错为限承担责任，网约车平台承担无过

---

① Alexi Pfeffer-Gillett. When Disruption Collides with Accountability: Holding Ridesharing Companies Liable for Acts of Their Drivers [J]. California Law Review, 2016, 104 (1): 233-267.

② Agnieszka A. McPeak. Sharing Tort Liability in the New Sharing Economy [J]. Connecticut Law Review, 2016, 49 (1): 171-226.

③ Agnieszka A. McPeak. Sharing Tort Liability in the New Sharing Economy [J]. Connecticut Law Review, 2016, 49 (1): 171-226.

错责任。① 应注意的是，主体分离二元理论适用于运行支配和运行利益相分离的情形。② 从网约车运行实际来看，网约车运行支配、运行利益的主体都未发生转移，援引该理论解决网约车交通事故致害第三人侵权责任承担的问题，显然超越了该理论本体。从实践来看，网约车平台在某些特殊事故的强大舆论压力下，可谓已经注意到其应承担网约车的安全保障之责，平台已经开始主动赔偿。③ 此外，从风险分担来看，平台投保能避免司机投机行为，且平台与保险公司间有较强的磋商能力。大可不必担心平台无法约束司机，因为平台控制着司机的经济收入，还有平台控制着司机收入提现的时间，也就是对司机既得收入予以控制。当然，从前述平台与司机权利义务分析及二者法律关系界定来看，平台承担第三人损害的交通事故责任是"有权必有责"的应然要求。相应地，司机对其重大过失或故意致害承担责任，即肯定网约车平台在此种情形下的追偿权利，亦可以勉励司机谨慎驾驶。

但值得明确的是，网约车平台并非为其平台上车辆的任何期间的交通事故都承担责任。首先，可以肯定的是，平台应为合作期间即乘客上车至完全下车过程中发生的交通事故承担责任。其次，平台也应该承担司机从接受派单或抢单到乘客上车这一段时间的责任。尤其是抢单过程中发生交通事故的责任，毕竟开车抢单是十分危险的，尤其是驾驶不太熟练的司机。如果车上有乘客，对车上乘客的安全也是十分不利的。再次，平台对于订单的时间间隔，若在可证明的合理时间段内，平台也应该承担责任。显而易见的是，对于司机在非接单过程中出现的交通事故，应由司机自己承担责任，即使在送

---

① 夏利民，王运鹏. 论网约车平台的侵权责任 [J]. 河南财经政法大学学报，2017（6）：102-110.

② 曹险峰，张龙.《侵权责任法》第49条的解释论研读——主体分离下的道路交通事故侵权责任论纲 [J]. 法律科学（西北政法大学学报），2017（1）：111-124.

③ 2018年5月8日至9月16日，以北京小桔科技有限公司为被告的57个案例中：有3个判决（涉顺风车，平台不承担责任）、2个裁定的案由为低价不正当竞争倾销、名誉权纠纷，其他52个案由为合同纠纷、挂靠合同纠纷、交通事故责任纠纷，其中的裁定皆为原告（受害人）撤诉（包括1个按照撤诉处理）。同样地，以滴滴出行科技有限公司为被告的22个案例中，除2个为同一案件的判决、2个涉交通事故判决、1个侵权纠纷判决（乘坐滴滴客户端呼叫的出租车，主张在车上落东西，未举证充分），2个管辖权争议的裁定、1个程序调整裁定外，其余14个裁定为原告申请撤诉（其中1个未交诉讼费），具体案由界定为租赁合同纠纷、挂靠纠纷、交通事故纠纷、物权保护纠纷。

完乘客后的回家行程中亦是如此，不过此时司机个人所受损害可能认定为工伤。

2. 网约车平台应在车辆运营保险范围内承担赔偿责任

前述网约车平台替代责任的承担会督促平台自觉缴纳保险，避免个别司机出于侥幸心理而不缴纳保险费用的情形，以提升网约车运行的安全性。同时，应避免受害人得不到赔偿，或司机面临破产的处境。笔者认为，在未来的网约车运营中，因司机未缴纳或未按照合适费率缴纳保险费用而导致第三人受损害的，可由网约车平台承担替代赔偿责任。

以家庭自用保险费率缴纳商业保险进行营运时，保险公司赔偿与否，需通过将事故车运送乘客数量、时间与巡游出租车作对比，判断危险程度是否显著增加；若危险程度显著增加，则在车辆发生交通事故时，保险公司可就商业保险的投保范畴予以拒赔。在现行营运、家庭自用保险费率二分的情况下，即使交通事故并非发生在运送乘客过程中，对于全职从事客运服务的司机发生交通事故并以家庭自用保险费率缴纳保险的，保险公司也可以拒赔。而接单较少的车，即使在接送乘客过程中发生交通事故，保险公司也不能就商业保险予以拒赔，更不用说在非接送乘客过程中发生交通事故了。当然，如果保险公司对司机以家庭自用费率投保知情的，保险公司不得拒赔。

3. 平台对无营运资质的网约车交通事故侵权责任的承担

由于各城市规范对网约车准入要求过高，不符合网约车运营实际，导致现实中网约车平台对于司机是否取得营运资质是明知或放任的，否则司机是不可能接入平台获得运单的。司机未取得相应资质的，不应因此认定其对交通事故的发生存在重大过失而减轻平台的责任。如果平台能证明司机采用欺骗手段，使得平台认为其有营运资质，则平台可以因此对该司机追责。此时，平台原则上仍可以对因故意或重大过失导致交通事故发生的司机进行追偿。

需要注意的是，线上注册司机（或车辆）与线下司机（或车辆）不一致时，平台对交通事故侵权责任承担的问题。对此，首先应当明确平台对于其平台上司机、车辆是可以管理并应当管理的，应防范平台通过合作协议等排除己方责任的情形。① 线上司机（或车辆）与线下司机（或车辆）不一致但都有营运资质时，不影响平台对于责任的承担。此种情形比较少见，原因在于二者都有营运资质，违法性、危险性相对较轻。平台可以凭借司机因故意或重大过失导致交通事故发生的理由和实际对司机进行追偿。其次，当线上车辆和实际车辆不一致而线上车辆具有运输许可资质的，或线上驾驶员与实际驾驶员不一致而线上驾驶员具有许可资质的，平台与线上车辆或线上驾驶员之间可视为无意思联络的故意违法行为，平台须对交通事故损害承担连带责任。实践中，有司机取得许可资质并不从事乘客运送，而是出租谋利的情形。此时的实际车辆司机往往是专职司机，有长期逃避监管的意图，无论其是否取得许可资质，因其故意或重大过失导致交通事故发生的，平台均可以追责。最后，线上车辆与线下车辆、线上司机与线下司机均不一致时，由平台承担替代责任。当车辆套用、司机账号借用等均不涉及具有营运资质的一方时，可推定平台对于套用行为持间接故意（即放任）态度，此时网约车交通事故致害侵权责任承担中，平台追偿以司机故意为限，这有利于激励平台采取约束措施以保证人车一致，增强网约车安全性。

针对这种双方或多方追求、放任的违法行为，因其有一定的利益空间，故应贯彻过错责任原则，增加各方尤其是平台的违法成本，采取合理的利益疏导，使得这种事实违法行为逐步得到矫正并步入正轨，从而构建起增强网约车安全性的内在机制。

---

① 中国新闻网. 滴滴起诉私借账号造成事故车主［EB/OL］.（2018-08-23）［2018-08-25］. http://www.chinanews.com/sh/2018/08-23/8607797.shtml.

第四章

网约顺风车法律问题研究

网约顺风车是指通过移动互联网信息平台进行的顺路乘车或顺路载人（即私人小汽车合乘）的行为。① 网约顺风车是基于互联网技术，顺应共享经济而出现的新兴业态，其发展已经改变了城市公共交通的格局，成了不容忽视的社会现象。② 网约顺风车在改变人们生活方式的同时，不仅带来了矛盾冲突和社会风险，还对传统的规制模式和法治化治理秩序产生了严峻的挑战，给社会利益平衡造成了巨大的压力。目前我国许多城市已经制定了相应的规范性文件，但针对网约顺风车进行行政管制的基本理论问题并未形成共识，相关规则在实际适用过程中也存在较多冲突。因此，笔者试图从网约顺风车基本特性的探讨出发，分析对网约顺风车予以行政规制的逻辑起点，并在此基础上，通过对规制对象的分析反推制度设计的基本路径。

一、规制网约顺风车的逻辑起点

网约顺风车是在网约化环境下的私人小客车合乘服务，是传统线下"拼车"与互联网技术相融合的共享出行方式。其运作核心是，顺风车平台以网络信息技术为基础，借助大数据分析，对合乘的需求和供给信息进行汇总和整合，当乘车人与私家车车主的出行路线相同或者相近时进行高效匹配，使

---

① 《国务院办公厅关于深化改革推进出租汽车行业健康发展的指导意见》（国办发〔2016〕58号）中明确规定，私人小客车合乘，也称为拼车、顺风车，是由合乘服务提供者事先发布出行信息，出行线路相同的人选择乘坐合乘服务提供者的小客车、分摊部分出行成本或免费互助的共享出行方式。私人小客车合乘有利于缓解交通拥堵和减少空气污染，城市人民政府应鼓励并规范其发展，制定相应规定，明确合乘服务提供者、合乘者及合乘信息服务平台等三方的权利和义务。

② 以嘀嗒顺风车为例，截至2020年3月，嘀嗒顺风车官网显示其业务已覆盖359座城市，拥有超过1.3亿用户、1500万车主。

得驾驶人与合乘人达成同乘合意并共同分担出行成本。网约顺风车作为一种私人小客车共享出行服务,是合乘双方基于自愿而做出的民事行为,不属于提供营运服务的活动;其实质上是一种城市出行互助行为,目的是满足出行需要,提供一种优质的出行方式,以降低出行成本。因此,只有全面客观地认识网约顺风车,确立正确的价值取向,才能科学设计相关制度。

(一) 促进网约顺风车发展能否节约交通资源

有学者认为,网约顺风车是一种特殊的出行模式,其最大好处是合并交通需求,节约道路资源。顺风车平台基于大数据分析的手段,整合分散的社会资源,使得交通需要可以在更广泛的范围内加以匹配,其不局限于熟人之间,即使在陌生人之间,也可以达到交通需求的匹配。顺风车网络平台的出现,本质上就是通过技术手段简化匹配程序,扩大匹配的范围,从而使匹配更为精准。从经济学角度来看,网约顺风车就是在节约匹配成本。城市出行的一个主要特点就是大规模人群在相对固定的时间、相对集中的区域内工作,而顺风车采用集约化的形式使得私家车一次出行解决了多人的出行需求,有利于整合社会上的闲置资源,提高私家车的利用效率。交通需求大量匹配成功,使得道路上单位时间内行使的机动车的数量随之降低,这在理论上实现了减少道路资源使用、提高道路资源使用效率的效果。

但有学者运用当斯理论对网约顺风车进行分析,得出了相反的结论。美国公共政策与公共行政管理学者安东尼·当斯于1962年在其发表的论文《高峰期高速公路的拥堵法则》[1]中,分析了高峰期交通拥堵及其与交通平衡理论之间的关系,进而提出"高峰期交通拥堵的当斯定律"(Law of Peak - Hour Expressway Congestion),该定律解释了为什么一定要采用交通需求管理措施,才能解决交通拥堵问题。在政府对城市交通缺乏有效管理的情况下,新建的道路设施会激发新的道路需求,并且公众对交通的需求总是超过道路供给。也就是说,在此情况下,不管投入多少成本和资源,结果必然会出现交通拥堵的现象。当斯定律的核心就是交通便利程度提高,交通成本下降,会激发

---

[1] Authony Downs. The Law of Peak - hour Expressway Congestion [J]. Traffsc Quarterly, 1962, 16 (3): 393 - 409.

更多的交通需求。对网约顺风车特性进行分析,同样适用当斯定律。网约顺风车在短期内会因提供新的出行方式,合并交通需求,而提高道路资源的使用效率。但是,随着网约顺风车制度的不断规范化、便利化,成本分摊机制的完善化,无论是从提供顺风车服务的一方来看,还是从搭乘顺风车的一方来看,网约顺风车都是一种性价比较高的出行方式,使得出行者能够以较低的出行成本获得良好的服务体验。因此,一方面由于网约顺风车的普遍使用,提高了私家车的使用效率;另一方面,它也导致原本或者有可能选择以公共交通或者步行等慢行交通方式的出行者,转而使用私家车出行,这反而会降低公共交通的使用率和道路资源的使用效率,增加道路拥堵的现象。

(二) 网约顺风车的出现是否会挤占出租车市场

有学者认为,顺风车的最大特征应在于"顺",即顺路搭载。私人小客车的车主所提供的顺风车服务路线应是其正常的出行规划,即网约顺风车服务的提供只有是私家车车主在自己有出行需求时,给有相同出行需求的乘客提供一个"搭便车"的机会,故网约顺风车服务的提供者不可能像出租车一样每日频繁地接单,其所提供服务的次数相较于专门从事客运服务的出租车来说,可谓少之又少。再者,虽然网约顺风车不是无偿服务,乘客需向车主支付一定的对价,但其并不具有营利性的要素,只是乘客与车主对行程中所产生的燃油、道路通行等必要费用进行合理分摊,乘客支付的费用并非完全覆盖车主的出行成本,车主也并不收取额外的报酬,即只是通过成本分担机制降低合乘者的出行成本。同时,顺风车的出现完善了交通出行方式,在一定程度上减轻了公共交通资源的压力,向社会提供非经营性客运服务,不会对现有的出租车市场造成影响。

但有学者认为,网约顺风车业务是以营利为目的的,平台与顺风车车主组织开展、参与顺风车业务都是为了获取利润。[①] 网约顺风车规避了出租车行业的高准入门槛,且在出行体验基本相同的情况下,网约顺风车服务的价格普遍低于出租车,这势必会大大减少公众对出租车的需求,客观上对出租

---

① 张新宝. 顺风车网络平台的安全保障义务与侵权责任 [J]. 网络信息法学研究,2018 (2):3-17.

车造成了有力的竞争压力。网约顺风车原本设置的运行方式应该是车主在顺风车平台上提前发布出行路线，分享其车辆的闲置空间，乘客通过顺风车平台寻找相同出行需求的车主。但现实生活中，往往是由乘客发起出行需求，车主接单，并且有些车主通过拼单、每天多次接单等方式获得额外的收益，这些车主依托的网络平台往往同时也提供网约出租车等服务，车主可以在出租车和顺风车中随时切换身份，这使得网约顺风车与网约出租车之间的界限被打破，很难对二者进行区分。

（三）网约顺风车的出行效率和社会风险之争

有学者认为，网约顺风车利用网络信息技术，改变了合乘的缔约方式。通过顺风车平台对分散的、在相同时间内具有共同供需需求的人员信息进行"信息撮合"，打破了供需双方的信息壁垒，使得出行者与供需信息一致的"陌生人"取得直接联系，迅速达成合乘契约，改变了"熟人"基础上的合乘现象，提高了达成合乘意愿的概率。这不仅有利于调和在合乘时间、路线以及地点等方面的矛盾，还降低了出行者与提供顺风车服务者之间搜寻交易对象的成本，有助于出行者获得更为快捷的服务和消费体验，提高了缔约和出行的效率。

也有学者认为，在一个组织良好的社会，安全属于必需品，而效率属于优先品，当安全必需品遇到效率优先品时，应该遵循必需品大于优先品的准则。[1] 线下的、依赖于社区邻里的、低效的缔约环境，既是影响合乘发挥社会效果的掣肘，又是确保合乘安全性的最基本保障。[2] 而在网约化缔约模式下，出行者对缔约对象并不熟悉，处于信息不对称的地位；顺风车平台对于人员审核相对形式化，平台审核存在漏洞，不注重对司机背景的调查，使得顺风车司机人员构成复杂，也时常出现人车不符等现象，增加了出行的安全隐患。再者，顺风车平台在发展网约顺风车业务时，掌握了海量用户的真实数据，包括其个人信息、相对固定的出行路线、地理位置等。数据资源一旦被平台泄露或者被不法分子非法运用来进行数据挖掘，将不仅增加出行者在

---

[1] 张洪波. 以安全为中心的法律价值冲突及关系架构 [J]. 南京社会科学, 2014 (9): 89 - 95.
[2] 刘大洪. 网约顺风车服务的经济法规制 [J]. 法商研究, 2020 (1): 16 - 29.

信息保护等方面的顾虑，还会造成较大的安全威胁。2018年，滴滴顺风车平台连续发生了郑州空姐案①和温州乐清案②两起恶性案件，滴滴顺风车安全机制遭严重质疑，并一度无期限下线整改。网约顺风车安全事故的接连发生，既说明仅靠营利性平台的技术手段无法保障其安全运营，也说明现有法律规制手段并不能使确保公众安全的目标实现。③ 自2019年11月20日起，滴滴顺风车虽然陆续在部分城市重新上线试运营顺风车，但全社会对网约顺风车安全问题的关注并未停止。

通过对网约顺风车基本特性的辨析，可以看出在进行制度设计时，政府应当全面审视网约顺风车的发展，辩证地看待其优势和弊端。一方面，要认识到网约顺风车的优势，如整合并优化配置社会上的分散资源，满足出行者个性化的出行需求，提高缔约和出行效率，以及在某种层面上对节约交通资源、缓解道路拥堵、减轻环境污染等方面具有正外部性的作用等；另一方面，也要重点关注在其发展过程中所引发的社会问题和公众对其出行安全的担忧，其所带来的社会风险并不是与生俱来的，而是可以通过有效规制加以防范的。通过审慎设计相关制度，平衡社会各方的利益，推动网约顺风车良性发展，保障乘客的出行安全，是经济功利主义与人本主义合辙的必然要求。④

---

① 2018年某日深夜，空姐李某珠通过滴滴平台约乘刘某华驾驶的豫A×××××号顺风车赶往郑州火车站，中途惨遭刘某华杀害，之后刘某华跳河自杀。法院判决被告刘某军、宋某某（刘某华父母）在继承其子刘某华遗产范围内，赔偿原告李某某、董某（李某珠父母）死亡赔偿金、丧葬费、交通费、住宿费、误工费等损失62万余元。判决书还显示，案发后，运营滴滴出行平台的北京运达无限科技有限公司已与李某某、董某达成补偿协议。依协议，该补偿费具有精神慰藉性质。因此，原告要求被告赔偿精神损失费10万的请求，法院不予支持。空姐乘"滴滴"顺风车被害案入选2018河南十大法治热点 [EB/OL]. (2019-07-15) [2019-07-15]. https://www.henan100.com/news/2019/863407.shtml.

② 2018年某日，浙江省乐清市女孩赵某辰乘坐滴滴顺风车后失联。次日上午，滴滴司机犯罪嫌疑人钟某在乐清一处山上上网。到案后，其交代了对赵某辰实施强奸，并将其杀害的犯罪事实。2019年经过审判，浙江省温州市中级人民法院以故意杀人罪、强奸罪、抢劫罪，判决顺风车司机钟某死刑，剥夺政治权利终身。死刑！"滴滴顺风车司机杀人案"一审宣判 [EB/OL]. (2019-02-01) [2019-08-30]. https://www.chinacourt.org/article/detail/2019/02/id/3721670.shtml.

③ 王霁霞. 共享经济的法律规制逻辑——以网约车行政案件为切入点的分析 [J]. 法学杂志, 2019 (1): 75-89.

④ 马光泽. 网约车元规制：功能、合法性及其实践重塑 [J]. 理论月刊, 2019 (8): 93-100.

二、规制网约顺风车的基本思路

（一）合理界定网约顺风车在城市公共交通中的地位

网约顺风车的出现为人们出行创设了新的选择，有助于缓解交通供给资源不足和公众个性化出行需求等矛盾，但是应合理界定网约顺风车在整个交通体系中的作用。简言之，不应当将顺风车作为公共交通的重要环节予以考虑，而应该对其绿色效应的服务模式适度发展，对其本身所具有的负面效应进行疏导和规制。毕竟城市道路的运行量和能够容纳的机动车数量是有限的，不能无限制地鼓励私家车发展。与公共交通相比，顺风车集约化效果不明显，仍然是低效率的出行方式，若过分鼓励其发展，势必会增加道路上私家车的数量，挤占已经十分有限的交通空间资源，使得高效率出行方式的资源减少，最终导致整个城市交通效率下降；[①] 顺风车虽符合绿色出行的趋势，但公共交通具有显著的绿色效应，仍然是环保出行的最佳选择方式。因而，为了实现城市道路资源的高效利用，未来交通体系的发展以公共交通为主是必然趋势，网约顺风车并不是公众出行的主要方式。由此，网约顺风车的发展应当审慎，限制其总量并在优先发展公共交通的同时，将网约顺风车作为公共交通的补充形式进行适度发展。

（二）明确网约顺风车和网约出租车的边界

网约顺风车与网约出租车都是基于机动车提供的出行服务，但在法律性质上两者截然不同。网约顺风车本质上是非营利性的合乘行为，而网约出租车是营利性的客运服务。在网约化环境之中，顺风车平台提供营利性的媒介服务，市场中的网络平台大多同时提供网约顺风车和出租车服务，只是在报价方面，顺风车服务较低，以体现顺风车费用分摊、非营利的特性。除此之外，平台并未对其有其他额外的提示，但实际上大多数的出行者并不能完全分辨两者性质的差异。在这种情况下，有些私家车车主以提供顺风车的名义去获得盈利，从事非法出租营运；或者提供网约出租车服务的司机为了追逐

---

① 陈国栋. 网约车地方立法合法性之辨析——以城市道路资源的公共性为视角 [J]. 浙江社会科学, 2018 (8): 44-53, 156.

利益也会同时提供顺风车服务，由此极易混淆网约顺风车的法律性质，很可能使得网约顺风车变为变相运营的出租车业务。因此，以开放的理念去接纳网约顺风车的同时，要注重协调其与网约出租车行业的利益，通过制度设计明确网约顺风车与网约出租车的边界，避免因二者界限不明，使得顺风车潜在的社会功能减弱，加大出行者的出行风险。

（三）形成交通效率和交通风险的平衡机制

网约顺风车是一种典型的共享经济形态，而一种新生事物的出现，必然会伴随着一定的风险。无论是提供顺风车的服务者，还是搭乘顺风车的乘客，都会有交通安全方面的担忧。网约顺风车规制中，应当注意运用法治思维和法治方式，在安全与效率中寻求平衡。[1] 政府现有的管制思路是，严格要求顺风车服务者的市场准入条件，加重顺风车平台的监管职责，对顺风车服务行为设置严格的行为标准，加重当事人的法律责任。这种监管思路是减少网约顺风车风险、保障公众安全的必然选择。但是，任何一种新事物的发展，主要取决于人们对风险的容忍度有多高，对风险的认知和判断如何，以及人们利用法律制度对风险控制的可能性。在风险尚未发生之前，不能凭主观意识设置过多禁止性规范，也不能因为出现了公众安全隐患，而设置责任与权利明显不相匹配的限制性规范，甚至是禁止性规范。[2]

不可否认，网约顺风车服务市场出现了恶性的个案，但是传统的出租车市场同样也存在违法犯罪的问题。仅以带有偶然性的个案的出现，就认为网约顺风车市场的社会风险偏高，进而采用过于严苛的规制手段来限制网约顺风车行业的发展，将导致越来越少的人选择顺风车出行，最终消解其平衡交通需求、提供交通便利的社会功能。因此，为促进网约顺风车的良性发展，要适度考量规制的严格程度，考虑规制绩效和成本的性价比，允许交通服务需求者有风险厌恶者也有风险爱好者，使这些人都能找到适合自己的交通服务方式，并经过法律制度的谨慎设计，平衡交通效率和交通风险二者之间的

---

[1] 程琥. 我国网约车监管中的法律价值冲突及其整合 [J]. 环球法律评论，2018（2）：90-109.
[2] 孙瑞瑞. 共享经济背景下网约顺风车的行政监管研究 [J]. 南京邮电大学学报（社会科学版），2019（3）：44-52.

关系，使之成为规制的重中之重。

三、网约顺风车规制的路径设计

网约顺风车在发展过程中产生了必须规制的社会风险，其对社会产生的负外部性影响，需要通过法律和政府的压力来克服，因此建立相关法律制度是有效规制其社会风险的前提，也是促进其健康发展的必然选择。科学合理的规范制度，应该引导公众对新生事物形成社会共识以及新的道德底线和道德标准，并要与时俱进，不阻碍新兴经济业态的发展，但是也应避免纵容其"野蛮生长"。作为共享经济的代表，网约顺风车处在技术和商业模式快速变化的领域内，兼具创新性和复杂性。故对其进行具体的制度路径设计时，不仅要符合当下的社会需求，还要与时代发展趋势相适应，以促进网约顺风车行业良性健康发展。

（一）平衡私法自治和交通严格管制

完善规制立法，是促进网约顺风车良性发展的基础和先导。规制权力的行使要依靠法律法规的明确规定和授权。规制立法的直接目的是制定科学合理的法律以促进经济发展，其终极目标是实现"最大多数人的最大幸福"。[①]立法机关要针对网约顺风车分享行为的特性，制定全国性的法律法规，明确其法律性质，厘清其与网约出租车服务的边界，梳理顺风车平台、服务提供者以及乘客之间的权责利关系等。但不宜对网约顺风车的运营设置过多的限制或采用过于严苛的手段，而应通过对政府行使权力设置边界，使得网约顺风车在法律规制的框架内，依靠公信力和强制力得到保障。[②]在确保全国性法律对网约顺风车进行有效规制的前提下，积极调动地方的积极性，使地方在不违背上位法的前提下，因地制宜地制定相关细则，以适应各地具体情况的异质性，进而形成各地相对有效的规制模式。

在规制网约顺风车时，并不是所有的问题都能通过制定法律法规的途径

---

① 王丽美. 网约车监管立法价值取向之纠偏 [J]. 河北青年管理干部学院学报，2020 (1)：81–88.

② 陈丹，陈阳. 网约车规制中合作治理的框架及实现路径 [J]. 河南财经政法大学学报，2019 (3)：96–103.

予以解决，网络平台、顺风车司机以及乘客应当共同作用，以推动建立起有秩序、良性运转的网约顺风车市场。法律的滞后性决定了其不能解决各种新兴事物出现的情况，因此可以发挥"软法"的优势，针对性地解决相关问题。国家层面的法律法规是网约顺风车发展的底线，即以社会为本、保障乘客安全，但是更具针对性并被社会公众所认可的行业准则亦是促进网约顺风车持续健康发展的必然要求。法律应当尊重其他社会次级系统的内部理性和自治潜力，① 建立专门的网约顺风车行业协会，发挥行业协会自身优势，总结行业中的共性问题，协商讨论，制定关于该行业的服务标准和内部准则，积累网约顺风车的运营经验，形成更具社会责任感的行业文化；同时，规范经营模式，实施严格的行业自治监管，针对性地解决实践中出现的各种问题，推动网约顺风车在良性发展的轨道上运行。

在共享经济时代，法律关系主体之间的联系复杂化，利益多元交织，制定的制度要与时俱进。② 无论是制定国家层面的法律法规，还是采用"软法"形式，都应当采取开门立法、合作协商的形式进行。一是注重倾听专家学者的声音，探讨规则制定的可行性，通过不同观点的分享甚至冲突，提高立法的科学性。二是引入社会评价的方式，征集消费者对网约顺风车发展的建议，完善行业运营规范，提高行业服务标准。三是要与时代发展相呼应，保证法律规则制定的稳定性和可预期性。国家层面的法律法规应对"软法"保留发展余地，对其强势的私利偏好进行必要的规制和指引，平衡私法自治与交通严格管制，推动国家"硬法"和民间"软法"之间的良性互动，从而实现良法善治。③

（二）创新监管模式，实现合作监管

在网约顺风车领域，无论是单纯的政府规制，还是平台的自我规制，都面临能力不足而无法实现规制目标的问题。政府权力存在边界，政府需要创新监管思路，形成自律与他律并行的协同治理机制。同时，政府和企业形成

---

① 丁延龄. 网约车监管制度的反思理性法设计 [J]. 北方法学, 2019 (3): 64-72.
② 沈广明. 分享经济的规制策略——以辅助性原则为基点 [J]. 当代法学, 2018 (3): 48-59.
③ 张祺好. 互联网新业态的"软法"兴起及其规制 [J]. 法学, 2018 (2): 86-93.

合作规制模式是促进网约顺风车健康发展的最佳选择，应以理性开放、多元治理的法治态度，来建立新业态的规制秩序。①

政府是享有法定权力的行政主体，要充分发挥其在规则制定和强制力保障方面的优势，站在社会秩序的角度，以维护公众利益为立场，对网约顺风车进行全面细致的评估，并以乘客安全为本，明确规制措施，建立风险评估程序，对适用于网约顺风车的规则要考量规制的绩效和成本。若管制不足，则无法有效地规制网约顺风车所带来的出行风险；若管制过严，则会导致网约顺风车的社会公益功能得不到充分发挥。因此，要充分发挥政府的优势，明确规制态度，将平台自我规制限于一定的范围内，防止其过度追求利益最大化。而顺风车平台企业掌握着交易主体的海量数据，处于信息优势的地位，对行业的发展有专业深入的了解，其所制定的规则更能被市场主体遵守。对此，要充分调动平台的自律性，在经营和决策过程中关注自身的社会公共责任，依靠技术手段和大数据分析对网约顺风车经营服务过程进行跟踪与监控，并通过自身的评价反馈机制，客观地反映履约情况和服务质量的优劣，通过自我监管的方式保护用户的合法权益。

合作规制并不是自我规制工具与政府规制工具的联合使用，而是为实现规制目标，合作使用规制工具。② 针对网约顺风车的规制中，充分有效的信息是对产生的问题作出及时回应的前提。政府和企业之间建立互动的信息共享平台，能够使得政府和平台企业的信息互通并及时反馈。一方面，政府可以有效掌握网约顺风车更为详尽的交易数据，促进解决政府规制时存在的信息不对称问题，提高规制效率。另一方面，这有利于完善企业所掌握的信息，推动制定更加合理的平台规范，进而形成政府与平台之间的信息披露与安全警报联动机制，切实保障公众的出行安全。构建和完善政府规制与平台自我规制的合作模式，对网约顺风车行业形成监管合力，既能够发挥自我规制的优越性，又能体现政府规制维护公众利益的目的。在内部和外部的双重规制下，平衡各方利益，提高对网约顺风车服务规制的准确性和科学性，使规制

---

① 马长山. 互联网时代的双向构建秩序 [J]. 政法论坛, 2018 (1): 131 – 137.
② 刘绍宇. 论互联网分享经济的合作规制模式 [J]. 华东政法大学学报, 2018 (3): 72 – 82.

措施精准地发挥作用,实现维护公众安全和网约顺风车长效发展的目的。

总的来说,作为共享经济在交通领域内的典型形式,网约顺风车通过整合社会分散资源,以合乘和协同消费的形式,降低人们的出行成本,满足个性化的需求,发挥了减少尾气排放、增加交通运力等社会功能,符合可持续发展的时代需求。但作为一种新生事物,其在发展过程中必然会带来一定的风险,为此设计科学合理的规范制度就显得至关重要。对于网约顺风车的规制,一方面,要防范网约顺风车发展所产生的出行风险,保持顺风车的良性发展与公众安全保障之间的平衡;另一方面,要充分发挥网约顺风车为公众出行提供交通便利等社会性层面的功能,平衡社会各方利益。对此,要适度发展网约顺风车,将其作为公共交通的补充形式,列入未来城市交通的发展规划中;完善法治秩序,发挥"软法"的优势,实现国家层面的法律法规与"软法"的平衡共建和良性互动,平衡私法自治和交通严格管制,充分利用社会各界力量,集思广益,增强法律法规和行业规范的科学性;建立合作监管模式,构建政企信息共享平台,实现监管信息的互通互联,充分发挥政府和平台在各自规制领域的优势,实现监管与创新行业发展平衡,促进网约顺风车行业持续健康发展。

第五章

共享单车法律问题研究

共享经济是在互联网技术发展的大背景下,诞生的一种全新商业模式,是"新经济"的一种重要形态。站在政府监管共享经济的角度来看,从对"网约车"和"共享单车"的监管规则分析中,可以看出政府监管的思路也在逐渐变革。面对新兴经济形态的迅猛发展,政府的角色应该如何承担,政府监管规则应如何变化,是值得深思的问题。分析共享经济的本质,会发现共享经济与社会公共治理机制存在着耦合。[①] 对此,可以从完善社会公共治理机制的角度来探讨政府监管的应有地位和作用。

我国共享经济的发展刺激了共享消费,而共享单车则是共享消费的典型代表。共享单车的出现,有效解决了城市交通出行"最后一公里"的问题,在缓解城市交通拥堵、构建绿色出行体系、推动共享经济发展等方面发挥着积极作用。

一、城市共享交通与社会公共治理机制

社会公共治理是社会多元主体综合运用现代治理方式,通过协作为社会成员提供社会服务,协同管理公共事务,协调利益群体关系,化解社会矛盾的过程。由此,社会治理的基本任务可以抽象归纳为两大类:一类是社会服务(产品)供给,另一类是社会(公共)事务管理。[②] 社会公共治理的最终

[①] 所谓耦合,在物理学上是指两个或两个以上的体系或两种运动形式之间通过各种相互作用而彼此影响以至联合起来的现象。借此推而广之,在社会科学领域中,我们也可以把两种社会现象通过某种条件进行有机结合并共同发挥作用的客观现象,称为耦合。徐孟洲.论财政法与财政政策的耦合[J].法学杂志,2011(5):18.

[②] 唐双捷.分享经济给社会治理带来哪些助益[J].人民论坛,2017(2):82.

目标应该是，促进社会力量协同参与社会供给，提升社会服务（产品）供给数量与质量，增加社会力量有序参与社会（公共）事务管理的机会，优化社会资源的配置结构，以维护社会稳定，实现社会繁荣。

共享经济模式改变了经济形态，人人参与的点状经济结构取代了原有的以企业为主体的块状经济结构，其整合碎片化社会力量，激活个体化的社会成员，促进社会资源进行点对点的按需匹配。共享经济是信息革命发展到一定阶段出现的新兴经济形态，是连接供需的最优化资源配置方式，同时还是适应信息社会发展的新理念。以共享单车为代表的共享经济的发展，已经对传统规制方式提出了挑战。共享经济与社会公共治理具有共同性，在社会公共治理机制不断完善的过程中，可以使二者有机结合起来共同发挥作用。

（一）共享经济的本质分析

所谓共享经济，也称为分享经济，是指将社会上分散在个人、组织或者企业手中的海量闲置资源（包括闲置物品、资金、碎片时间、闲置空间，以及未被充分使用的知识与专长、技能与经验、关系与服务等），通过基于互联网、信息通信技术、云计算、大数据等的社会化平台，进行高效按需匹配并实现规模化，以低于专业性组织者的边际成本提供服务并获得收入，从而创造新的经济与社会价值的经济现象。其本质是资源的支配权与使用权分离，以租代买。[1] 广义上，共享经济是包括利用平台进行商品租赁或提供服务并获得收益的经济形式；狭义上，它是指分散的供给者通过互联网平台的撮合，在没有所有权转移的情况下，与消费者形成交易的经济业态。[2] 商务部认为共享经济是通过信息系统上的平台匹配供需双方，利用基于用户的打分系统控制质量，必须利用技能或资产来提供服务的一种经济门类。国家发展改革委于2017年4月公开的《分享经济发展指南（第二次征求意见稿）》中曾提到"分享经济主要是指利用网络信息技术，通过互联网平台将分散资源进行优化配置，提高利用效率的新型经济形态"。2023年2月，由国家信息中心信息化和产业发展部的分享经济研究中心制定并发布的《中国共享经济发展

---

[1] 蓝蔚青，王淑翠. 分享经济：机遇、挑战和治理建议 [J]. 决策咨询，2016（6）：20.
[2] 杨超，刘明伟. 分享经济的中美比较及启示 [J]. 中国物价，2017（7）：80.

报告（2023）》中明确指出，"共享经济是利用互联网平台将分散资源进行优化配置，通过推动资产权属、组织形态、就业模式和消费方式的创新，提高资源利用效率、便利群众生活的新业态新模式"。

通过对上述定义的分析，可对共享经济归纳为以下三点特征。

第一，共享经济是通过互联网平台对资源进行共享的行为。智能手机、移动支付、大数据、云计算、社会征信和数字货币的快速发展，为共享经济奠定了实现基础。共享的物理实现是以网络为基本媒介的，在网约车和共享单车中都存在着基于公共需求的大众生产使用和基于私人所有的平台之间的冲突。

第二，共享经济的供给是个体利用已有的闲置资源进行共享。当社会剩余资源通过平台与网络进行共享，便具备了社会性，促使共享实现从"行为"到"经济"的跨越。在此过程中，社会多元主体既是需求者也是供给者，社会供给主体与社会服务产品的多样性水平大幅提升，社会主体的交易活动边界得以扩展，同时社会资源加速流动，社会资本也得以培育。网约车争议的一个核心关键点，就在于个人私有的汽车转为共享，则属于经营行为。这是"黑车洗白"吗？还是需要重新定义"营运"，以给予这类"共享行为"一些"容错空间"？对这些问题的回答，还需要深刻理解共享经济的特征。

第三，共享经济的在线"隐身"和虚拟组织特征。共享经济的隐形特征优势，使其区别于工业社会实体经济，并得到资本的支持。资本对其"痛下血本"，通过价格刺激，开拓夺取市场空间，冲击了政府系统对传统行业的规制政策。[①] 网约车是否应跨境运营？网约车是否涉嫌不正当竞争和垄断？对这些问题的争论，关键点是对共享经济特征的认定的犹疑。共享经济通过隐形网络连接广大人群并形成新型社群，通过供给和需求的信息匹配，改变了传统的商业模式与企业终端，促进了社会产品供给的去中心化。

（二）共享经济对社会公共治理机制的挑战和助推

社会治理机制，既是共享经济发展的客观要求，也是其必然结果。每一

---

① Kristofer Erickson, Inge SØrensen. Regulating the Sharing Economy [J]. Internet Policy Review, 2016, 5 (2): 5-6.

个参与其中的主体，包括政府、企业、社会组织、消费者，都应该为形成有效的社会公共治理秩序规范自己的行为，发挥推进新制度形成的作用。从长期来看，共享经济为众多弱势群体参与社会创新系统提供了前所未有的条件和机遇，有利于促进社会公平与进步。

1. 共享经济对现有的层级监管体系造成冲击

以网约车、共享单车为代表的共享经济，是以虚拟网络平台为基础，并用平等参与方式直接聚合资源主体，从而形成扁平的组织结构，即平台型组织。[①] 这种平台型组织很难适用现有监管体制的等级层级管理，也很难适用属地管辖。若将平台型组织人为地按等级、区域等进行分割管制，就必然会造成平台型组织的控制力下降，增加监管成本，浪费社会资源。

2. 共享经济推动完善社会诚信机制

由于共享经济是信息不对称条件下的陌生自然人之间的交易，交易的效率从根本上取决于社会的诚信水平，社会成员之间的信任程度越高，则交易成本越低，交易效率越高。[②] 从网约车到共享单车、共享汽车，可以看出由于所有权和使用权的分离，对使用者的素质和社会诚信度提出了更高的要求。共享经济已经建立了用户点评、芝麻信用等多样化的信用评价体系，以阿里巴巴为例，其对所接入平台的商家采取了多种信用评价和信用管理措施，如开发支付宝以提供交易担保功能、买卖双方公开评价功能、累积店铺信誉和个人芝麻信用分数等。因此，加快实现企业内部信用信息与社会诚信体系建设的衔接，将有利于推动社会诚信机制的完善。

3. 共享经济提高社会公共治理的安全度

从理论上看，共享经济的开放透明和全程可追溯性为实现其安全发展提供了有利条件。从实践上看，共享平台安全保障机制也在不断完善中，发展初期出现的一些安全问题，更多的是暴露或放大了原本就存在的问题，但从未来发展看，共享经济将有助于从根本上解决安全问题。

---

① 谢新水，刘晓天. 共享经济的迷雾：丛生、真假及规制分歧 [J]. 江苏大学学报（社会科学版），2014（4）：5.

② 凌超，张赞. "分享经济"在中国的发展路径研究——以在线短租为例 [J]. 现代管理科学，2014（10）：38.

（三）社会公共治理机制对共享经济形成制度约束

共享经济背景下形成的社会公共治理机制，一方面要求传统监管者即政府积极转变角色，适应共享经济的新特点，另一方面也对共享型企业提出了更高的要求，使其在规则之下能合理约束自身，担负起企业的社会使命。

1. 社会公共治理机制带动政府监管角色的转变

在共享经济中，承担着私人投资的平台公司由于开放竞争的环境，在维护平台秩序和信誉方面，具有比政府更为强烈的积极性和更加丰富的知识经验、管理手段。它们既能管理好平台上个体的利益刺激，也有相关的手段和能力。由此，政府应摈弃直接监管社会个体的做法，通过结合网络平台这一最为有效的协调主体，减少公共服务的负担，提高政府的管治威望。

政府的关注重点，应聚焦于为共享经济发展创造宽松环境，以及处理共享经济因不断创新而引发的利益平衡矛盾等方面，建立和完善补位性、底线性和保障性的制度及规范。参与共享经济的劳动者很多是隐形就业或者以自由职业者身份就业，这种劳动关系难以被现有的劳动法律制度和社会保障制度所覆盖，一旦发生劳动争议，则无法可依。对此，政府不仅应该完善社会保障制度，保障参与共享经济的劳动者的合法权益，还应推进公共数据开放和社会信用体系建设，积极利用大数据等新技术手段，实现精准治理。

2. 社会公共治理机制要求共享型企业承担自我监管职责

社会公共治理机制的有效实施，要求共享型企业必须积极承担自我监管职责。共享型企业通过加强自我监督，主动承担社会责任，以获得公众信任和品牌塑造。社会公共治理强化了共享型企业的平台职责，要求其利用大数据等高科技手段加强平台运营管理，承担更多的社会公共服务功能。以共享单车为例，天津市公安交通管理局于2017年8月正式启用了共享单车交通违法信息交互平台，共享单车企业通过与天津市公安交通管理局的信息互通，对违法骑行人给予至少禁用共享单车一周的处罚。河南省郑州市交警发现骑行共享单车出现交通违法行为的，将对非机动车驾驶员通过体验式站岗的感受教育、学习交通法规的法律教育、书写守法承诺的自我教育和采集交通违法者的详细信息并记录在案等"三教育一采集"的方式进行教育处罚；同时共享单车企业也将对骑行人予以信用扣分、提高单次用车成本、短期禁骑直至终身禁骑的处罚措施。① 可以看出，共享型企业的自我规范，也可以为构建多方参与的协同治理模式提供经验积累、技术与数据支撑。②

(四) 完善社会公共治理促进共享经济发展

共享经济的资源"共享"，强调的是成员对资源的共同拥有以及共同治理。共享资源收益是由群体内个体共同享用，而对共享资源维持的投入也应该由所有个体共同承担。因此，社会公共治理也就成为促进共享经济发展的必由之路。

1. 共享经济发展离不开社会公共治理的完善

有学者认为，共享经济能推动实现社会治理供给侧的"三降一去一补一改"：降低社会产品供给的边际成本，降低社会剩余交换的交易成本，降低社会产能的无效供给；去社会供给的中心化；弥补社会正式制度的短板；改善社会关系弹性。③ 共享经济的发展，要求将与互联网连接的所有因素作为一个统一的相互影响的系统来加以调整和规范。共享经济下，交通领域社会治理机制的设计，必须深刻理解在这一系统中的每一个因素的变化都会影响系统中的其他因素；而且交通领域的共享经济还受到多种外部性因素的影响，如产能过剩、进入市场的低门槛以及竞争者之间的道德素质等。要使得这些因素组合成为有机有序的整体，不是单靠政府监管就能实现，而是要通过社会治理机制的完善来加以实现。社会公共治理是国家权力向社会回归的一种形式，这个过程其实就是通过国家与社会、政府与公民之间的良性合作来实现还政于民。治理之目的是在各种各样的制度关系中控制、规范以及引导公民的各种行为、活动，以此来最大限度地增加公共利益。④

2. 运用互联网思维和法治思维创新监管理念

在社会公共治理体制中，通过政府主体、社会主体和市场主体之间的相

---

① 宋宝慧. 天津规范共享单车使用：违法者将被禁用至少一周 [EB/OL]. (2017 - 08 - 18) [2021 - 10 - 30]. http：//news. sina. com. cn/o/2017 - 08 - 18/doc - ifykcirz2893543. shtml；李颖. 郑州治理违章骑车 严重者不能再用共享单车 [EB/OL]. (2017 - 08 - 24) [2021 - 10 - 31]. http：//henan. sina. com. cn/news/2017 - 08 - 24/detail - ifykiuaz0487348. shtml.

② 王峰. 分享经济倒逼社会协同治理 [N]. 人民邮电, 2016 - 04 - 11 (5).

③ 唐双捷. 分享经济给社会治理带来哪些助益 [J]. 人民论坛, 2017 (2)：82.

④ 俞可平. 治理和善治：一种新的政治分析框架 [J]. 南京社会科学, 2001 (9)：41.

互协商合作，形成了一个由多权力中心治理的网络，这意味着政府角色的转变和政府监管理念的变革。

运用互联网思维，意味着要充分认识、理解尊重互联网经济规律，把握开放共享协作共治的理念，包容创新、尊重创新、鼓励创新，在制度设计中注重发挥市场在资源配置中的决定性作用。其中，在社会公共治理机制中，包容、尊重、鼓励创新，要求创新主体能够参与到治理机制中，能够有表达利益诉求的渠道和方式。政府应以"开放包容"的态度认识和对待共享经济，使支持和鼓励创新成为政府监管与各项制度设计的基本原则，政府监管的尺度要为新经济业态的发展留出"容错空间"。

运用法治思维，意味着要遵从法治原则、比例原则等基本原则，科学合理地设计制度规范，明确权力行使边界，规范权力运行程序，保障基本权利自由，维护法律秩序统一。面对互联网时代不断涌现的新情况，类似网约车、共享单车这样的重大公共民生政策的制定和监管，除了要坚持以公共利益为导向，明确公共权力的谦抑，建立静态的权力边界，还需建立动态调节机制。

3. 发挥共享经济的技术优势以提高社会公共治理的能力

在共享经济中，政府通过传统的行政许可方式进行监管总是力不从心。例如，如何确定城市所需共享单车的数据规模，不能靠简单的数量控制，而是需要通过考虑自行车的生产成本、维修成本、日骑率、单车押金绑定人数、城市公共交通的承受能力以及短途出行的实际需求量等因素，来确定该城市共享单车的投放饱和边界。运用信息技术和大数据优势，可以解决监管制度设计中的一些难题。例如，用电子围栏技术解决共享单车乱停乱放问题，就比简单粗暴的罚款等处罚措施更为有效。又如，社会公共治理需要充分发挥各参与者的智慧，根据数据监测结果进行量化分析，就比纯靠理论推演更为有效和准确。

4. 通过个人诚信机制来推进共享经济与社会公共治理机制的耦合

社会公共治理体制的运作方式包括协商、谈判等，但关键是要依托社会成员自身的道德素质来规范社会行为，协调社会关系，并最终解决社会问题。社会治理的核心是通过政府和公民合作来对公共生活进行管理。这种合作管理关系的基础是政府和公民之间能够相互信任、相互尊重。[①] 社会公众所扮演的角色不应该仅作为政府所提供的公共服务的消极消费者，而更应该是有着积极能动性的诚信公民。在社会公共治理中，诚信有着十分独特的地位。社会普通公众的诚信对社会在自我组织、管理层面上，有着积极的意义。社会公共治理体制的本质是社会诚信自治，征信机制与社会诚信监督机制是国家和社会进行合作的主要范畴。在共享经济网络中，除了要求国家负责统一整合诚信信息（特别是公共信息），还需社会组织与经济组织广泛地参与对私人信息的征集。共享经济模式是高度依赖信用的商业模式，必须有一个严格的、可以保证交易双方进行安全交易的信用评级系统。共享经济的活跃程度与信用评级的建立和完善紧密相关，共享经济的健康发展也会增强社会信任。

针对共享经济的监管目标是多样化的，包括解决就业、提高税收、繁荣经济、可持续发展以及创新创业等方面。但是，要保障这些目标互不冲突，使得共享经济所关涉的各个因素之间达成有效有序的整体，就需要建立多主体互动的社会公共治理体系，使得共享经济的每个参与者，包括政府、共享型企业、网络平台、社会机构、消费者等多方力量，参与其中；让各主体通过社会公共治理机制在共享前、共享中、共享后都能保护好各自的权益，以弥补法律监管的不足。共享经济的发展已经引发许多新现象和新问题，如在市场概念的内涵确认方面和市场边界的界定标准方面，在国民经济的统计核算的方法方面，都需要重新明确和核定，才能准确理解共享经济对整个社会的影响。最后，社会公共治理要充分利用现有的信息技术和大数据，通过技术的发展解决制度难以解决的问题，引导共享经济的各利益相关方主动承担社会责任，实现社会公共治理社会公益最大化的目标。

二、共享单车法律问题的提出

共享单车，即互联网租赁自行车，是移动互联网和租赁自行车融合发展

---

① 沈记，郑翔. 社会诚信体系与社会公共治理体制的关系探究 [J]. 四川行政学院学报，2017 (3)：32.

的新型服务模式。共享单车发展非常迅速，其在满足公众出行需求、有效解决城市交通出行"最后一公里"问题、缓解城市交通拥堵、构建绿色出行体系等方面发挥了积极作用。但共享单车在使用中也存在引发争议的问题，如车辆乱停乱放，挤占公共道路和地铁站口等位置，造成交通拥堵；车辆运营维护不到位，损坏车辆得不到及时修理；共享单车运行平台没有及时调度，造成使用不方便；消费者预先支付的押金的资金安全和个人网络信息安全风险等。为监管共享单车，2017 年发布了《交通运输部、中央宣传部、中央网信办、国家发展改革委、工业和信息化部、公安部、住房城乡建设部、人民银行、质检总局、国家旅游局关于鼓励和规范互联网租赁自行车发展的指导意见》（交运发〔2017〕109 号，以下简称《共享单车指导意见》）。

网约车、共享单车以及共享汽车是由"交通共享"理念和力量催生出的全新出行模式，它正不断地改变人们的出行方式。但是，随之而来的相关问题也使得政府在面对新生事物时，不断更新自己的监管理念和监管措施。需要注意的是，共享汽车会不会重蹈覆辙，在问题暴露出来后才能得到治理，有没有可能在分析共享经济本质的基础上对此提供一个政府监管的框架设计，是本章思考的起点。

三、网约车和共享单车政府监管的比较

虽然对网约车的管制措施已经实施数年，但对相关管制规则的争议却并未停息。批评意见主要在于，认为《网约车暂行办法》限制新经济的发展，如有学者认为该办法，既没有上位法，也不符合《行政许可法》规定的权限。[①] 与充满争议的网约车政府管制不同，《共享单车指导意见》一经发布，受到了较为广泛的认可，这一方面是由于相对于网约车而言，共享单车的法律关系相对比较简单，另一方面是从《网约车暂行办法》到《共享单车指导意见》可以比较清晰地看出，政府对交通领域的共享经济的监管理念和监管规则的变化。

---

① 邓峰. 专车新规的经济法审查［EB/OL］.（2015 - 10 - 20）［2021 - 11 - 25］. http：//yuanchuang. caijing. com. cn/2015/1020/3988852. shtml.

（一）政府监管层面的比较

网约车和共享单车在政府监管层面的比较，可以从以下两方面展开分析。

1. 监管理念的比较

《网约车暂行办法》的监管理念的重点是规范网约车经营服务行为，[①] 但对网约车这种共享经济类型的本质和基本规律把握尚不够准确，在监管理念中存在着一定的偏差。政府监管的理念是将网约车这种新型的出行方式纳入出租车管理的范畴。为与传统出租车接轨，将出租车简单直接地分为"网络预约出租车"和"巡游出租车"，是不严谨的。事实上，传统巡游出租车也可以接入互联网平台，通过网络预约方式进行运营，这在现实中非常普遍。同时，网约车在路上巡游，虽然不合法，但要真正查处却很难，执法成本也非常高。此外，按照《网约车暂行办法》所设定的框架，各地纷纷出台的相关规则实际上比交通运输部的规则更为严格。

在《共享单车指导意见》中，明确确立的基本原则是：坚持服务为本、坚持改革创新、坚持规范有序、坚持属地管理、坚持多方共治。[②] 其中，多方共治原则的提出，表明政府对共享单车的规律有了进一步的认识。共享单车作为共享经济的新生事物，参与到交通道路资源的分配中，对社会各方面都会造成影响。政府监管只能是多方共治中的一个重要组成部分；多方共治在本质上来讲，就属于社会公共治理。

2. 监管规则的比较

《网约车暂行办法》共计7章40条，涵盖总则、网约车平台公司、网约

[①] 《网约车暂行办法》第1条规定："为更好地满足社会公众多样化出行需求，促进出租汽车行业和互联网融合发展，规范网络预约出租汽车经营服务行为，保障运营安全和乘客合法权益，根据国家有关法律、行政法规，制定本办法。"

[②] 《共享单车指导意见》中明确指出，基本原则包括以下五点。一是坚持服务为本。树立以人民为中心的发展思想，维护各方合法权益，为公众提供更安全、更便捷、更绿色的出行服务。二是坚持改革创新。以"互联网+"行动为契机，发挥市场在资源配置中的决定性作用和更好地发挥政府作用，激发企业创新动力和活力，促进行业健康有序发展。三是坚持规范有序。坚持问题导向，实施包容审慎监管，形成鼓励和规范互联网租赁自行车的发展环境，落实企业主体责任，依法规范企业经营，引导用户守诚信、讲文明，维护正常运行秩序。四是坚持属地管理。城市人民政府是互联网租赁自行车管理的责任主体，充分发挥自主权和创造性，因地制宜、因城施策，探索符合本地实际的发展模式。五是坚持多方共治。充分调动各方面积极性，加强行业自律，引导公众积极参与，形成政府、企业、社会组织和公众共同治理的局面。

车车辆和驾驶员、网约车经营行为、监督检查、法律责任以及附则等七方面内容。其总体思路是通过设定行政许可,使网约车平台公司需要取得《网络预约出租汽车经营许可证》,在网约车平台上提供服务的车辆和驾驶员也都要取得相应的许可,而且授权地方政府确定具体的许可条件。在此前提下,北京市制定了《北京市网络预约出租汽车经营服务管理实施细则》,要求网约车"京人京籍"①,上海市制定了《上海市网络预约出租汽车经营服务管理若干规定》,要求"沪籍沪牌"②。这些规定引发了是否涉嫌"户口歧视"的争议。③ 从监管规则性质来看,这是"属地管理"的行政配套机制催生的政策。此外,多个地方政府制定的网约车管理相关规则都强调政府监管,并制定了相对繁复的监管规则。

《共享单车指导意见》中所确定的管理规则包括:科学确定发展定位、引导有序投放车辆、完善自行车交通网络、推进自行车停车点位设置和建设、加强互联网租赁自行车标准化建设、规范企业运营服务、加强停放管理和监督执法、引导用户安全文明用车、加强信用管理、加强用户资金安全监管、加强网络和信息安全保护、明确责任分工、加强社会公众治理以及建立公平竞争市场秩序。从这些规则可以看出,《共享单车指导意见》针对共享单车备受关注的热点问题都给予了回应。例如,针对乱停乱放,提出推广运用电子围栏等技术,综合采取经济惩罚、记入信用记录等措施;针对车辆质量,要求确定车辆标准,推动企业规范运营服务;针对使用不便,要求合理配备线下服务团队,加强车辆调度、停放和维护管理;针对押金资金安全和个人

---

① 《北京市网络预约出租汽车经营服务管理实施细则》第8条规定:"在本市申请《网络预约出租汽车驾驶员证》的驾驶员,应当符合下列条件:(一)本市户籍;……"第9条规定:"在本市申请办理《网络预约出租汽车运输证》的车辆,应当符合下列条件:(一)本市号牌且为出租汽车经营者或个人所有的车辆(机关企事业单位及社会团体非营运车辆不得从事网约车运营),满足本市最新公布实施的机动车排放标准,在车辆检验有效期内,没有未处理完毕的交通事故和交通违法记录;……"

② 《上海市网络预约出租汽车经营服务管理若干规定》第8条(网约车车辆条件)规定:"在本市从事网约车经营服务的车辆,除符合《办法》规定的条件外,还应当符合下列条件:(一)在本市注册登记;……"第9条(网约车驾驶员条件)规定:"在本市从事网约车经营服务的驾驶员,除符合《办法》规定的条件外,还应当符合下列条件:(一)本市户籍;……"

③ 陈晨. "京人京车" "沪籍沪牌" 引热议 网约车新政是否过严?[N]. 南方日报, 2016-10-10.

网络信息安全风险，提出实现注册实名制，禁止向未满12周岁的儿童提供服务。另外，还鼓励采用免押金方式，押金和预付资金须有专门账户管理，实施专款专用，并特别提出了社会公众治理的基本构想。

（二）监管效果层面的比较

《网约车暂行办法》实施以来，有两个较为明显的变化：一是市场规模方面，从过去的无序状态逐步向有序规范发展，城市交通拥堵情况得到了一定程度的缓解；二是从车辆、人员的准入门槛来看，对乘客权益的保护、安全机制在逐步落实。但由于不少司机纷纷退出，加之网约车司机考试较难，导致运力有所缺失，"打车难""打车贵"等现象在各地有所显现。以北京为例，由于北京网约车整体调控，截至2017年8月，只有6000多辆网约车获得许可。[①] 北京乘客感觉到约车变得不容易，而且不得不面对更高频率的加价。

从网约平台角度来看，经过了新政过渡期，网约车平台已逐步进入正轨，除继续进行不合规人员及车辆的清理工作外，还继续推进符合条件的人员、车辆的相关许可办理工作。

从交通部门监管角度来看，网约车行业的许可与管理，跨交通、公安、通信、市场监管、工信、质检等多个部门，同时跨中央部委及省、市等多个层级。但是，这些部门还没有建立起联合监管机制，在实际管理工作中，并没有形成较强的合力，基本上靠交通部门独自管理。另外，网约车平台公司仍在与交通管理部门进行真实、及时的数据接入；监管部门对网约车平台公司违反《网约车暂行办法》的行为的处罚手段和力度有限；针对网约车监管的法律依据仍然不太完善。

相比之下，《共享单车指导意见》虽发布较晚，但其监管效果相对较好，其多方治理的思路获得称赞，相关监管规则的科学性也受到肯定。

（三）对网约车监管存在问题的反思

网约车的监管出现了始料未及的后果，其根本原因在于以网约车和共享单车为代表的共享经济的根本特征不同于原有经济形态，其法律关系更为复杂。对相关主体权利义务的设定不能简单地套用传统经济的管理方式。

---

① 曹晶瑞. 北京网约车整体调控 目前6000多辆获许可 [N]. 北京晨报, 2017-08-17.

从监管主体来看,需要多方合作,如网约车平台形成的庞大公众信息数据库,要实现有效监管,必然需要有通信、网信等各个部门的积极参与,需要有一个强有力的部门来统筹开展各项工作。

从共享经济平台来看,大的平台公司都需要进行跨区域经营,传统的属地监管原则催生出来的地方许可证,导致经营成本增加,发展速度不得不放缓,规模效应难以得到充分发挥。"京人京车""沪籍沪牌"这种监管思路模式既不符合现实需求,也增加了执法成本。违法行为的普遍存在,使得法不责众,也使得法律难以得到真正实施。

从监管方式和手段来看,共享经济最本质的竞争模式之一,是认知领先和环境"通吃",这也是以滴滴为代表的网络平台公司大力通过补贴抢占市场的原因。这种补贴是否属于恶性竞争,是不是涉嫌滥用市场优势,政府是不是应该一律加以禁止?哪些互联网技术手段能够帮助政府不需要采取规则而实现管理的目标?这些都是监管措施在进一步完善过程中需要回应的问题。

第六章

自动驾驶汽车法律问题研究

随着汽车与人工智能、信息通信等领域加速融合，汽车的智能化和网联化发展已经成为世界共识。汽车将由单纯的交通运输工具逐渐转变为智能移动空间和应用终端，成为新兴业态的重要载体。无人驾驶汽车可以通过不断学习和匹配各类前瞻技术，保障出行安全，缓解交通压力，并减少环境污染。随着技术的成熟，人类将越来越多的控制权赋予智能设备，最终形态是彻底解放人类。无人驾驶作为人工智能的一个重大应用，需要系统的创新、5G 网络的融合以及运营商车联网云平台的优化。在此背景下，无人驾驶产业化在多个方面取得了很大进步。运营商与车企、科技公司的合作共享已成为共识，在政府的法律法规支持下，产业链不断整合。通过共同搭建生态系统，无人驾驶随着 5G 网络的到来变得更加触手可及。无人驾驶将带来交通与安全领域的变革，产生新的服务模式，进而在整个经济社会中产生深远影响。

自动驾驶技术在道路交通领域的运用，尽管会大幅度地减少交通事故，但这绝不意味着它能将事故发生率降为零。尤其在技术开发试验阶段，更能凸显出其技术缺陷与法律应对不足的问题。历史经验表明，颠覆性的科技创新会受到传统观念、既定规则的排斥和制约，自动驾驶汽车的发展亦是如此。从世界范围看，自动驾驶汽车已经给各国现行管理体系带来挑战，法律法规调整成为影响自动驾驶汽车商业化进程的关键因素。

一、自动驾驶汽车的概念与分类

自动驾驶汽车，又称无人驾驶汽车、智能网联汽车，是指不需要人类实时输入以操作或者驾驶，而是运用多种感应器和电脑软件来收集与运行相关的周围环境信息以实现自动驾驶的汽车。① 根据自动驾驶技术的主要技术及功能特征定义，自动驾驶汽车实际上就是指能通过计算机人工智能系统实现自动驾驶的汽车。我国关于自动驾驶汽车概念的描述，最早体现在北京市于 2017 年 12 月 18 日发布的《北京市自动驾驶车辆道路测试管理实施细则（试行）》中。该细则第 32 条指出自动驾驶是指在无须驾驶员执行物理性驾驶操作的情况下，能够对车辆行驶任务进行指导与决策，并代替驾驶员操控行为，使车辆完成安全行驶的技术。② 无人驾驶技术由感知、认知决策和控制三部分构成，这三个部分交互运行，完成自动驾驶的整个流程。

目前，关于自动驾驶技术较为通用的分级理论，是以国际汽车工程师学会（Society of Automotive Engineers，SAE）于 2014 年发布的自动驾驶技术六级体系，即将自动驾驶技术分为 L0 至 L5，共六个级别。对于自动驾驶汽车的分类，学界多数直接采用 SAE 技术分级法，将自动驾驶汽车也分为 L0 至 L5 这六个类型，但是在研究自动驾驶汽车交通事故责任主体问题时，这种将自动驾驶汽车看成技术而对其进行等级划分的方法，显得过于生硬和被动。笔者以全球通用的 SAE 自动驾驶技术分级理论为标准，根据自动驾驶汽车技术发展阶段不同，分为辅助自动驾驶、部分自动驾驶与完全自动驾驶阶段三个阶段。辅助自动驾驶阶段的汽车与传统的机动车无实质上的差异，其基本的自动导航、预警和防护功能只起到辅助人类操作的作用，并非严格意义上的自动驾驶，属于非自动驾驶汽车。笔者所要讨论的是后两阶段的自动驾驶汽车，根据技术水平高低，可以分为半自动驾驶汽车与全自动驾驶汽车两大类，半自动驾驶汽车对应的是 L2 和 L3 技术层级，即部分自动驾驶技术阶段的自动驾驶汽车，全自动驾驶汽车对应的是 L4 和 L5 层级，即完全自动驾驶技术阶段的自动驾驶汽车。根据自动驾驶汽车在行驶过程中人类主体的作用不同，分为人工操作和自动驾驶两种模式。

日本官方对于自动驾驶级别的定义呈现从四级到六级细化的趋势。日本内阁府于 2016 年发布的《战略创新创造项目（SIP）自动驾驶系统的研发计

---

① Tracy Hresko Pearl. Fast & Furious：The Misregulation of Driverless Cars [J]. N. Y. U. Annual Survey of American Law, 2017 (73)：19.
② 郑志峰. 自动驾驶汽车的交通事故侵权责任 [J]. 法学, 2018 (4)：16.

划》(2016年)及内阁秘书处IT综合战略办公室于2017年发布的《公私智能道路交通系统(ITS)构想路线图的定义》中,采取了自动系统的四级划分,其中级别1为机动车执行加速、转向与制动其中一项的状态;级别2为机动车能够同时执行加速、转向与制动多个操作的状态;级别3是机动车能够执行加速、转向与制动全部的操作,并仅在紧急时需要驾驶人的协助;级别4为完全不需驾驶人操作的状态(见表5)。①

表5　日本自动驾驶系统级别及损害赔偿责任[1]

级别	定义	损害赔偿责任
级别1	系统进行加速、掌舵、制动的任意操作	对人的事故（汽车损害赔偿保障法）；对物的事故（根据民法的过失责任）[2]
级别2	系统一次进行加速、掌舵、制动中的多个操作	
级别3	加速、掌舵、制动全部由系统进行,只有系统请求时,司机才可以对应	
级别4	加速、掌舵、制动全部由系统进行,司机完全不参与	汽车的安全基准、使用者的义务、许可制度、刑事责任的应有形式等,需要从根本上重新审视汽车相关法令等方面的理论

注:〔1〕根据日本损害保险协会资料制定。
　　〔2〕皆可以与现行法相对应。

2016年9月,美国交通运输部发布《联邦自动驾驶汽车政策》,欧美开始全面采用SAE J3016标准。为避免混乱,2017年日本内阁府在《战略创新创造项目(SIP)自动驾驶系统的研发计划》(2017年)以及《公私智能道路交通系统(ITS)构想路线图的定义》中,也采用了自动系统SAE J3016标准(见表6)。其中,将自动驾驶到无人驾驶阶段分为六个级别,即SAE级别0至SAE级别2由驾驶人完成一部分或全部驾驶任务,SAE级别3至SAE

---

① 付玉明.自动驾驶汽车事故的刑事归责与教义展开[J].法学,2020(9):135–152.

级别5为自动驾驶系统实施一部分或全部驾驶任务。①

表6 SAE J3016 自动驾驶级别标准的概要及监控主体

级别	概要	安全驾驶的监控主体
SAE 级别0（非自动化驾驶）	驾驶人实施所有的驾驶任务	驾驶人
SAE 级别1（辅助驾驶）	系统实施前后、左右任一个车辆控制所涉及的运行任务的子任务	驾驶人
SAE 级别2（部分自动化驾驶）	系统实施前后、左右两个车辆控制相关的运行任务的子任务	驾驶人
SAE 级别3（附条件自动化驾驶）	系统实施所有运转任务（限定区域内[1]）；难以继续运作的场合下，期待驾驶员对系统的介入要求等作出适当的回应	系统（系统难于继续运作的场合，由驾驶人监控、接管）
SAE 级别4（高度自动化驾驶）	系统实施所有运转任务（限定区域内）；在难以继续运作的场合下，不期待使用者作出响应	系统
SAE 级别5（完全自动化驾驶）	系统实施所有运转任务（不在限定区域内）；在难以继续运作的场合下，不期待使用者作出响应	系统

注：[1] 此处的"区域"不一定限于地理区域，还包括环境、交通状况、速度、时间条件等。

由表6可知，SAE级别0为非自动化驾驶，由驾驶人操控驾驶任务，并对安全驾驶环境进行监控，在所有情况下执行动态驾驶任务的对应主体是驾驶人。SAE级别1为辅助驾驶，在特定的驾驶模式下由辅助驾驶系统根据环境信息控制转向或加减速中的一种，并由驾驶人监控驾驶环境，在复杂情况下执行动态驾驶任务。SAE级别2为部分自动化驾驶，在特定的驾驶模式下由一个或多个智能辅助驾驶系统根据驾驶环境信息控制转向和加减速，并由

---

① 付玉明. 自动驾驶汽车事故的刑事归责与教义展开 [J]. 法学，2020 (9)：135－152.

驾驶人监控、对应安全驾驶。SAE 级别 3 为附条件自动化驾驶，智能系统完成全部驾驶任务（在限定的地理、环境、交通状况、速度、时间条件的领域内），但对于智能系统难于继续运作的场合，期望驾驶人介入，要求作出应答并接管驾驶操控。在 SAE 级别 3 的情况下，一般由智能系统来监控和对应安全驾驶，但在系统难以继续运作的场合，由驾驶人监控、接管。SAE 级别 4 为高度自动化驾驶，智能系统实施全部的驾驶任务（在包含限定的地理、环境、交通状况、速度、时间条件的领域内），即便驾驶人无法正确响应介入请求并接管操控驾驶，也应由智能系统监控和应答安全驾驶。SAE 级别 5 为完全自动化驾驶，由自动驾驶系统在全部时间、全部路况和环境条件下完成全部驾驶任务（不限定区域），对于智能系统难以继续运作的场合，不期待使用者作出应答、接管，而是完全由自动驾驶系统来监控和应对安全驾驶有关事项。但是，SAE 级别 0~5 中，驾驶人在任何时间都可以介入接管车辆系统的操控。[①]

SAE 级别 3 以上的自动驾驶系统称为智能自动驾驶系统，SAE 级别 4 和 SAE 级别 5 的自动驾驶系统称为完全自动驾驶系统。在完全自动驾驶系统的操作下，驾驶人无须对道路、环境进行实时观测并做出相应的操作，自动驾驶系统自身就能做到安全驾驶并采取应急措施。安装不同级别智能驾驶系统的机动车，驾驶人在认知、判断、操作等方面的责任分配，也将产生相应的变化。[②]

2021 年 8 月 20 日，我国发布了国家标准《汽车驾驶自动化分级》（GB/T 40429—2021），该标准于 2022 年 3 月 1 日起实施。《汽车驾驶自动化分级》明确规定了汽车驾驶自动化分级的原则、各级别的定义、分级要素和技术要求框架，解决了我国汽车驾驶自动化分级的规范性问题，为智能网联汽车相关行业管理提供了基础依据。《汽车驾驶自动化分级》标准将驾驶自动化分为六个等级：①0 级：只具备应急辅助功能；②1 级：部分驾驶辅助功能；③2 级：组合驾驶辅助功能；④3 级：有条件自动驾驶功能；⑤4 级：高

---

① 付玉明. 自动驾驶汽车事故的刑事归责与教义展开 [J]. 法学, 2020 (9)：135-152.
② 付玉明. 自动驾驶汽车事故的刑事归责与教义展开 [J]. 法学, 2020 (9)：135-152.

度自动驾驶功能；⑥5级：完全自动驾驶功能。无人驾驶汽车（Driverless Vehicles）是自动驾驶的最高阶段。当系统进入4级（高度自动驾驶）、5级（完全自动驾驶）阶段，则无须人为干预即可实现驾驶自动化的情景，完成"代替人来操作"的目标，迈入无人驾驶汽车的行列。

总的来说，随着无人驾驶汽车的持续发展，它将在保障交通安全、提高出行效率、节约资源等方面都有着革命性的意义，将为汽车商业模式带来颠覆式的改变。

二、自动驾驶汽车对交通监管制度的影响

自动驾驶汽车是人类智慧在交通领域的重大突破，具有非常重要的进步意义。但不可忽视的是，它的发展势必会对现有交通监管制度形成挑战。

（一）自动驾驶汽车的发展概况

第一台真正意义上的智能汽车诞生于1977年，[①] 此后汽车的计算机化以及传感器、加速器和控制技术的快速更新为智能汽车的进一步发展奠定了技术基础。自动驾驶汽车是第三次科技革命的产物，在20世纪已有数十年的历史，21世纪初呈现接近实用化的趋势。自动驾驶因其舒适性、方便性、智能性等特点受到广大消费者的青睐，被消费者寄予厚望；依托于互联网、大数据以及5G等现代网络技术的发展，各大科研机构也以智能汽车的创新和研发为切入点，以期在自动驾驶领域取得进展，在国际社会的科学技术领域占据领先地位；世界各国的各大汽车生产商更是瞄准自动驾驶汽车的发展潜力和盈利空间，加大对自动驾驶汽车研发的投资力度，不断扩大自动驾驶汽车的研发份额。除此之外，各国政府也将支持自动驾驶汽车发展作为推动交通运输领域改革、推进公共事务管理和促进国民经济建设等各个领域革新的有效手段。基于此，社会各主体之间形成一种合力，自动驾驶汽车的研发和应用是大势所趋、人心所向，其必将成为汽车行业的和交通运输行业的重心。

自动驾驶是引领未来的前沿技术和颠覆性技术之一，不仅将带来汽车产

---

① 张韬略，蒋瑶瑶. 德国智能汽车立法及《道路交通法》修订之评介[J]. 德国研究，2017(3)：68.

业的全面变革，还将对经济社会发展产生深远影响，成为汽车产业升级和交通发展模式变革的战略制高点。自动驾驶技术承载着"降低道路交通事故发生率，改善人们出行体验，变革当下生活方式"的美好愿景而步入公众的视野。伴随自动驾驶技术的迅猛发展，全新的应用场景也应运而生，冲击着构建于传统概念和思路基础上的既有法律制度体系。因此，解决这种创新技术与传统法律制度之间的冲突和矛盾，成为推动技术应用合法化和社会化的重要任务。

当自动驾驶汽车作为一种新型的交通工具应用于交通运输领域时，作为上层建筑的法律必将随之进行补充、发展和完善，但事实上法律问题比技术问题具有更大的突破难度。当前各国都在关注自动驾驶汽车的技术革新，并取得了相当程度的突破，与之相关的法律政策的研究也获得了重视，但各国并未在立法上取得突破性进展。中国要想在自动驾驶汽车的应用领域取得先机，必须在宪法的框架下，立足于自动驾驶相关法规进行突破性的研究。我国政府深知自动驾驶领域的发展潜力，国务院于2015年印发《中国制造2025》，将自动驾驶汽车列入未来十年国家智能制造发展的重点领域，发展自动驾驶汽车产业成了国家政策。一般认为，自动驾驶技术是集自动控制、体系结构、人工智能、视觉计算等众多技术于一体的产物，在自动驾驶汽车中运用的技术是相互沟通信息的计算机、软件、传感硬件、汽车、人力操作者（某些场景下）的结合。2017年，工业和信息化部等三部门联合发布《汽车产业中长期发展规划》，指明了自动驾驶汽车的关键地位，并提出要加快推进智能网联汽车法律法规体系建设，明确了安全责任主体界定、网络安全保障等法律要求。2019年，中共中央、国务院印发的《交通强国建设纲要》进一步提出大力发展智慧交通，推动大数据、互联网、人工智能、区块链、超级计算等新技术与交通行业深度融合。但实践中，我国现有的自动驾驶政策、法律法规相对滞后，并没有针对自动驾驶系统的应用问题的法律法规，只有国务院和地方政府的规章、政策文件中对自动驾驶技术的应用有一些相对简单的规定，不能满足现有以及将来自动驾驶汽车普遍应用时的需求。

自动驾驶汽车作为一项拥有行为自主性的新兴科技，暗含着潜在的社会风险,甚至会危害社会公共安全。① 实践中已经出现多起自动驾驶汽车造成的道路交通安全事故,而且往往都造成了极为严重的后果。例如,2018年3月18日,在美国亚利桑那州坦佩市米尔大街上,一名49岁的女子在骑自行车时被一辆Uber自动驾驶测试车撞倒,经送医抢救无效死亡;② 2021年3月11日下午,一辆特斯拉Model Y在美国底特律市郊撞上了一辆半挂卡车,该辆特斯拉Model Y钻进了卡车的货柜之下,损毁非常严重,造成两人死亡。③ 这些案件引起了社会的强烈关注,引发人们从自动驾驶汽车道路交通事故责任承担的讨论,延伸到自动驾驶汽车的安全性,最终追问至自动驾驶汽车监管制度的建立和完善问题。

如何通过自动驾驶、车路协同、无线通信和新一代互联网技术来构建安全、便捷、高效、绿色、经济的现代化综合交通体系,一直是行业的关注热点。自动驾驶乘车服务的商业化落地在适应和融入社会交通的环境中,如何客观、包容和审慎地发展自动驾驶将成为社会面对的重要问题,这需要政府、学术界、产业界、监管部门以及普通民众的共同参与,才能更好地助力自动驾驶商业化驶入创新深水区,促进技术发展与社会进步。具体来说,我国应以典型场景应用为突破口,积极探索新型商业模式。针对我国道路情况复杂、潜在应用场景丰富的实际,坚持安全优先、应用牵引的原则,重点选择机场、港口、矿区、工业园区和旅游景区等相对封闭的区域,鼓励有序开展摆渡车、集装箱运输车、重载卡车、接驳车等各类自动驾驶车辆的示范应用。充分调动各示范区的积极性,围绕出租、公交、物流运输等典型应用场景,适当开展限定道路、开放道路的推广运营。通过市场应用加速自动驾驶技术的迭代创新,走出一条具有中国特色的自动驾驶发展道路。

---

① 杨澜. 人工智能真的来了 [M]. 南京:江苏凤凰文艺出版社,2017:169.
② 美国国家运输安全委员会. Uber技术公司自动驾驶测试车辆撞击行人事件最初报告 [R/OL]. (2018-05-24) [2023-06-15]. https://www.ntsb.gov/news/press-releases/Pages/NR20180524.aspx.
③ Lee Mercado. Tesla vs. Semi-Truck Crash: Elon Musk's FSD Faces Controversy Again! [EB/OL]. (2021-03-16) [2023-06-15]. https://www.techtimes.com/articles/258098/20210316/tesla-vs-semi-truck-crash-elon-musks-fsd-faces-controversy.htm.

（二）自动驾驶汽车对交通监管制度的挑战

自动驾驶汽车监管制度建设具有复杂性，包括自动驾驶汽车的设计、制造和销售、路测准入和监管、道路通行管理和驾驶准入、道路基础设施管理、自动驾驶客货运输的准入和监管、隐私保护、网络安全、侵权责任、车辆保险等诸多方面的内容。因此，既需要修正完善旧的制度，也需要着力构建新的制度；不仅应更新道路交通监管理念，还需要明确自动驾驶汽车的监管主体和监管对象，进而形成具有可操作性和前瞻性的科学的监管制度体系。

1. 促使道路交通监管主体和监管对象发生重大改变

在监管主体方面，传统道路交通安全管理工作由国务院公安部门和县级以上地方各级人民政府公安机关交通管理部门负责。但是，在自动驾驶汽车出现之后，由于其涉及众多领域的技术和知识，仅凭交通安全管理部门已无法有效安排针对自动驾驶汽车的监管活动。缺乏统一的自动驾驶汽车监管主体是当前我国交通监管制度中的一个重要问题，其主要表现在国家和地方两个层面。

在国家层面，自动驾驶汽车的规制主体较多，包括工业和信息化部、国家标准委、公安部、交通运输部等多个政府部门。由于不同部门的职能存在一定的差异，故其在单独或联合制定自动驾驶汽车法律规范时的切入点与利益考量也不尽相同，因此容易造成对自动驾驶汽车规制的标准不统一，增加监管工作的模糊性与盲目性，不利于提升监管效率和实现监管效果的最大化。

在地方层面，从目前各地制定的自动驾驶汽车法规、政策来看，多数都规定了专门的监督管理机构以负责组织开展地方自动驾驶汽车具体实施工作，但具体构成部门不尽相同；而且往往还规定了第三方机构来负责受理自动驾驶道路测试申请，出具专业评审意见以及承担相应自动驾驶道路测试的组织实施、过程监管及结果评估等全过程监管工作。例如，北京成立的北京市自动驾驶测试管理联席工作小组、上海成立的上海市智能网联汽车道路测试推进工作小组等，基本均由市交通委、市公安交管局、市经济信息化委共同组成，而杭州等城市的工作小组组成部门还包括市城乡建设委员会、城市管理委员会等。然而，由于国家层面还未立法规定专门负责自动驾驶汽车监督管理的机构，地方监管机构对上缺乏可以直接对接的国家层面的机构，向下也缺乏监管职能下沉的具体实施主体。

在监管对象方面，从自动驾驶产业发展现状来看，自动驾驶产业纵深很广，从基础理论研究，芯片、软件平台等核心部件开发，到整车制造和无人车运营，涉及范围很大：①基础技术，如操作系统、网关、云服务平台、数字钥匙、灯光、电池等；②感知系统，如高精地图、激光雷达、摄像头、传感器、高精定位；③座舱和车联网，如V2X、中控仪表、语音系统、智能后视镜、车载显示、智能座舱、商用车车联网等；④集成和运营，如自主泊车和自动泊车、共享运营、仿真平台等；⑤整车制造，如无人配送车、L4级自动驾驶车、自动驾驶商务车、智能网联车等。自动驾驶汽车产业涵盖的这些领域需要统一的规则来引导和规范。自动驾驶汽车服务的商业化落地将带来全面的社会和经济影响，商业化落地在适应和融入社会交通的环境中，如何客观、包容和审慎地发展自动驾驶将成为社会面对的重要问题。与自动驾驶汽车活动有关的主体包括汽车所有人、汽车使用人、汽车制造商、汽车设计者和其他技术服务主体等。

2. 迫使机动车驾驶员资质监管制度被动调整

在自动驾驶汽车出现以前，各国对传统汽车的驾驶员都规定了严格的驾驶员制度，人类驾驶员需要拥有熟练的驾车技能，通过驾驶员资格的培训和考试，才能获得驾驶证。例如，《道路交通安全法》规定了驾驶员的年龄条件，即只有年满18周岁的完全民事行为能力人，才有资格成为驾驶员。与传统汽车不同的是，自动驾驶汽车操作简单，对思维能力和认知能力的要求明显降低，因此可以适当放开操作者的年龄要求。

另外，《道路交通安全法》还规定了驾驶员的身体条件，要求驾驶员身体健康，四肢足够协调，一旦视力和听力不满足要求或者属于上肢残疾者，则会视为其不具备驾驶员资格。为了行驶安全，还要求驾驶员应集中精力，双手几乎不能离开方向盘，不能有接打电话等行为；禁止驾驶员饮酒、服用国家管制的精神药品；不能有影响机动车驾驶技术的疾病；不允许疲劳驾驶等。但事实上对于自动驾驶汽车的操作人而言，针对传统汽车人类驾驶员的多数条件已经没有意义，尤其是针对L4级及以上的自动驾驶汽车，上述一系列限制性规定背离了发展自动驾驶汽车方便老年人和残障人士出行的初衷。[①]此外，我国《机动车驾驶证申领和使用规定》（2021年修订）第37条中规定的国外驾驶员到中国需要更换驾驶证、重新考试等程序的要求，在L4级及以上的自动驾驶汽车中，同样也失去了意义，换言之，在高度自动驾驶汽车的操控人身份方面可以免除国籍的限制。

3. 对传统汽车安全技术标准提出挑战

根据《标准化法》《道路交通安全法》《中华人民共和国产品质量法》（以下简称《产品质量法》）等法律和现行产品准入制度，汽车产品必须符合国家相关标准，否则禁止生产、销售和进口，也无法获得上路行驶的资格。现行技术标准是基于传统汽车制定的，部分条款如"转向系统必须直接由驾驶员操作""必须安装方向盘"等与自动驾驶汽车的特性相矛盾，直接导致高等级的自动驾驶汽车不完全满足国家相关标准。[②]

此外，目前《道路交通安全法》仅从硬件设施的角度对车辆提出技术要求。而自动驾驶汽车不同于传统汽车，自动驾驶汽车的安全技术标准应当包含机械安全和软件系统安全两个方面，只有硬件、软件均达到安全标准，自动驾驶汽车才能被准予登记。自动驾驶开发有着不同的技术路径，技术的多样性使得产品形态各异，因而一个最低限度的统一的技术标准是必要的。[③]统一的标准规范既能为自动驾驶汽车提供技术开发指引，也可以为其市场准入提供统一标准，甚至可以为相关行政规范或行政义务提供具体参考。目前自动驾驶汽车的安全技术标准至少需要在四个方面进行规范，具体包括等级划分评估标准、产品合格标准、程序设计伦理标准和道路测试标准。

4. 须确立和完善新型道路交通执法的法律依据

自动驾驶汽车上路行驶对交通管理执法者的职业素质要求更高，对其业务培训与考核内容势必需要增加诸多关于自动驾驶汽车方面的知识。亦即，交通管理执法者必须首先了解自动驾驶的基本特征，了解相关的新技术，才

[①] 吉菁菁. 自动驾驶，缔造未来之车 [N]. 北京科技报, 2021-04-26 (4).
[②] 陈磊. 智能网联汽车技术与标准发展研究 [J]. 时代汽车, 2021 (9): 33-34.
[③] 杨帆. 无人驾驶汽车的发展现状和展望 [J]. 上海汽车, 2014 (3): 35-40.

能在交通执法中充分根据自动驾驶汽车的特殊性进行处理。在执法活动中，交通管理部门及交通警察进行道路交通安全管理需要依据法定的职权和程序，但具体的交通执法方式势必受到极大的影响。例如，《道路交通安全法》第83条规定，交通警察在调查处理道路交通安全违法行为和交通事故时，若为案件的当事人、当事人近亲属或有利害关系等情形时，应当回避。但高度自动化的自动驾驶汽车若发生交通事故，可能会存在没有司机的情形；即使有，自动驾驶汽车中的"司机"是否能够完全等同于传统汽车中的"司机"也是一个需要考虑的问题。如此一来，该条款规定的回避制度是否还有存在的必要，值得研究。

再如，现有规定要求公安机关交通管理部门在实施罚款这一行政处罚方式时，实施罚款决定与罚款收缴相分离的模式。但对于自动驾驶汽车的罚款是否需要处罚决定和收缴罚款分离，即是在记录自动驾驶汽车违法行为后，再对其责任人追收罚款，还是在查处违法行为时，直接根据自动驾驶汽车的智能系统将罚款划扣，也是一个问题。因此，若发现自动驾驶汽车出现违反道路交通安全法规的行为，如何进行处罚也将面临难题。此外，在没有人类驾驶员的场景之下，驾驶执照扣分的处罚也就没有了意义。总而言之，现行道路交通执法的规定显然不能完全适用于自动驾驶汽车，应当予以调整。①

三、关于我国自动驾驶汽车的规范性文件及存在问题

（一）有关我国自动驾驶汽车的主要规范性文件

2015年，国务院发布《中国制造2025》，指出中国将智能网联汽车列入未来十年国家智能制造发展的重要领域。

2017年，国务院发布《新一代人工智能发展规划》，明确了自动驾驶技术将逐步投入实际应用这一战略目标。其中，强调重点围绕自动驾驶等应用基础较好的细分领域，加快研究制定相关安全管理法规，为新技术的

---

① 李磊. 论中国自动驾驶汽车监管制度的建立 [J]. 北京理工大学学报（社会科学版），2018 (2)：124 – 131.

快速应用奠定法律基础，并采用"设计问责和监督应用并重"的法律规制模式。同年，北京、上海、重庆等地陆续就自动驾驶道路测试出台试行性规范。

2018年1月，国家发展改革委、工业和信息化部等11个部门联合发布了《智能汽车创新发展战略》（征求意见稿）。规划中指出，到2020年，我国智能汽车新车占比达到50%，中高级别智能汽车实现市场化应用，重点区域示范运行取得成效；智能道路交通系统建设取得积极进展，大城市、高速公路的车用无线通信网络（LTE-V2X）覆盖率达到90%等。智能汽车已成为汽车产业发展的战略方向，并给出了智能汽车法规的建立时间表：到2020年，中国智能汽车法规标准体系的框架基本形成；到2025年，中国的法规标准体系全面形成。

2018年4月，工业和信息化部、公安部、交通运输部联合发布《智能网联汽车道路测试管理规范（试行）》，发挥了积极的引导作用。全国27个省（市）出台管理细则，建设16家智能网联汽车测试示范区，开放3500多公里测试道路，发放700余张测试牌照，道路测试总里程超过700万公里。长沙、上海、北京等地还开展了载人载物示范应用，无人物流、配送等新模式发挥了重要作用。道路测试等系列工作开展，促进我国智能网联汽车产业发展取得积极成效，基本与全球先进水平处于"并跑"阶段。2020年L2级智能网联汽车乘用车新车市场渗透率达到15%，2021年上半年提高至20%左右，L3级自动驾驶车型在特定场景下开展测试验证；高精度摄像头、激光雷达等感知设备已达到国际先进水平，车规级AI芯片在多个车型上实现装车应用；多个地方加快部署5G通信、路侧联网设备等基础设施，加大交通设备数字化改造力度，开展车路协同试点。[①]

2019年7月，交通运输部发布《数字交通发展规划纲要》，鼓励在多领域广泛应用自动驾驶技术强调北斗导航系统要与自动驾驶技术相融合。2019

---

① 《智能网联汽车道路测试与示范应用管理规范（试行）》解读[EB/OL]. (2021-07-30) [2023-06-16]. https://www.miit.gov.cn/jgsj/zbys/gzdt/art/2021/art_7a727946660849f2b800ab4cdef681d6.html.

年9月,中共中央、国务院正式印发《交通强国建设纲要》,描绘了我国从现在到21世纪中叶的交通强国建设蓝图。该文件明确了交通强国建设的重点任务和保障措施,并在交通科技领域提出了"科技创新富有活力、智慧引领"的任务,要求强化前沿科技研发、大力发展智慧交通以及完善科技创新机制。

2020年2月,国家发展改革委等11个部门联合正式出台《智能汽车创新发展战略》。该战略指出,为顺应新一轮科技革命和产业变革趋势,抓住发展战略机遇,加快推进智能汽车创新发展,各地需结合实际情况,制定相关政策以扶持智能汽车发展。该战略提出,到2025年实现有条件自动驾驶的智能汽车达到规模化生产,实现高度自动驾驶的智能汽车在特定环境下市场化应用,并展望2035—2050年,中国标准智能汽车体系全面建成、更加完善的愿景。同时,该战略还指出智能汽车发展的六大主要任务:第一,构建协同开放的智能汽车技术创新体系;第二,构建跨界融合的智能汽车产业生态体系;第三,构建先进完备的智能汽车基础设施体系;第四,构建系统完善的智能汽车法规标准体系;第五,构建科学规范的智能汽车产品监管体系;第六,构建全面高效的智能汽车网络安全体系。

2020年3月9日,我国工业和信息化部发布《汽车驾驶自动化分级》推荐性国家标准报批公示,并于2021年1月1日正式实施。《汽车驾驶自动化分级》是我国智能网联汽车标准体系的基础类标准之一,为我国后续自动驾驶相关法律、法规、强制性标准的出台提供支撑。该标准包括了驾驶自动化的定义、驾驶自动化分级原则、驾驶自动化等级划分要素、驾驶自动化各等级定义、驾驶自动化等级划分流程及判定方法、驾驶自动化各等级技术要求等内容。汽车驾驶自动化功能划分为0~5级,其中最高级别的自动驾驶为完全自动驾驶,也就是驾驶自动化系统在任何可行驶条件下持续地执行全部动态驾驶任务和执行动态驾驶任务接管。[1]

---

[1] 工信部公示《汽车驾驶自动化分级》国家标准,明年起实施[EB/OL]. (2020 - 03 - 10) [2023 - 06 - 16]. http://news.sina.com.cn/o/2020 - 03 - 10/doc - iimxxstf7912100.shtml.

2020年4月，交通运输部发布《公路工程适应自动驾驶附属设施总体技术规范（征求意见稿）》，这也是国家层面首次发布的与自动驾驶相关的公路技术规范。2020年7月发布《国务院办公厅关于进一步优化营商环境更好服务市场主体的实施意见》（国办发〔2020〕24号），提出在特定路段和区域探索开展智能网联汽车示范应用、统一自动驾驶功能测试标准，推动测试结果全国通用互认等要求。同年10月发布《交通运输部关于推进交通运输治理体系和治理能力现代化若干问题的意见》（交政研发〔2020〕96号）中也明确提及要建立健全自动驾驶等新技术应用的相关制度。

2021年4月，工业和信息化部公开征求对《智能网联汽车生产企业及产品准入管理指南（试行）（征求意见稿）》的意见。该征求意见稿的主要内容有10条，另有4个附件，即《智能网联汽车生产企业安全保障能力要求》《智能网联汽车产品准入过程保障要求》《智能网联汽车产品准入测试要求》《名词解释》。这是我国首个智能网联汽车全国性管理文件，从国家安全、企业安全、网络安全、功能安全多方面对智能网联汽车的安全、测试、上路条件等具体要求进行了规定。

2021年7月，工业和信息化部、公安部、交通运输部发布《智能网联汽车道路测试与示范应用管理规范（试行）》，标志着智能网联汽车不再只停留在路测阶段，开始进入应用阶段。与2018年的《智能网联汽车道路测试管理规范（试行）》相比，这次新规定有了一些新变化。具体来说，一是扩展测试示范道路和区域，允许智能网联汽车在包括高速公路在内的公路、城市道路和区域开展道路测试活动。这意味着此后智能网联汽车可以在更广泛的城市道路上开展测试活动，推动自动驾驶技术适应更多类型的城市道路，也促使各地深入开展城区内车路协同基础设施的建设工作。二是测试车辆范围增加了专用作业车，以满足无人清扫车等的使用需求。此后可丰富自动驾驶功能应用场景，扩大自动驾驶技术的应用覆盖面，推动自动驾驶技术更广泛地服务于社会。三是对测试示范主体增加了网络安全、数据安全等方面的保障能力要求，这会使智能网联汽车发展得更稳、更可持续。四是完善了智能网联汽车自动驾驶功能通用检测项目，推动实现测试项目和标准规范的统一，明确在一个地方通过检测后进行异地测试时对于通用项目无须重复检测，进一步减轻企业负担。五是对道路测试异地互认予以规范。明确在异地开展道路测试的，如果已经按国家、行业相关标准规范所列自动驾驶功能通用及其设计运行范围涉及的检测项目测试的，不应重复进行相同项目的测试。这有助于进一步降低企业道路测试的时间和费用成本，避免企业在不同地方重复测试相同的项目。[①] 同年 8 月发布《工业和信息化部关于加强智能网联汽车生产企业及产品准入管理的意见》（工信部通装〔2021〕103 号），要求加强汽车数据安全、网络安全、软件升级、功能安全和预期功能安全管理，保证产品质量和生产一致性，推动智能网联汽车产业高质量发展。

2021 年 9 月发布《工业和信息化部关于加强车联网网络安全和数据安全工作的通知》（工信部网安〔2021〕134 号），要求各级工业和信息化主管部门，通信管理局，电信，移动，联通，汽车生产企业、车联网平台以及标准化技术组织加强车联网的信息安全。同月发布《工业和信息化部关于加强车联网卡实名登记管理的通知》（工信部网安函〔2021〕246 号），要求道路机动车辆生产企业、电信企业应按照行业主管部门有关要求，推进车联网卡实名登记工作。

2021 年 12 月，交通运输部发布《数字交通"十四五"发展规划》，提出到 2025 年，"交通设施数字感知，信息网络广泛覆盖，运输服务便捷智能，行业治理在线协同，技术应用创新活跃，网络安全保障有力"的数字交通体系深入推进，基本建成"一脑、五网、两体系"的发展格局，包括打造综合交通运输"数据大脑"，构建交通新型融合基础设施网络，部署北斗、5G 等信息基础设施应用网络，建设一体衔接的数字出行网络，建设多式联运的智慧物流网络，升级现代化行业管理信息网络，培育数字交通创新发展体系，构建网络安全综合防范体系。

2023 年 11 月发布《工业和信息化部、公安部、住房和城乡建设部、交

---

① 《智能网联汽车道路测试与示范应用管理规范（试行）》发布，智能汽车商业化再近一步[EB/OL]. （2020 - 11 - 12）[2023 - 06 - 16]. https：//www.360kuai.com/pc/97dd7ebb4e3d7a245?cota = 3&kuai_so = 1&sign = 360_57c3bbd1&refer_scene = so_1.

通运输部关于开展智能网联汽车准入和上路通行试点工作的通知》(工信部联通装〔2023〕217号),提出在全国智能网联汽车道路测试与示范应用工作基础上,工业和信息化部等四部门遴选具备量产条件的搭载自动驾驶功能的智能网联汽车产品,开展准入试点。

有关我国自动驾驶汽车的主要规范性文件,可具体参见表7。

表7 有关中国智能网联汽车的主要规范性文件

规范性文件	发布部门	发布时间	内容要点
《中国制造2025》	国务院	2015.05	将智能汽车纳入智能制造工程,提出建设和发展要求
《新一代人工智能发展规划》	国务院	2017.07	明确自动驾驶技术将逐步投入实际应用这一战略目标。其中强调重点围绕自动驾驶等应用基础较好的细分领域,加快研究制定相关安全管理法规,为新技术的快速应用奠定法律基础,并采用"设计问责和监督应用并重"的法律规制模式
《智能汽车创新发展战略》	国家发展改革委、工业和信息化部等11个部门	2018.01	提出了智能汽车法规的建立时间表:到2020年,中国智能汽车法规标准体系的框架基本形成;到2025年,中国的法规标准体系全面形成
《智能网联汽车道路测试管理规范(试行)》	工业和信息化部、公安部、交通运输部	2018.04	明确测试人的资格,测试驾驶人资格,和测试车辆应当具备的条件;测试的申请和审核的程序和材料;车辆测试的管理;测试过程中交通事故责任的承担和赔偿问题
《数字交通发展规划纲要》	交通运输部	2019.07	鼓励在多领域广泛应用自动驾驶技术,强调北斗导航系统要与自动驾驶技术相融合

第六章 自动驾驶汽车法律问题研究

续表

规范性文件	发布部门	发布时间	内容要点
《交通强国建设纲要》	中共中央、国务院	2019.09	强化前沿科技研发、大力发展智慧交通以及完善科技创新机制
《智能汽车创新发展战略》	国家发展改革委等11个部门	2020.02	到2025年实现有条件自动驾驶的智能汽车达到规模化生产,实现高度自动驾驶的智能汽车在特定环境下市场化应用。展望2035—2050年,中国标准智能汽车体系全面建成、更加完善的愿景
《汽车驾驶自动化分级》	工业和信息化部	2020.03	明确驾驶自动化的定义、驾驶自动化分级原则、驾驶自动化等级划分要素、驾驶自动化各等级定义、驾驶自动化等级划分流程及判定方法、驾驶自动化各等级技术要求等内容
《公路工程适应自动驾驶附属设施总体技术规范（征求意见稿）》	交通运输部	2020.04	主要适用于高速公路和一级公路中的自动驾驶专用道及自动驾驶专用公路的附属设施规划与建设,其他公路也可以参考执行。为修建自动驾驶专用公路,确定了标准和方向,意味着自动驾驶离实际上路应用更近一步
《国务院办公厅关于进一步优化营商环境更好服务市场主体的实施意见》	国务院	2020.07	提出在特定路段和区域探索开展智能网联汽车示范应用、统一自动驾驶功能测试标准,推动测试结果全国通用互认等要求
《交通运输部关于推进交通运输治理体系和治理能力现代化若干问题的意见》	交通运输部	2020.10	主要内容包括：建立健全交通运输法治体系；完善交通运输行政管理体系；完善交通运输市场治理体系；完善交通运输社会协同共治体系；建立健全交通基础设

续表

规范性文件	发布部门	发布时间	内容要点
			施高质量发展政策体系；完善交通出行保障政策体系；建立健全现代物流供应链体系；完善交通运输安全与应急管理体系；完善交通运输科技创新体系；完善交通运输绿色发展体系；完善交通运输开放合作体系；完善高素质交通运输人才体系；坚持和加强党对交通运输治理现代化的领导
《智能网联汽车生产企业及产品准入管理指南（试行）（征求意见稿）》	工业和信息化部	2021.04	主要内容有10条，另有4个附件，即《智能网联汽车生产企业安全保障能力要求》《智能网联汽车产品准入过程保障要求》《智能网联汽车产品准入测试要求》《名词解释》。这是我国首个智能网联汽车全国性管理文件，从国家安全、企业安全、网络安全、功能安全多方面对智能网联汽车的安全、测试、上路条件等具体要求进行了规定
《智能网联汽车道路测试与示范应用管理规范（试行）》	工业和信息化部、公安部、交通运输部	2021.07	一是扩展测试示范道路和区域，允许智能网联汽车在包括高速公路在内的公路、城市道路和区域开展道路测试活动；二是测试车辆范围增加了专用作业车，以满足无人清扫车等的使用需求；三是对测试示范主体增加了网络安全、数据安全等方面的保障能力要求；四是完善了智能网联汽车自动驾驶功能通用检测项目；五是对道路测试异地互认予以规范

续表

规范性文件	发布部门	发布时间	内容要点
《工业和信息化部关于加强智能网联汽车生产企业及产品准入管理的意见》	工业和信息化部	2021.08	要求加强汽车数据安全、网络安全、软件升级、功能安全和预期功能安全管理,保证产品质量和生产一致性,推动智能网联汽车产业高质量发展
《工业和信息化部关于加强车联网网络安全和数据安全工作的通知》	工业和信息化部	2021.09	要求各级工业和信息化主管部门,通信管理局,电信,移动,联通,汽车生产企业、车联网平台以及标准化技术组织加强车联网的信息安全
《工业和信息化部关于加强车联网卡实名登记管理的通知》	工业和信息化部	2021.09	要求道路机动车辆生产企业、电信企业应按照行业主管部门有关要求,推进车联网卡实名登记工作
《数字交通"十四五"发展规划》	交通运输部	2021.12	提出到2025年,"交通设施数字感知,信息网络广泛覆盖,运输服务便捷智能,行业治理在线协同,技术应用创新活跃,网络安全保障有力"的数字交通体系深入推进,基本建成"一脑、五网、两体系"的发展格局,包括打造综合交通运输"数据大脑",构建交通新型融合基础设施网络,部署北斗、5G等信息基础设施应用网络,建设一体衔接的数字出行网络,建设多式联运的智慧物流网络,升级现代化行业管理信息网络,培育数字交通创新发展体系,构建网络安全综合防范体系

续表

规范性文件	发布部门	发布时间	内容要点
《工业和信息化部、公安部、住房和城乡建设部、交通运输部关于开展智能网联汽车准入和上路通行试点工作的通知（征求意见稿）》	工业和信息化部、公安部、住房和城乡建设部、交通运输部	2023.11	提出在全国智能网联汽车道路测试与示范应用工作基础上，工业和信息化部等四部门遴选具备量产条件的搭载自动驾驶功能的智能网联汽车产品，开展准入试点

另外，2018年6月—2023年7月，工业和信息化部、交通运输部、国家标准委等多部委陆续出台了"国家车联网产业标准体系建设指南"系列顶层设计文件，按照不同行业属性划分为智能网联汽车、信息通信、智能交通、车辆智能管理、电子产品与服务，并在此基础上协同产业各方共同构建车联网网络安全和数据安全标准体系。具体包括：国家车联网产业标准体系建设指南（总体要求）（2018年6月）、智能网联汽车标准体系（2018年6月，现为2023年修订版）、信息通信标准体系（2018年6月）、电子产品与服务标准体系（2018年6月）、车辆智能管理标准体系（2020年4月）、智能交通相关标准体系（2021年2月）、车联网网络安全和数据安全标准体系建设指南（2022年2月）。出台上述文件的总体目标是要解决标准体系完善及标准推广应用问题，全面形成中国标准智能汽车的技术创新、产业生态、路网设施、法规标准产品监管和信息安全体系。

（二）我国在自动驾驶汽车法律制度建设方面存在的问题

我国自动驾驶汽车产业具有鲜明的跨界融合特征，这不仅是我国汽车产业转型升级的重要载体，更是我国汽车产业实现从跟随到赶超的关键突破口。我国在5G通信、互联网、人工智能等领域处于世界领先地位，发展自动驾驶汽车具有一定的优势。根据我国主要汽车企业的规划，L3级自动驾驶汽车于2020—2022年实现量产落地，L4、L5级自动驾驶汽车也将在2030年以后逐渐进入市场。然而，我国在推动自动驾驶汽车商业化方面的法律制度体系建设仍存在较大的提升空间。就目前而言，这方面的问题集中体现在以下三点。

1. 我国现行法律法规不能完全适用于自动驾驶汽车

我国现行法律法规基于传统汽车制定，在产品管理、交通管理、道路基础设施、高精度地图、信息安全等方面存在一些制约自动驾驶汽车发展的"矛盾点"和可能触发潜在风险的"空白点"。然而，我国相关法律法规的调整进度相对缓慢，主要通过出台政策文件、战略规划等方式来推动自动驾驶汽车发展。当前，我国部分企业已经具备了L3级自动驾驶汽车量产和商业化能力，但由于相关法律法规不完善，自动驾驶功能在准入、机动车登记、使用等环节存在法律风险。

2. 自动驾驶汽车商业化推进措施缺乏系统性和完善性

自动驾驶汽车是互联网、人工智能、信息通信、汽车等领域跨界融合的产物，这要求政府在制定政策法规时必须统筹考虑多个行业和领域的需求，建立一个系统、完善的推进机制。2019年4月，韩国制定了《自动驾驶汽车商业化促进法》，并于2020年5月1日起实施。该法明确了自动驾驶汽车商业化"路线图"，要求国土交通部和地方政府在"路线图"规定的框架下推动自动驾驶汽车商业化，从而保证管理措施的系统性、连续性。相比之下，我国自动驾驶汽车商业化推进措施零散分布于多个政策文件中，涉及的管理环节也不全面，如对人才培养缺乏足够重视。此外，部分政策文件只在宏观层面上进行指导，缺少配套措施和良性的运行机制，导致战略目标难以实现。

3. 自动驾驶汽车管理职能分散，存在管理职能重叠、分工不清的问题

依法行政是全面依法治国基本方略的重要内容，是政治、经济及法治建设本身发展到一定阶段的必然要求。我国自动驾驶汽车领域因主管部门的行政权力缺乏法律的明确授权，导致容易出现多头管理的情况。从管理职能来看，我国自动驾驶汽车管理涉及工业和信息化部、交通运输部等多个政府部门，部分管理环节存在交叉、重叠、冲突或者空白的情况。

四、自动驾驶汽车引发的交通伦理问题

自动驾驶能否替代人类的驾驶？自动驾驶是否应替代人类的驾驶？这两个问题的性质不同，前者是事实性或描述性问题，后者是价值性或规范性问题。从现有技术发展水平和速度来看，自动驾驶从技术层面上是可以替代人

类驾驶的。但是，无论人工智能事实上能否取代人类驾驶，都不影响对人工智能应否取代人类驾驶的探讨。

对自动驾驶技术的担忧主要有两种主张，分别为技术不能论和风险失控论。技术不能论认为，不能对自动驾驶技术过于乐观，人工智能充其量只能在模拟的意义上具有智能，而不可能拥有真正的智能。毕竟在运输工具驾驶领域，考虑到道路交通的复杂性，人工智能不可能做得比人类好或者像人类一样好。在道路交通中，如果遭遇伦理困境，则人工智能无法真正理解规范问题，难以进行价值权衡，并无法为裁判负责。因此，尽管人工智能将发挥越来越大的作用，人类也将对人工智能产生越来越深的依赖，但因为技术的限制，人工智能不可能实现从弱人工智能向强人工智能的突破，故只能充任人类的助手，而不可能完全取代人类。风险失控论认为，即使强人工智能在技术上是可能的，但一旦出现强人工智能甚至超级人工智能，将引发不可控的重大风险。例如，人工智能一旦使关系人类整体安全的操作陷入失控状态，则高度危险的驾驶工具极有可能使人类遭受难以承受的灾难。

自动驾驶的碰撞难题涉及复杂的选择，包括物与物的碰撞、人与物的碰撞和人与人的碰撞。根据普遍接受的碰撞伦理，两个碰撞对象都为财物的，则优先保护价值高的财物；在人与物的碰撞情形中，则优先保护人。这两种类型的碰撞属于不真正的两难困境，因为真正的两难困境须涉及人的碰撞选择。人的碰撞选择就是生命的衡量，这也是"电车难题"的核心所在。有人驾驶汽车的碰撞选择依赖于司机的即时判断，而自动驾驶汽车的碰撞选择依赖于事先的算法设计，算法必须要对各种可能的情况事先作出道德与法律判断。自动驾驶系统视角相当于"电车难题"中的旁观者视角，即第三人称视角；该系统既是外在观察者，又是事件的参与者，并对结果产生根本影响。法教义学的制度设计取决于道德哲学关于价值冲突的解决方案，碰撞伦理的关键在于确立如下优先次序：第一，自动驾驶系统的乘客应该受到优先保护，他们不应当成为首先被牺牲的对象；第二，自动驾驶系统的算法程序不应当为避免碰撞而选择人数更少的对象；第三，在只付出合理代价并带来更大社会善好的情形下，该算法程序也可以对乘客施加可允许的伤害。

20世纪60年代，英国哲学家菲利帕·富特发表了一篇讨论堕胎的著名论文《堕胎问题和双重效果论》，其中提出了后来被称为"电车难题"的假想案例：一辆失控的电车即将撞向轨道上的 5 个人，避免撞死这 5 个人的唯一办法是司机把电车转向另一条轨道，并且撞死岔道上的另一个人，而这个人在所有的道德相关性方面与 5 个人中的每一个都是平等的。这是一个比较初级的电车难题，美国弗朗西丝·默纳·卡姆又称其为"电车司机的两项选择案例"。在自动驾驶即将到来的时代，道德哲学上的这个著名难题已不再只是一个思想实验，而成为自动驾驶系统需要面对的现实困境，因为再完善的自动驾驶技术也可能面临极端情况下的碰撞选择，是牺牲自己还是选择撞人，是撞一个人还是多个人、老人还是小孩、遵守规则者还是不遵守规则者……这些都涉及选择的道德与法律难题。

具体而言，第一，自动驾驶系统是融合了两种视角的系统，既有旁观者视角，又有司机视角；第二，这种相对超然的视角确保决策者不会涉及自我牺牲或自我伤害的问题；第三，司机的替代身份又决定了在存在两项以上选择的情形下，其理由会严重影响决策者的其他判断；第四，自动驾驶系统的算法程序并不是由单一角色的利益决定的，而是体现为一种运用公共理性的融贯的哲学论证，这一点非常重要。所以，这是一种新型的"电车难题"，即自动驾驶汽车的制造商或算法决定者的选择直接指向三个对象：乘客、直接碰撞对象和可选择的碰撞对象。但是，这三种对象的道德相关性是不一样的，其中乘客具有优先性，他在道德相关性的所有方面与其他两个选择对象是不平等的。除乘客之外的可选择的碰撞对象，在道德相关性方面也可能存在差异，但这种差异是否足够大以至于会影响我们的碰撞选择，则是需要进一步认真考虑的问题。无论如何，除了乘客，自动驾驶的碰撞选择基本就变成了一个旁观者视角的"电车难题"。

笔者反对通过伤害或牺牲乘客来解决碰撞难题，理由如下所述。一是因为优先保护乘客符合利己主义的道德观，这不仅是一种主观的偏好，还建立在自我保护的原则之上，正是后者构成了法律规则的基础。二是自我牺牲是超越职责之外的个人美德，但不是一个基本的道德义务，尤其不适合作为法律和伦理规则的基础。三是从后果主义来考虑，自动驾驶汽车的产业化是一个更大的社会善好，拒绝自我牺牲式的选择是实现这一善好的必要条件。①

　　以往的侵权责任法和道路交通安全法对于碰撞问题，基本只关注责任的分配，而不会关注碰撞选择，甚至碰撞选择都不会成为一个问题。因为人的碰撞选择是没法预测的，做出何种选择都有可能。人类驾驶员出于保护自己的本能，在遇到事故时会在瞬间依赖于直觉而选择一个碰撞对象；但这个瞬间对于智能化的自动驾驶来说，却是一个充分的时间，它可以充分地感知相关信息并作出判断。这使得碰撞选择不再依赖于直觉，而依赖于事先深思熟虑的算法。所以，以前的法律关注碰撞之后的责任划定，而现在的法律除了关注责任划分，更关注碰撞的选择顺序。

　　正因为自动驾驶汽车的制造商或算法程序设计者处于旁观者的中立或超然地位，乘客也可以成为一个选择对象。尽管在所有的可选对象中，乘客具有更为重要或优先的道德地位。也就是说，乘客并不像有人驾驶汽车中的司机那样可以是完全自利的，因为几乎没有任何人愿意自付代价。但是，在自动驾驶领域，情况发生了变化。如果只是让乘客付出比较小的代价而作为被选择的碰撞对象以实现更大的社会善好，那么这应当是合理的。因为相对于路人，乘客会有比较好的安全保障措施，如汽车一般都有用来保障安全的防撞措施。此外，汽车本身就是一个危险物品，因此这种合理性还来自乘客本来就是自动驾驶的受益人，根据"谁受益，谁担责"的一般法理，让乘客承担较为轻微的伤害也是合理的。也可以说，这是弗朗西丝·默纳·卡姆的可允许伤害原则在另一个层面的运用，即适用于乘客自身；但这种适用的边际约束是只能施加可允许的合理代价。

　　由此，可以尝试提出一个具有法理意义的伦理指南，以解决自动驾驶碰撞选择的优先次序。需要说明的是，这个指南只是指导性的，用来指导立法而已。例如，德国就制定了一个类似的伦理指南，试图对价值冲突的解决给出一个优先次序。结合上文论述，可以总结出这样的一个框架性次序：第一，

---

① 朱振. 生命的衡量——自动驾驶汽车如何破解"电车难题"[J]. 华东政法大学学报，2020 (6)：20-34.

自动驾驶系统的乘客应该受到优先保护,他们不应当成为首先被牺牲的对象;第二,自动驾驶系统的算法程序不应当为避免碰撞而选择人数更少的对象;第三,在只付出合理代价并造成更大社会善好的情形下,也可以对乘客施加可允许的伤害。

正如前文所述,现有交通法律法规还没有办法解决"电车难题"所揭示的交通伦理困境,但从交通技术发展来看,该伦理困境不应成为其真正商业化使用的阻碍。交通技术的发展应着重于如何避免这种两难选择,在设置第三人视角的算法规则时遵循基本的交通伦理规则即可。

五、自动驾驶汽车交通事故中侵权责任的认定

从辅助驾驶、部分自动驾驶、附条件自动驾驶到高度自动驾驶及完全自动驾驶,自动驾驶系统所采用的技术呈现高科技化特点,甚至能够达到不限条件的情形下,无须驾驶人参与驾驶行为。因此,相较于人工驾驶,应肯定驾驶人信赖自动驾驶系统,相应地免除其注意义务,不能追究驾驶人的结果回避责任。但是,在由于对自动驾驶系统的过于信赖和信赖错误而引起事故的场合中,不能免除驾驶人的过失责任。在辅助驾驶模式下,驾驶人对自动驾驶系统的信赖程度最高只能达到当前执行的操作,不能期待系统能够同时执行方向盘和制动;部分自动驾驶模式中,驾驶人最高信赖的程度限于驾驶操作,而不包括对周边环境的监控及对紧急状态的应答;附条件自动驾驶模式中,驾驶人对系统的信赖程度较高,不具有随时注意驾驶环境的义务;高度自动驾驶(在限定条件内)及完全自动驾驶模式下,允许驾驶人全面信赖系统。[①]

此外,在自动驾驶领域,如果数据质量不高,导致自动驾驶系统产生失误,因无法识别前面的障碍物而引发事故。这种情况发生后,责任分配的问题也值得研究。自动驾驶技术研发的初衷是减缓道路拥堵,提升交通运行的效率,降低传统机动车因人为失误导致的大量交通事故。然而,由于相关技术仍处于初级发展阶段,自动驾驶汽车并不能完全避免交通事故的发生,反

---

① 付玉明. 自动驾驶汽车事故的刑事归责与教义展开 [J]. 法学,2020 (9):135-152.

而给传统的机动车交通事故法律问题带来了巨大的挑战。

对于任何致人损害或财产损失的事件,及时给予受害人法律回应,事实上是身处法治时代的所有公民的基本期待。当这种回应落到民事法律框架之内时,面临的首要困难便是责任主体的认定问题。[1] 因此,自动驾驶汽车交通事故侵权责任主体认定的具体思路是本节探讨的核心问题。

（一）自动驾驶汽车交通事故侵权责任主体范围

自动驾驶汽车交通事故的责任主体比传统机动车交通事故的责任主体更具多样性和广泛性,众多主体之间的民事法律关系也是复杂的,需予以具体分析。[2] 由人与物二分格局的民法逻辑基础上产生的权利、义务、责任的三段逻辑结构,是确认民事责任社会职能的逻辑起点。[3] 人的责任是人对自己的直接行为承担责任,而物的责任指的是造成损害的直接原因来自物,而不是人的直接行为所致。[4] 换言之,物的责任是指在人类管领下的物的行为,因管领人的疏忽而造成他人损害时,管领人应当承担责任。

根据直接原因来源不同,首先区分自动驾驶汽车交通事故原因是人为原因还是汽车的原因,再按照不同原因分别对交通事故的责任主体进行具体划分。人为原因是指人的直接行为,包括侵权行为和违约行为,造成了被侵权人的人身损害、精神损害或者财产损害。人要为自己的直接行为承担相应的民事责任,即直接责任。这里的人不仅包括自动驾驶汽车驾驶位的汽车驾驶人,还包括汽车使用人、行人和第三人。汽车的原因是指由于自动驾驶汽车的质量缺陷或自动驾驶系统技术安全性能的直接原因而导致事故发生致人损害,应当由与自动驾驶汽车相关的主体承担相应的民事责任。与自动驾驶汽车有关系的民事主体,主要有汽车所有人、汽车制造商、技术设计者和其他技术服务主体。

---

[1] 杨宏芹,黄淑君.自动驾驶汽车事故的责任认定 [J].长安大学学报（社会科学版）,2018 (4)：46 - 55.

[2] 陶盈.自动驾驶车辆交通事故损害赔偿责任探析 [J].湖南大学学报（社会科学版）,2018 (3)：136 - 141.

[3] 魏振瀛.民事责任与债分离研究 [M].北京：北京大学出版社,2013：235 - 236.

[4] 杨立新.民事责任在人工智能发展风险管控中的作用 [J].法学杂志,2019 (2)：25 - 35.

(二) 传统机动车交通事故责任主体认定规则

对于传统机动车的责任主体,大多围绕机动车驾驶人和所有人的责任义务而展开。例如,德国采取的是车主严格责任,其中车主包括车辆使用人和所有人,也就是说,当车辆发生交通事故责任时,首先认定的是车辆使用人和所有人的责任。[1] 美国、英国等国家是以机动车保险制度为主,在实践中,机动车交通事故也主要通过保险赔偿来解决,对于驾驶人和所有人的归责态度是,机动车驾驶人或者所有人具有谨慎驾驶和注意义务,而这种义务程度因驾驶环境不同而视情况讨论。只有机动车在违反了机动车谨慎驾驶和注意义务且存在重大主观过错的情况下,机动车驾驶人或所有人才会被认定为最终的赔偿责任主体。我国现有的交通安全法律法规并未对机动车交通事故责任主体的认定标准作出具体的规定,实践中主要是围绕"机动车一方"来认定责任主体,对于"机动车一方"是指机动车驾驶人还是机动车所有人并没有明确界定,存在较大的争议。有的学者认为,"机动车一方"包括机动车驾驶人和所有人,有的学者则提出"控制力说",即采用实际控制和使用标准来确定责任主体,但也有采用"运行支配"和"运行利益"二元标准加以认定。

(三) 自动驾驶汽车交通事故责任主体认定的困境

自动驾驶汽车颠覆了以往的人与车关系、车与车关系,随着完全自动驾驶模式下汽车驾驶人概念的消失,法律规制的对象不再是车辆的驾驶人员,而是人工智能自动驾驶系统的开发者、制造者。对于自动驾驶汽车责任主体认定问题,有学者提出自动驾驶汽车发生的交通事故侵权,均应由汽车制造商一方承担产品责任,认为无论是从自动驾驶技术原理、法律救济及预防目的来看,还是从自动驾驶产业的发展来看,均应由汽车制造商一方承担产品责任,用产品责任替代交通事故责任,以解决损害赔偿问题。而有的学者认为,从长期来看,生产者的产品责任替代机动车交通事故责任的趋势并不合理,这削弱了对受害人的保护,而是认为应当通过强制保险、机动车责任和

---

[1] 张新宝. 侵权责任法原理 [M]. 北京: 中国人民大学出版社, 2005: 349.

产品责任的协调，合理分配损害。①

笔者认为，一律将责任直接推向汽车制造商，既不利于受害人权益的及时救济，也会削弱汽车公司对自动驾驶技术的研发积极性。一个简单的产品可以追踪到属于哪个厂家，但自动驾驶汽车是由众多主体共同开发的技术综合体，人工智能自动驾驶的产生可能无法追踪到某个具体的个人或组织。有学者从人工智能机器人学的角度分析，认为应该赋予自动驾驶汽车独立的民事主体资格，直接将其作为交通事故的责任主体。人工智能越来越智能化，将来可能会具有比人脑更发达的超级机器人大脑，在机器人社会化应用不可避免的情况下，机器人权利主体地位符合权利发展的历史规律，世界各国应当肯定机器人的法律主体地位，赋予机器人必要的权利，让机器人成为责任主体。②赋予自动驾驶汽车独立的法律主体地位，让人工智能自动驾驶系统成为责任主体，仍需从法理、伦理学的角度进行更深入的研究与探讨，可以作为长远的立法目标和未来的设想，但是短期内不能解决实际应用中的具体问题。下文将主要对我国现有交通法律规定及其在自动驾驶汽车交通事故中的具体适用予以进一步梳理，分析不足，总结经验，并由此提出自动驾驶汽车交通事故侵权责任主体认定的具体思路及建议。

(四) 现有机动车交通事故责任主体法律规定与适用

1. 现有交通事故责任主体相关的法律规定

我国对于机动车道路交通事故责任主体的相关立法规定，最早体现在《中华人民共和国民法通则》（已失效，以下简称《民法通则》）第 123 条关于高度危险作业致人损害的应当承担民事责任的规定中。根据该规定，汽车被视为一种高速运输工具，而从事高速运输工具作业的主体，应当承担民事责任。但是，对于"从事高速运输工具作业的"具体主体是高速运输工具的直接驾驶人，还是驾驶人以外的其他相关人员，该规定并没有对其概念及范围给出一个清晰的界定。《道路交通安全法》中关于机动车交通事故责任主

---

① 冯洁语. 人工智能技术与责任法的变迁——以自动驾驶技术为考察 [J]. 比较法研究, 2018 (2): 143-155.
② 张玉洁. 论人工智能时代的机器人权利及其风险规制 [J]. 东方法学, 2017 (6): 56-66.

体的相关规定的核心条款是第76条,并统一表述为"机动车一方"的责任,看似改善了《民法通则》第123条规定中没有主语的缺漏问题,但是对"机动车一方"是机动车驾驶人还是机动车所有人,仍没有很明确的界定。这与之前的从事高速运输作业的表述并无二异,其具体内涵和外延同样是一个十分模糊的概念。

《民法典》侵权责任编将几种特殊的交通事故主体情形纳入机动车交通事故责任这一章,对于因租赁或借用的机动车、转让但未办理登记的机动车、转让拼装或报废的机动车、盗抢的机动车等几种实践中常见的具体情形作了具体规定。但机动车交通事故比较复杂,多年来机动车交通事故责任主体这一问题仍是理论和实践中的争议焦点和疑难问题。从各国对于自动驾驶汽车侵权责任的立法新动态来看,所提出的方案基本上都是基于现行的侵权责任法体系,只是突出了对受害人的着重保护,但对于责任主体认定问题的解决机制并没有进一步完善。有的学者提出,将网约车、自动驾驶汽车等情形也纳入侵权责任法体系,认为侵权责任产生的原因在于侵权行为主体实施侵权行为对受害人产生了伤害,因此推动侵权责任法的发展和完善的因素之一在于如何快速、准确地判定责任主体,找到损害赔偿义务人。[1]《民法典》侵权责任编相对于《道路交通安全法》,是一般法与特殊法的概念,理应在突出宏观性和原则性的前提下,重点对《道路交通安全法》中没有作出规定、规定过于模糊、规定在适用过程中出现偏差等情况予以进一步明确,[2] 而不是简单罗列目前常见的情形,以至于在司法实践中,当出现与这几种情形不一样的情况时,就不知道如何适用,或者存在对这几种情形生搬硬套的尴尬情况。

《最高人民法院关于审理道路交通事故损害赔偿案件适用法律若干问题的解释》中的第1~13条,除了对上述情形的具体适用作了解释规定,还多了几种其他情形的具体适用解释性规定,如挂靠的机动车、套牌的机动车、驾驶培训的机动车、试乘的机动车等。最高人民法院也会不时地对各省市的

---

[1] 王利明. 民商法研究:第3辑[M]. 北京:法律出版社,2014:345-347.
[2] 徐清宇. 通行正义:交通事故损害赔偿[M]. 北京:法律出版社,2010:76-94.

高级人民法院提出的重大交通事故案件的机动车责任主体的相关问题作出批复，以及对立法中没有规定的特殊情形作出司法解释，这虽然在一定程度上对实践中的同类案例有适时的指导性作用，但是随着社会迅速发展，实践中远不止这些情形，正如现今越来越多的网约车和自动驾驶汽车交通事故致人损害案就没有囊括在列举的情形中。可见，对于愈加多样且复杂的新型道路交通安全事故，仅仅依靠最高人民法院的司法解释，以及对个别案件提出的审理指导意见，具有很明显的局限性，且不能从根本上解决问题。

2. 现有交通事故责任主体认定规则的适用

目前国内立法没有对自动驾驶汽车事故作出相关规定，对自动驾驶汽车的概念、分类以及责任主体没有明确的界定。传统的机动车交通事故的处理均围绕"机动车一方"去认定机动车驾驶人和所有人的责任，实践中自动驾驶汽车交通事故案对于现有的机动车交通事故责任主体认定规则的适用，主要有以下两种思路。

一是参照《道路交通安全法》，以"机动车一方"为主线，围绕自动驾驶汽车驾驶人或汽车所有人是否尽到驾驶义务和安全注意义务去认定责任主体。对于半自动驾驶汽车，当汽车处于人工操作模式时，由驾驶人实际控制汽车，与传统的机动车并无差异，没有超出现有的《道路交通安全法》规定的范围，可以按照我国现有的机动车交通事故责任主体的认定规则去认定驾驶人和所有人的责任。但是，半自动驾驶汽车的人工操作模式和自动驾驶模式实际上会导致交通事故因发生的原因不同，而使得责任主体不同。对于半自动驾驶汽车在自动驾驶模式下发生的交通事故，多数观点认为，由于半自动驾驶汽车的自动驾驶水平并不能使驾驶人完全脱离安全注意和紧急接管驾驶的义务，故仍可以适用"机动车一方"责任的认定标准来认定半自动驾驶汽车驾驶人或所有人的责任。这在理论上似乎行得通，但在实际案例分析过程中，可能会容易忽略造成交通事故的真正原因，导致不论是人工操作模式还是自动驾驶模式，一律按照现有的法律规定僵硬地适用其中的情形。对于全自动驾驶汽车，由于此时的汽车驾驶人已经不再是传统的自然人，特别是在其已经完全被人工智能自动驾驶系统所取代的情形下，"机动车一方"不再指向汽车驾驶人，而是可能直接指向汽车所有人，这种情况容易忽略汽车真正的使用人,而让汽车所有人在任何情形下均须承担责任,显然这也是不够客观和公正的。

二是参照《产品质量法》,主要以"生产者和销售者"(即汽车公司)为主线,根据产品缺陷去认定产品责任主体。有的学者提出,随着自动驾驶系统控制程度的加深,出现了从驾驶人责任、驾驶人责任与生产者责任到最后完全生产者责任的过渡,并论证了自动驾驶汽车致害责任由汽车制造商承担的正当性。其认为再发达的自动驾驶汽车也脱离不了物的属性,当自动驾驶汽车发展到完全不需要人类控制的时候,便直接可以适用产品缺陷责任去认定自动驾驶汽车的侵权责任主体,而产品责任的主体当然就是汽车制造商,至于具体由汽车制造商还是汽车的销售者来承担责任,则由二者通过内部追偿来解决。《民法典》侵权责任编和《产品质量法》对于产品责任的规定是,产品存在瑕疵和缺陷时,产品的生产者和销售者才承担产品瑕疵责任。然而,现实中,自动驾驶技术涉及的主体远不止汽车公司或者汽车所有人这么简单,还包括诸多配套技术设计者,如测试机构、地图公司等,想要认定这一复杂的技术综合体存在产品缺陷是比较困难的。

(五)自动驾驶汽车交通事故侵权责任主体的具体认定

针对自动驾驶汽车在行驶过程中所涉主体的多样性特征,应该根据不同的事故原因在多方参与主体之间进行具体认定。此外,还应该协调多种法律制度,实现救济受害人和平衡多方主体之间的利益的目标。因而,笔者认为,按照自动驾驶汽车类型来确定自动驾驶汽车事故责任主体是发展趋势。[①]

根据自动驾驶汽车类型,区分不同驾驶模式下的各种事故原因,进而对自动驾驶汽车交通事故责任主体进行具体认定,是本书的一个总体认定思路,即对于半自动驾驶汽车,以汽车驾驶人为中心认定事故的责任主体,而对于全自动驾驶汽车,以自动驾驶汽车为中心认定事故的责任主体(见表8)。

---

① 谢薇,肖飒. 自动驾驶汽车的交通事故损害赔偿责任 [J]. 长安大学学报(社会科学版),2018(4):25-35.

表 8　自动驾驶汽车交通事故侵权责任主体的认定思路

汽车类型	汽车驾驶模式	事故原因		事故责任主体
半自动驾驶	人工操作模式	人的原因	驾驶人	驾驶人严格责任、所有人过错责任
			第三人	驾驶人过错责任、所有人免责事由、第三人免责
		物的原因	汽车	所有人严格责任、制造商过错责任
			道路	道路设施管理单位严格责任
	自动驾驶模式	人的原因	驾驶人	驾驶人/所有人过错责任
			第三人	驾驶人/所有人免责事由、第三人过错责任
		物的原因	汽车	所有人过错责任、制造商严格责任、设计者过错责任
			道路	道路设施管理单位严格责任
全自动驾驶	无人驾驶模式	人的原因	使用人	使用人/所有人过错责任
			第三人	第三人过错责任
		物的原因	汽车	制造商严格责任、所有人过错责任
			系统	设计者严格责任、所有人过错责任
			道路	道路设施管理单位严格责任、其他服务提供者过错责任

通过对表 8 分析，可以从以下两个角度来认定自动驾驶汽车交通事故的侵权责任主体，具体如下所述。

1. 以汽车驾驶人为中心的具体认定

半自动驾驶汽车根据汽车在行驶过程中的操作主体不同，又分为人工操作和自动驾驶模式，故需要根据不同模式的区别加以分析。为了合理界定各方责任，对于半自动驾驶汽车事故责任主体的认定，首先应利用"黑匣子"数据收集、存储相关技术鉴定事故发生时，汽车是处于人工操作模式还是自动驾驶模式。

如果认定事故发生时，半自动驾驶汽车处于人工操作模式，则可以直接围绕汽车驾驶人和所有人展开，此时主要依据《道路交通安全法》的相关规定来认定事故责任主体。如果认定事故发生时，汽车处于自动驾驶模式，则应首先确定是否存在人为的操作和监管失误。如果因人为过错而引起事故发生，那么应适用现行的机动车交通事故规则来进行事故责任主体的认定，即由汽车驾驶人和所有人承担过错推定责任；如果因自动驾驶汽车本身而引发事故，则汽车所有人基于所有权关系首先应当承担受害人的损害赔偿责任，之后汽车所有人有权适用产品缺陷责任规则对汽车制造商进行追偿。在汽车自动驾驶模式导致的交通事故中，半自动驾驶汽车的驾驶人和所有人对于半自动驾驶汽车的各项性能及自动驾驶系统的运行具有监管和谨慎注意义务，汽车驾驶人和所有人可以通过主张自己无过错而适当地减轻相应责任。由于汽车制造商更加清楚汽车的一整套技术体系，对于自动驾驶系统正常运作或出错与否举证难的问题，可以考虑举证责任倒置，由半自动驾驶汽车生产商或销售商承担该汽车和系统没有出错的举证责任。[1]

由上可知，对于半自动驾驶汽车，无论是人工操作模式还是自动驾驶模式，其与传统的机动车交通事故侵权责任主体适用的基本原则是一样的，即以汽车驾驶人和所有人的安全驾驶和注意义务为中心去认定事故的责任主体。在半自动驾驶汽车的责任主体认定中，如果是驾驶人的原因，只涉及驾驶人和所有人这两个责任主体。如果是汽车的原因，驾驶人便不在责任主体范围内，由汽车所有人根据所有权关系承担责任。人工操作模式下，汽车驾驶人的安全驾驶义务比汽车所有人对汽车的监管义务更重，而自动驾驶模式下，汽车驾驶人和所有人对汽车的监管义务相对减少，但是半自动驾驶汽车仍不能完全脱离人类的密切监管和注意，这里的人不仅是汽车驾驶人，还包括汽车所有人、汽车制造商和技术设计主体。

在民事责任的分配上，原则上既不能让用户为自动驾驶系统负担过重的责任，也不能要求生产销售者承担过多责任，以致抑制自动驾驶技术创新。一方面，自动驾驶技术具有高度技术性、复杂性和未知性，如果因自动驾驶系统故障问题而由用户过多地承担无过错责任，会在很大程度上打击潜在用

---

[1] 杨剑峰.论自动驾驶事故的法律责任归属[J].河北科技大学学报（社会科学版），2018(18)：1.

户购买和使用的积极性，进而限制自动驾驶技术的转型升级与产业推广。例如，在自动驾驶模式下，如果系统没有发出警示而发生交通事故，那么此时可以认为用户没有过错，但可以依照《道路交通安全法》第76条等交通法律及司法解释要求其承担不超过10%的赔偿责任。对于普通的交通事故责任而言，承担不超过10%的责任是依照优者危险负担规则确定的，这虽然不是典型的公平责任原则，但通过让机动性能强的一方多承担责任，有利于保护弱者利益。另一方面，过于绝对的生产者责任可能同样会抑制技术的进步。因此，对于人工智能技术的创新，不应当苛以高额的赔偿风险。但相较而言，由汽车制造商一方多承担责任是更为妥当的。其理由在于，首先从救济受害人的角度来看，由于制造商通过销售自动驾驶汽车能够获得巨大利益，经济实力更强，让其承担责任能够充分救济受害人，也符合风险与收益相一致的原则。其次，从预防损害发生的角度分析，制造商作为编写自动驾驶系统算法程序的主体，由其承担责任能够督促其更新算法，持续提升自动驾驶技术的安全性能。最后，让制造商一方承担责任也有助于增强消费者的购买信心，消费者可以没有后顾之忧地享受自动驾驶技术带来的便利，并最终推动自动驾驶产业的发展和繁荣。

2. 以自动驾驶汽车为中心的具体认定

在任何意外情况下，总是把控制权交给人类司机似乎是个好的选择，但典型的人类反应太慢了，这并不总是一个好主意。[①] 未来的自动驾驶汽车必将呈现全面无人驾驶的发展趋势，并且会严格禁止人类驾驶。目前，以谷歌和百度为主的科技企业开发的就是这种全自动无人驾驶汽车。全自动驾驶汽车中，人工智能自动驾驶系统已经完全取代了自然人驾驶人，一旦发生交通事故，法律规制的对象不再是具有安全驾驶义务的汽车驾驶人，而是这台造成交通事故的自动驾驶汽车本身。在研究全自动驾驶汽车道路交通事故责任主体认定中，自动驾驶汽车能否单独作为责任主体承担事故损害赔偿责任，仅作为汽车使用人或乘客角色的自然人是否还应承担汽车驾驶人的责任，是

---

① Alexander Hevelke, Julian Nida-Rümelin: Responsibility for Crashes of Autonomous Vehicles: An Ethical Analysis [J]. Science and Engineering Ethics, 2015 (21): 619–630.

认定的两大难点。目前学界大多数的观点是，人工智能尚不具有自主意识，也不能独立享有权利、承担义务，所以仍应该将人工智能自动驾驶汽车纳入法律客体范围，而不赋予其独立的民事主体地位。①

如果自动驾驶汽车本身不能作为独立的主体承担责任，这里便会涉及汽车驾驶人以外的与自动驾驶汽车技术相关的众多参与主体的责任承担问题。在全自动驾驶汽车交通事故中，与自动驾驶汽车技术有关的其他主体，包括汽车所有人、汽车制造商、技术设计者和其他技术服务主体。无人驾驶汽车发生交通事故对受害人造成的损害，若证明事故原因并非事故各方人为因素使然，亦非自动驾驶汽车自身问题所致，此时责任主体的判定将更为复杂。此外，由于车联网和汽车软件的存在，黑客或者其他第三人发起的网络攻击、病毒入侵也会随之而来，使得由此造成的交通事故责任主体的追查难度再次升级。② 而且，还将面临汽车使用人与汽车所属公司之间的租赁服务关系，自动驾驶技术公司彼此之间的技术服务关系，汽车公司与网络数据、地图等其他技术服务提供主体之间复杂的个性化民事法律关系，这些都会对交通事故责任主体的认定带来挑战。

对于全自动驾驶汽车，汽车驾驶人已不在责任主体范围内，其主要以自动驾驶汽车为中心，围绕自动驾驶汽车安全技术标准和汽车所有人对汽车的监管义务来认定事故责任主体。笔者认为，对于全自动驾驶汽车交通事故责任主体的认定思路可以从以下几点展开。

首先，确认自动驾驶汽车的使用人，此处汽车使用人既可以包括车主，也包括租用自动驾驶汽车的租用人，其范围可以涵盖其他一切自然人。此处统一将事故发生时车上的乘坐人界定为汽车使用人。其次，确认汽车使用人与汽车之间的关系，即确定汽车使用人与汽车之间是否为所有权关系。由于车主可以根据车辆登记数据快速确定，所以汽车所有人、使用人作为候选责任主体，毫无疑义。再次，根据事故发生的原因，认定直接责任主体和间接责任主体。如果是人的原因，那么直接按照人为过错认定汽车所有人、使用

---

① 杨立新. 人工类人格：智能机器人的民法地位——兼论智能机器人致人损害的民事责任 [J]. 求是学刊，2018 (4)：84 - 96.
② 刁生富，王吟. 无人驾驶汽车焦点问题与社会治理探析 [J]. 中国统计，2017 (9)：58 - 59.

人和第三人的责任。如果是汽车的原因，汽车所有人承担过错责任，其他主体的责任则要区分是汽车的原因、自动驾驶系统原因，抑或是道路原因。如果是汽车原因，汽车制造商承担严格责任；如果是自动驾驶系统原因，技术设计者承担严格责任；如果是道路原因，则由道路设施管理者承担责任。最后，与自动驾驶汽车相关的其他复杂民事关系的主体，可以通过自动驾驶汽车保险制度的完善达到责任风险的分散和受害人救济的平衡。自近代以来，英美法系和大陆法系的民法均奉行以下基本规则：任何有行为能力的人均应直接承担自己的行为后果；谁的行为造成不法侵害，就由谁直接承担民事责任。[①] 在形式上，间接责任可以是无条件的替代责任，如雇主对其雇员在受雇范围内所做不当行为应负的责任；也可以是某种先行偿付责任，如在因第三人对保险标的有所损害，造成保险事故时，保险人向被保险人支付保险赔偿的责任；还可以是某种补充责任，如按照某些国家的法律，监护人对限制行为能力人的侵权行为应负的责任。

在自动驾驶汽车势不可当的发展趋势下，为了维护技术生态与人文、社会环境和谐发展的平衡状态，做好技术发展背后的法律风险防控是非常重要的。现有的机动车交通事故责任主体认定规则仍存在明显的不足，未来的自动驾驶汽车交通事故情形将愈加复杂，会逐渐超出现有法律法规的范围。笔者认为，应尽早推行"自动驾驶车辆管理法"。该立法应体现以人为本的基本理念，包括道路安全优于出行便利，两难决策不能被标准化和编程化，对个人的保护优先于所有其他功利主义的考量。随着技术的发展和普及，短期内我国道路交通安全相关法律规定必须明确自动驾驶汽车上路测试的程序和要求，完善相关技术标准，支持和鼓励自动驾驶测试平台，以及封闭、半开放和全开放式测试环境的建设。从长远的角度来看，自动驾驶技术极有可能彻底取代人类驾驶人，为此要提升自动驾驶汽车与交通基础设施协同水平，既要明确全自动驾驶汽车的法律地位，也要明确自动驾驶汽车发生交通事故后的责任主体及责任分配，还要确立自动驾驶汽车的分级、分类管理，建立

---

① 邹瑜. 法学大辞典 [M]. 北京：中国政法大学出版社，1991.

健全安全行驶评估制度和自动驾驶汽车安全记录制度。[1]

就目前来看，现有的法律规则还不能成为自动驾驶技术发展的障碍，尚可采用法律解释的方法暂且化解自动驾驶技术引发的"法律尴尬问题"。但这并非良策，其根本的解决方法还应当是法律要适时变革，为自动驾驶技术的发展保驾护航，而推行"自动驾驶车辆管理法"是未来的必要选择。我国现行道路交通安全法律规定并没有对驾驶人是否必须为自然人作出明确要求，也未对机动车交通事故中机动车驾驶人和机动车所有人的责任作明确的概念界定。未来自动驾驶汽车立法如果能引入"人工智能自动驾驶系统——限制行为能力驾驶人责任"的概念，将在一定程度上缓解自动驾驶汽车侵权责任主体认定的困境。笔者在此提出这一大胆构想，也期望在未来能够对该问题予以进一步的理论探讨与研究。最后，我国汽车保险制度可采取自动驾驶汽车技术主体与消费者"双保险"模式，也就是自动驾驶汽车技术关联公司与汽车所有人分别为无人驾驶汽车投保的双保险制度。此处的一个担忧是，这种集体税收或者集体保险解决方案可能会让人觉得似乎没有人要为可能出现的任何不良后果负责。[2] 但是，这不失为一种折中的有效措施，无论对生产者和消费者，还是对交通事故中的受害当事人，均能达到最优的救济和保障状态。

六、自动驾驶汽车监管制度的改进路径

当前无人驾驶还存在法律法规、人文伦理、技术方案、整车成本、环境改造等各方面的问题，尚不具备大范围应用的条件，但其可以在特定的环境下率先开展应用，从有人辅助到人机共驾，再逐步实现完全无人驾驶。现阶段，无人驾驶可在园区旅游、区域接驳、快速公交、安全巡逻、矿区作业、智慧农业、人才培养等多个领域开展初期应用。

（一）明确自动驾驶汽车监管规则

1. 完善自动驾驶汽车相关立法

开展智能汽车"机器驾驶人"认定、责任确认、网络安全、数据管理等

---

[1] 侯郭垒. 自动驾驶汽车风险的立法规制研究 [J]. 法学论坛, 2018 (5): 153-160.
[2] Sven Nyholm. The Ethics of Crashes with Self-Driving Cars: A Roadmap, II [J]. Philosophy Compass, 2018, 13 (7).

法律问题及伦理规范研究，明确相关主体的法律权利、义务和责任等。推动出台规范智能汽车测试、准入、使用、监管等方面的法律法规，促进《道路交通安全法》等修订完善，以及加快推进测绘地理信息法律法规的修订工作。成熟完善的法律监管体系对自动驾驶汽车的健康有序发展发挥着重要作用。针对L3级自动驾驶汽车即将量产落地的实际情况，我国应在加快推动法律法规的制修订工作的同时，近期优先解决L3级自动驾驶汽车在道路测试、产品准入、上路使用、交通责任界定等环节面临的法律风险，为产业创造一个合法的发展环境。

2. 完善自动驾驶汽车技术标准

构建智能汽车中国标准体系，重点制定车载关键系统、智能汽车基础地图、云控基础平台、安全防护、智能化基础设施等技术标准和规范，以及"人—车—路—云"系统协同的车用无线通信技术标准和设备接口规范。建立智能汽车等级划分及评估准则，制定智能汽车产品认证、运行安全、自动驾驶能力测试标准，完善仿真场景、封闭场地、半开放场地、公共道路测试方法。制定人机控制转换、车路交互、车车交互、事件记录及车辆事故产品缺陷调查等标准。

3. 推动认证认可

建立健全企业自评估、报备和第三方技术检验相结合的认证认可机制，构建覆盖智能汽车全生命周期的综合认证服务体系。开展关键软硬件功能性、可靠性、安全性认证，制定面向不同等级智能汽车的认证规范及规则。推动测试示范区评价能力和体系建设。

(二) 建立跨界融合的自动驾驶汽车监管机制

借鉴节能与新能源汽车产业发展部际联席会议制度，建立由国务院牵头负责的自动驾驶汽车发展部际联席会议制度，从国家层面成立项目团队，形成跨部门、跨行业、跨领域的统筹协调机制，凝聚行业共识，形成统一的自动驾驶汽车技术、标准、法律法规发展路线。部际联席会议的职责包括：贯彻落实中共中央、国务院关于自动驾驶汽车的重大决策部署；统筹协调自动驾驶汽车工作，加强各有关部门的协作配合，研究自动驾驶汽车产业在发展过程中遇到的重大问题；研究审议拟出台的自动驾驶汽车相关法律法规和重大政策，部署创新重大事项；听取行业机构、组织和相关企业提出的意见建议等。①

（三）构建科学规范的智能汽车产品监管体系

1. 加强车辆产品管理

完善智能汽车生产、准入、销售、检验、登记、召回等管理规定。研究制定智能汽车相关产品安全审核和管理办法。加强智能汽车产品研发、生产制造、进出口等监管，构建质量安全、功能安全防控体系，明确安全责任主体，完善智能汽车道路交通违法违规行为取证和处置、安全事故追溯和责任追究相关规定。明确车用无线通信设备型号核准和进网许可办理流程。完善智能汽车场地测试标准和管理办法，加强公共道路测试审核和监管，推进运行安全和自动驾驶能力测试基地建设。

2. 加强车辆使用管理

颁布智能汽车标识管理办法，强化智能汽车的身份认证、实时跟踪和事件溯源。建立公开透明的智能汽车监管和事故报告机制，完善多方联动、信息共享、实时精准的运行监管体系。加强道路基础设施领域联网通信设备进网许可管理。制定智能汽车软硬件升级更新、售后服务、质量担保、金融保险等领域管理规定，积极推进智能汽车商业化应用。

（四）构建全面高效的智能汽车网络安全体系

1. 完善安全管理联动机制

严格落实国家网络安全法律法规和等级保护，完善智能汽车网络安全管理制度，建立覆盖汽车制造企业、电子零部件供应商、网络运营商、服务提供商等产业链关键环节的安全责任体系，建立风险评估、等级测评、监测预警、应急响应等机制，定期开展网络安全监督检查。

2. 提升网络安全防护能力

搭建多层纵深防御、软硬件结合的安全防护体系，加强车载芯片、操作

---

① 桂宁，申杨柳，朱一方，等. 提速自动驾驶应用场景商业化：从韩国《促进和支持自动驾驶汽车商业化法》谈起［EB/OL］. （2021-01-26）［2023-03-20］. https：//mp.weixin.qq.com/s/KHNDdm-YmUMqRIgxmy9puw.

系统、应用软件等安全可靠性设计，开展车载信息系统、服务平台及关键电子零部件安全检测，强化远程软件更新、监控服务等安全管理。实施统一身份权限认证管理。建立健全北斗系统抗干扰和防欺骗安全防护体系。按照国家网络安全等级保护相关标准规范，建设智能汽车网络安全态势感知平台，提升应急处置能力。

3. 加强数据安全监督管理

建立覆盖智能汽车数据全生命周期的安全管理机制，明确相关主体的数据安全保护责任和具体要求。实行重要数据分类分级管理，确保用户信息、车辆信息、测绘地理信息等数据安全可控。完善数据安全管理制度，加强监督检查，开展数据风险、数据出境安全等评估。

（五）自动驾驶汽车保险制度

通过保险责任，分摊和化解由技术发展可能带来的风险。保险责任既能够直接保障受害者获得一定的赔偿，提高自动驾驶系统在社会中的接受程度，同时也可以为生产者减轻一定的负担，从而为技术创新创造更多的空间。就目前既有的保险模式来看，自动驾驶汽车保险包含三层结构：传统的汽车所有人或管理人投保的交强险、使用人或生产者投保的商业险以及生产者或销售者投保的产品责任险。这三层保险赔付的顺位应该依次为，交强险首先承担，交强险赔付不足的，再由商业险承担，并在涉及产品责任的承担或追偿时，由产品责任险承担赔偿。此外，作为对自动驾驶技术的支持与进一步风险分摊化解的方式，民事领域中还可以考虑建立赔偿基金，作为强制保险制度的一个补充，以确保未被保险覆盖的损害可以得到弥补。因此，总体来说，在化解技术带来的风险分担问题上，应灵活运用《道路交通安全法》等法律法规中的责任分担规定。自动驾驶汽车的发展需要新的保险种类，考虑车辆测试、车辆数据泄露、车辆网络安全系统等方面都存在着与传统车辆不一样的风险，需要相关保险机构分析风险和成本，设计相应的险种来支撑智能网联汽车的实际运用和发展。

综上所述，想要实现自动驾驶汽车商业化，必须建立完善高效的推进制度，出台切实有效的支持措施。建议国家在战略高度上强化、统一顶层设计，必要时可给予法律支持，在法律框架下制定一批可操作、可落地、可量化的推进措施，以确保实现战略目标。推进措施应涵盖自动驾驶汽车商业化的所有关键环节，尤其是目前政策支持比较薄弱的领域，如人才培养、技术创新等，以充分响应产业界需求。①

七、无人配送对交通法律制度的影响及完善建议

自 2016 年以来，随着"互联网+"与物流行业的深度融合，以"无人仓、无人车、无人机"为代表的物流无人化技术从概念逐步落地。新冠疫情期间，无人配送体系能够有效消除道路限行和小区封闭等因素的影响，降低配送时间，将紧急物资在最短的时间内送达指定地点，并且有效避免配送人员与医务人员的面对面接触，减少了交叉感染。考虑到当前社会人口红利消失与人力成本不断上涨、自动驾驶技术不断提升、物流配送应急需求增加等经济背景，以自动化设备替代人力完成各项物流作业是必然趋势，无人配送必然会逐步发展。

（一）无人配送的概况

1. 无人配送的概念和类型

无人配送特指使用无人驾驶的末端物流配送，其不是完全不用人力，相反在未来很长时间里将是人机协同作业。无人配送系统，按照运送距离和相关区域封闭化程度可以分为以下四个层次。

（1）超短距离的无人配送。其主要是指 500 米以内，在封闭空间内轻便货物的急送。例如，在城市 CBD 楼宇、医院内部使用配送机器人进行的配送。

（2）短距离的无人配送。其主要是指在居民社区、校园、工业园区等封闭或半封闭环境的 3 公里内通过无人配送车实现的无人配送，如苏宁研发的卧龙一号在北京指定社区范围内的常态化运行，还有在矿区、港口等特定空间使用无人重卡进行的物流配送。

---

① 桂宁，申杨柳，朱一方，等. 提速自动驾驶应用场景商业化：从韩国《促进和支持自动驾驶汽车商业化法》谈起［EB/OL］.（2021-01-26）［2023-03-20］. https://mp.weixin.qq.com/s/KHNDdm-YmUMqRIgxmy9puw.

（3）中等距离的无人配送。其主要是指5公里以内在开放空间并且使用城市道路完成的无人配送。例如，京东的无人车等经城市道路在特定区域进行的物流配送。

（4）远距离的无人配送。其主要是在跨地区之间使用无人机、无人驾驶汽车进行点对点的物流传送，比如在城市交通封闭阶段，顺丰无人机将特定物资成功送到相关人员手中。

超短距离的无人配送，基本限于楼宇内部物流传递，对公共交通并没有影响。短距离的无人配送，因为限于封闭或者半封闭空间，对交通领域的影响较小，主要限于无人配送车交通市场准入管理方面。而中等距离和远距离的无人配送，在引入无人驾驶汽车、无人机后，会和一般性交通形成流量交叉，对交通影响明显，需要新的交通法律制度加以调整。

2. 无人配送的发展现状

国外最早做无人配送车的是成立于2014年的英国创业公司Starship Technologies，其机器人Starship配备9个摄像头，具备完整的避障系统，可完全自动执行任务，能够以每小时4英里（约6437米）的速度行驶，每次可以运送20磅（约9公斤）的物品。美国硅谷的初创公司Nuro也推出了全自动无人配送车R-1，该无人配送车不是为低速园区或者人行道而设计，而是可以在绝大多数城市的地面道路上行驶。美国的机器人创业公司Marble正在和Yelp平台合作，用机器人配送外卖，用户使用Yelp平台的软件Eat24下单后，可以选择让机器人送餐上门。类似的无人配送车还包括美国Robby Technologies公司的Robby机器人、日本机器人开发创业公司ZMP发布的CarriRo Delivery等。[1]

在国内，菜鸟、京东、美团等有配送业务场景的大公司，也在加码室内无人配送，其末端配送的无人车开始在高校、园区内进行测试运营。一些机器人和无人驾驶的创业公司也在末端配送做着诸多努力，如新石器、智行者在测试园区的无人配送，赛格威、优地、云迹等机器人公司在测试楼内

---

[1] 低速自动驾驶典型应用场景［EB/OL］．（2020-11-12）［2022-06-16］．https://www.doc88.com/p-97939080645061.html? r=1.

的配送。[①]

(二) 无人配送对交通法律制度的影响

1. 无人配送对交通运输市场准入制度提出挑战

无人配送运输工具主要有三类,即无人配送车、无人驾驶汽车(包括小型货车和重卡)和无人机。

(1) 关于无人配送车,目前只有中关村标准化协会技术委员会提出的《服务型电动自动行驶轮式车技术规范》,对于无人配送车的物理特性、自动驾驶功能作了规定,但该标准不具有强制约束力。无人配送车真正上路需要准确界定其作为交通运输工具的基本性质,是否属于机动车,是否需要获得道路运营许可,是否需要测试准入,对其他的交通参与者安全如何予以保障,这些问题均需要立法加以明确。

(2) 关于无人驾驶汽车,其自动化程度不同,相关的产品技术标准、测试标准和运营标准并不一致。我国部分地方已经出台一些技术标准,但是缺乏全国统一的标准,也缺乏相应的运营标准。

(3) 关于无人机,航空领域的相关标准还没有考虑无人机广泛进入物流系统这一特殊问题,相关的空域、航线的管理还处于"一事一批"、特殊事由采取特殊审核的阶段。

2. 无人配送对交通监督管理制度提出挑战

无人配送类型不同,对交通领域的影响程度不同,但相应的监管主体和监管规则还不明确。无人机、无人驾驶汽车物流的经营活动范围通常都是跨区域作业的,应该由哪个部门进行监管、具体监管手段、监管程序、监管措施等都没有具体明确的法律规定。同时,也缺乏对从事无人配送物流企业的资质管理制度。

3. 无人配送对相关的路网建设提出挑战

当前无人配送运营成本较高,所需的辅助设施没有配套规划、配套设计、配套建设及配套运用。例如,我国大多数城市建设规划中并没有考虑物流,

---

① 低速自动驾驶典型应用场景 [EB/OL]. (2020-11-12) [2022-06-16]. https://www.doc88.com/p-97939080645061.html? r=1.

尤其是无人配送发展的需求，通常都将货仓、物流枢纽建设在城市远郊区，从而加大了交通成本和交通风险。

4. 无人配送对交通安全责任的界定提出挑战

无人配送的安全涉及无人配送车、无人车、无人机等配送工具的自身安全、配送货物安全、公众交通安全三个方面。无人配送体系涉及的主体包括运输工具生产商、交通工具运营商、交通工具实际操作员、信息服务商、货物所有权人、消费者等，一旦出现安全事故，需要厘清各个主体的法律关系和相应的权利义务。

(三) 完善无人配送相关交通法律制度的建议

1. 形成有利于无人配送发展的规划体系

城市整体规划必须考量与之匹配的物流规划因素，城市物流体系应该成为城市中的公共事业。例如，物流通道、停车场、配送设施（自提柜），应该像现在城市的水、电、气一样，进行合理规划。与无人配送车相协调的无人仓等货物停放场站，应与所服务的市民居住区域相匹配，距离不能太远。无人配送体系应有效利用天上、地下的资源与地面空间资源来进行。未来道路设施、城市小区的建设和规划都需要考虑配合无人配送体系的发展来进行整体规划和建设。例如，在无人驾驶车道的边上，建立一条低速"无人配送"车的专用车道，从而避免低速运行的无人配送车与普通车流相交叉，保障公共交通运输的安全。

2. 对不同类型的无人配送体系实施分类交通管理措施

无人配送物流业的监管既涉及交通运输业的监管，也涉及物流企业本身的监管。需要明确无人配送运输工具的经营主体，特别是跨区域的物流企业，要通过跨区域的监管机构实施监管协作。交通管理制度应明确无人配送工具的法律属性、登记管理、适航标准、无人配送物流企业准入条件等内容。从无人配送工具的标准制定入手，明确生产、销售、使用等各个环节标准。应明确无人运输工具的许可资格条件，同时也要明确无人交通运输工具操控者的资质条件。考虑不同无人运输工具的类型，区分操作系统的复杂程度及使用区域的复杂程度，设定不同的资质标准。规范无人运输工具生产者、销售者、使用者以及所有权人的权利义务，明确不同主体的法律责任，并且明确社会公众应承担的对无人运输工具运营的安全保障义务。

3. 明确物流企业使用无人运输工具的程序

物流企业使用无人运输工具的基本程序，应该根据实践需求和监管需要进行全过程规范。其中，重点环节主要有：①建立商用无人运输工具编码、牌照及物流企业实名注册制，物流企业必须实名注册购买，谁拥有谁负责；②在使用环节，须持有执法管理部门的使用许可证，明确用途和使用范围；③物流企业职工在使用无人运输工具进行物流服务时，应接受专业培训，明确无人运输工具产品特点及操作方法，遵循安全交通守则、遵守所在地交通管理的相关规定。

4. 明确物流企业使用无人运输工具的法律责任

强化物流企业承担其使用无人运输工具的安全保障法律责任，对无人运输工具使用过程中造成的侵权事故承担损害赔偿责任。对因无人运输工具产品质量责任造成的损害，要与无人配送运输工具从产品设计、元器件生产供应到成品组装、销售、维修服务等整个产业链的相关责任人共同承担连带责任。同时设定适当的不可抗力条款，明确物流企业免责或减轻责任的法定事由。对由于物流企业以外第三人原因造成的无人配送交通安全事故，应当适当减少物流企业的法律责任。

同时，应建立无人配送物流业强制保险制度，要求物流企业投保。由于无人配送物流危险范围较广、影响公众利益较大，所以应当设置强制保险制度。当无人配送运输工具发生交通事故时，由保险基金给予赔偿。

参考文献

一、著作类

[1][英]阿里尔·扎拉奇,[美]莫里斯·E. 斯图克. 算法的陷阱：超级平台、算法垄断与场景欺骗[M]. 余潇,译. 北京：中信出版集团,2018.

[2][美]E. 博登海默. 法理学：法律哲学与法律方法[M]. 邓正来,译. 北京：中国政法大学出版社,2017.

[3][美]迈克尔·布若威. 制造同意——垄断资本主义劳动过程的变迁[M]. 李荣荣,译. 北京：商务印书馆,2008.

[4][美]赫伯特·霍温坎普. 联邦反托拉斯政策——竞争法律及其实践[M]. 许光耀,江山,王晨,译. 北京：法律出版社,2009.

[5][美]卡多佐. 司法过程的性质及法律的成长[M]. 张维,编译. 北京：法律出版社,2012.

[6][美]理查德·A. 波斯纳. 法律的经济分析：上[M]. 蒋兆康,译. 北京：中国大百科全书出版社,1997.

[7][美]罗斯科·庞德. 通过法律的社会控制[M]. 沈宗灵,译. 北京：商务印书馆,2010.

[8][德]汉斯·海因里希·耶塞克,托马斯·魏根特. 德国刑法教科书[M]. 徐久生,译. 北京：法制出版社,2009.

[9][美]道格拉斯·诺斯,罗伯斯·托马斯. 西方世界的兴起[M]. 厉以宁,蔡磊,译. 北京：华夏出版社,2009.

[10][美]约翰·罗尔斯. 正义论[M]. 修订版. 何怀宏,何包钢,廖申白,译. 北京：中国社会科学出版社,2009.

[11] [美] 保罗·萨缪尔森. 经济学：上册 [M]. 高鸿业, 译. 北京：商务印书馆, 1979.

[12] [英] 以赛亚·柏林. 自由论 [M]. 胡传胜, 译. 北京：译林出版社, 2003.

[13] 邱聪智. 新订债法各论：中 [M]. 北京：中国人民大学出版社, 2006.

[14] 王泽鉴. 人格权法：法释义学、比较法、案例研究 [M]. 北京：北京大学出版社, 2013.

[15] 曹建海. 过度竞争论 [M]. 北京：中国人民大学出版社, 2000.

[16] 何承, 朱扬勇. 城市交通大数据 [M]. 上海：上海科学技术出版社, 2015.

[17] 韩伟. 数据市场竞争政策研究 [M]. 北京：法律出版社, 2017.

[18] 顾功耘, 罗培新. 经济法前沿问题（2016）[M]. 北京：北京大学出版社, 2017.

[19] 刘继峰. 竞争法学 [M]. 3版. 北京：北京大学出版社, 2018.

[20] 吕世伦. 现代西方法学流派：上卷 [M]. 北京：中国大百科全书出版社, 1999.

[21] 王晓晔. 欧共体竞争法 [M]. 北京：中国法制出版社, 2001.

[22] 徐晋. 大数据经济学 [M]. 上海：上海交通大学出版社, 2014.

[23] 张守文. 经济法原理 [M]. 北京：北京大学出版社, 2013.

[24] 李昌麒. 经济法理念研究 [M]. 北京：法律出版社, 2009.

[25] 肖伟志. 价格歧视的反垄断法规制 [M]. 北京：中国政法大学出版社, 2012.

[26] 薛克鹏. 经济法基本范畴研究 [M]. 北京：北京大学出版社, 2013.

[27] 时建中. 反垄断法——法典释评与学理探源 [M]. 北京：中国人民大学出版社, 2008.

[28] 苏力. 法治及其本土资源 [M]. 3版. 北京：北京大学出版社, 2015.

[29] 杨澜. 人工智能真的来了 [M]. 南京：江苏凤凰文艺出版社，2017.

[30] 杨立新. 道路交通事故责任研究 [M]. 北京：法律出版社，2009.

[31] 魏振瀛. 民事责任与债分离责任 [M]. 北京：北京大学出版社，2013.

[32] 王利明. 民商法研究：第3辑 [M]. 北京：法律出版社，2014.

[33] 徐清宇. 通行正义：交通事故损害赔偿 [M]. 北京：法律出版社，2010.

[34] 张新宝. 侵权责任法原理 [M]. 北京：中国人民大学出版社，2005.

[35] 郑翔. 北京市治理交通拥堵法律问题研究 [M]. 北京：北京交通大学出版社，2016.

[36] 中国信息通讯研究员互联网法律研究中心，京东法律研究院. 欧盟数据保护法规汇编 [M]. 北京：中国法制出版社，2019.

二、期刊报纸类

[1] [美] 赛思·D. 哈瑞斯. 美国"零工经济"中的从业者、保障和福利 [J]. 汪雨蕙，译. 环球法律评论，2018（4）.

[2] 班小辉. 论"分享经济"下我国劳动法保护对象的扩张——以互联网专车为视角 [J]. 四川大学学报（哲学社会科学版），2017（2）.

[3] 柴伟伟. "互联网专车"劳动用工问题的法律规范——以P2P模式为中心 [J]. 四川师范大学学报（社会科学版），2018（2）.

[4] 曹阳. 数据视野下的互联网平台市场支配地位认定与规制 [J]. 电子知识产权，2018（10）.

[5] 曹险峰，张龙.《侵权责任法》第49条的解释论研读——主体分离下的道路交通事故侵权责任论纲 [J]. 法律科学（西北政法大学学报），2017（1）.

[6] 崔海燕. 数字经济时代"数据垄断"行为对我国反垄断法的挑战 [J]. 中国价格监管与反垄断，2020（1）.

[7] 陈丹，陈阳. 网约车规制中合作治理的框架及实现路径 [J]. 河南

财经政法大学学报，2019（3）.

[8] 陈兵. 互联网经济下重读"竞争关系"在反不正当竞争法上的意义——以京、沪、粤法院 2000—2018 年的相关案件为引证［J］. 法学，2019（7）.

[9] 陈兵. 反垄断法实施与消费者保护的协同发展［J］. 法学，2013（9）.

[10] 陈桂龙. 北京打造智能交通网［J］. 中国建设信息，2014（23）.

[11] 陈景辉. 算法的法律性质：言论、商业秘密还是正当程序？［J］. 比较法研究，2020（3）.

[12] 陈国栋. 网约车地方立法合法性之辨析——以城市道路资源的公共性为视角［J］. 浙江社会科学，2018（8）.

[13] 陈磊. 智能网联汽车技术与标准发展研究［J］. 时代汽车，2021（9）.

[14] 程琥. 我国网约车监管中的法律价值冲突及其整合［J］. 环球法律评论，2018（2）.

[15] 程莹. 元规制模式下的数据保护与算法规制——以欧盟《通用数据保护条例》为研究样本［J］. 法律科学（西北政法大学学报），2019（4）.

[16] 冯鹏程. 大数据时代的组织演化研究［J］. 经济学家，2018（3）.

[17] 冯洁语. 人工智能技术与责任法的变迁：以自动驾驶技术为考察［J］. 比较法研究，2018（2）.

[18] 方禹. 数据价值演变下的个人信息保护：反思与重构［J］. 经贸法律评论，2020（6）.

[19] 丁冬. 网约车新政启示：互联网经济时代政府规制界与度［J］. 上海人大月刊，2016（1）.

[20] 丁晓东. 平台革命、零工经济与劳动法的新思维［J］. 环球法律评论，2018（4）.

[21] 丁煌. 公共选择理论的政策失败论及其对我国政府管理的启示［J］. 南京社会科学，2000（3）.

[22] 丁延龄. 网约车监管制度的反思理性法设计［J］. 北方法学，2019（3）.

[23] 邓峰. 传导、杠杆与中国反垄断法的定位——以可口可乐并购汇

源反垄断法审查案为例［J］．中国法学，2011（1）．

［24］邓志松，戴健民．数字经济的垄断与竞争：兼评欧盟谷歌反垄断案［J］．中国市场监管研究，2017（10）．

［25］董保华．论非标准劳动关系［J］．学术研究，2008（7）．

［26］刁生富，王吟．无人驾驶汽车焦点问题与社会治理探析［J］．中国统计，2017（9）．

［27］杜德印．运用法治思维做好首都公共领域立法工作——在市五年立法规划研讨会上的讲话摘要［J］．北京人大，2013（11）．

［28］杜小奇．多元协作框架下算法的规制［J］．河北法学，2019（12）．

［29］付玉明．自动驾驶汽车事故的刑事归责与教义展开［J］．法学，2020（9）．

［30］郭传凯．共享经济属性的回归与网约车监管思路的选择［J］．山东大学学报（哲学社会科学版），2017（3）．

［31］郝俊淇．市场支配地位与实质性市场势力之辨析——兼及《反垄断法》第17条第2款的修改［J］．当代法学，2020（3）．

［32］侯郭垒．自动驾驶汽车风险的立法规制研究［J］．法学论坛，2018（5）．

［33］侯利阳，李剑．免费模式下的互联网产业相关产品市场界定［J］．现代法学，2014（6）．

［34］黄伟文．从独角兽到AI：人工智能应否取代法律职业？［J］．法制与社会发展，2020（5）．

［35］兰磊．非法价格歧视行为的判断标准研究［J］．竞争政策研究，2015（2）．

［36］高电玻，张远健．公共利益背景下网约车监管路径优化研究［J］．价格理论与实践，2017（8）．

［37］盖建华．共享经济下"类劳动者"法律主体的制度设计［J］．改革，2018（4）．

［38］姜昊晨．既得利益拗不过市场——我国出租车行业的管制博弈［J］．中国法律评论，2017（3）．

[39] 金迪. 出租车牌照管制、产权与资源配置 [J]. 综合运输, 2010 (4).

[40] 蓝蔚青, 王淑翠. 分享经济: 机遇、挑战和治理建议 [J]. 决策咨询, 2016 (6).

[41] 李安. 人工智能时代数据竞争行为的法律边界 [J]. 科技与法律, 2019 (1).

[42] 李荣, 陈祉璇. 大数据反垄断的挑战与规制优化 [J]. 石河子大学学报 (哲学社会科学版), 2019 (5).

[43] 李美儒, 庞允琛. 大数据杀熟的法律规制与市场监管体制 [J]. 北方经贸, 2019 (6).

[44] 李利群. 出租车业数量管制效应分析——基于租值消散理论的视野 [J]. 交通企业管理, 2012 (12).

[45] 李剑. 反垄断法视野下的消费者保护问题 [J]. 经济法学评论, 2017 (1).

[46] 李俊峰. App 对出租车市场竞争政策的挑战与重塑 [J]. 上海财经大学学报 (哲学社会科学版), 2016 (2).

[47] 李俊慧. 从经济学角度看出租车与专车之争的本质——行政垄断的维护还是道路资源的产权界定? [J]. 社会科学家, 2015 (8).

[48] 李小明, 任宇馨. 论互联网用户消费者权益之保护 [J]. 湖南大学学报 (社会科学版), 2016 (1).

[49] 廖建凯. "大数据杀熟" 法律规制的困境与出路——从消费者的权利保护到经营者算法权力治理 [J]. 西南政法大学学报, 2020 (1).

[50] 凌超, 张赞. "分享经济" 在中国的发展路径研究——以在线短租为例 [J]. 现代管理科学, 2014 (10).

[51] 刘大洪. 网约顺风车服务的经济法规制 [J]. 法商研究, 2020 (1).

[52] 刘成安. 试析挂靠车辆交通肇事损害赔偿纠纷中被挂靠人的民事责任 [J]. 法律适用, 2006 (8).

[53] 刘继峰. 竞争法中的消费者标准 [J]. 政法论坛, 2009 (5).

[54] 刘贵祥. 滥用市场支配地位理论的司法考量 [J]. 中国法学, 2016 (5).

［55］刘乃梁．出租车行业特许经营的困境与变革［J］．行政法学研究，2015（5）．

［56］刘宁元．反垄断法政策目标的多元化［J］．法学，2009（10）．

［57］刘连泰．网约车合法化构成对出租车牌照的管制性征收［J］．法商研究，2017（6）．

［58］刘绍宇．论互联网分享经济的合作规制模式［J］．华东政法大学学报，2018（3）．

［59］刘友华．算法偏见及其规制路径研究［J］．法学杂志，2019（6）．

［60］刘廷涛．反垄断法下价格歧视之竞争损害分析［J］．东方法学，2016（3）．

［61］刘伟．论反垄断法上的消费者利益悖论及其破除［J］．经济法学评论，2018（2）．

［62］刘新春，杨河清．共享经济对劳动关系认定标准的挑战和反思——以Uber公司为例［J］．劳动经济评论，2018（2）．

［63］刘新慧，韩振文．"网络专车"的法经济学分析［J］．知与行，2015（4）．

［64］刘作翔．权利冲突的几个理论问题［J］．中国法学，2002（2）．

［65］楼秋然．美国法上的网约车监管理论与实践——兼评七部门《网络预约出租汽车经营服务管理暂行办法》［J］．政治与法律，2017（10）．

［66］陆礼．和谐交通的结构特征与伦理关系［J］．交通企业管理，2006（12）．

［67］陆礼．功利性与公共性的博弈：我国城市交通困扰的伦理特点［J］．中国软科学，2007（4）．

［68］罗珉，李亮宇．互联网时代的商业模式创新：价值创造视角［J］．中国工业经济，2015（1）．

［69］罗豪才，宋功德．行政法的治理逻辑［J］．中国法学，2011（2）．

［70］马清．城市交通治理模式变革［J］．城市交通，2019（1）．

［71］马长山．互联网时代的双向构建秩序［J］．政法论坛，2018（1）．

［72］马长山．智能互联网时代的法律变革［J］．法学研究，2018（4）．

[73] 马光泽. 网约车元规制：功能、合法性及其实践重塑 [J]. 理论月刊, 2019 (8).

[74] 穆随心, 王昭. 共享经济背景下网约车司机劳动关系认定探析 [J]. 河南财经政法大学学报, 2018 (1).

[75] 牛子墨. 城市公共交通管理体系中定制公交的引入——以经济法为视角 [J]. 佳木斯大学社会科学学报, 2018 (5).

[76] 贾根良. 第三次工业革命与工业智能化 [J]. 中国社会科学, 2016 (6).

[77] 蒋大兴, 王首杰. 共享经济的法律规制 [J]. 中国社会科学, 2017 (9).

[78] 姜野. 算法的规训与规训的算法：人工智能时代算法的法律规制 [J]. 河北法学, 2018 (12).

[79] 欧阳斌, 褚春超, 梁晓杰, 等. 推进交通运输治理现代化：论应对新冠肺炎疫情的中国交通之治 [J]. 交通运输研究, 2020 (1).

[80] 欧阳汛. 智慧交通建设的现在和未来 [J]. 施工企业管理, 2020 (11).

[81] 彭晓娟. 出租车行业经济性垄断背后的行政性垄断分析 [J]. 湖北社会科学, 2010 (4).

[82] 彭军, 王江锋, 王娜. 我国大城市交通拥堵成因及治理策略分析 [J]. 中国科技信息, 2011 (16).

[83] 彭岳. 共享经济的法律规制问题——以互联网专车为例 [J]. 行政法学研究, 2016 (1).

[84] 荣朝和, 王学成. 厘清网约车性质 推进出租车监管改革 [J]. 综合运输, 2016 (1).

[85] 宋绪扬, 陈力诚, 肖烨. 微观情况下网约车对交通能耗与排放的影响研究 [J]. 交通节能与环保, 2017 (6).

[86] 陶涛. 云计算领域隐私权保护的现实困境分析 [J]. 现代情报, 2014 (2).

[87] 陶盈. 自动驾驶车辆交通事故损害赔偿责任探析 [J]. 湖南大学

学报（社会科学版），2018（3）.

［88］唐清利."专车"类共享经济的规制路径［J］.中国法学，2015（4）.

［89］唐双捷.分享经济给社会治理带来哪些助益［J］.人民论坛，2017（2）.

［90］土田和博，陈丹舟，王威驷.关于"竞争法保护的是竞争而非竞争者"之格言［J］.竞争政策研究，2018（1）.

［91］王奉，赵司聪.关于对公安交管部门启用高清人脸识别设备抓拍曝光闯红灯违法行为的法律分析［J］.汽车与安全，2019（1）.

［92］汪光焘，陈小鸿，殷广涛，等.新常态下城市交通理论创新与发展对策研究——成果概要［J］.城市交通，2019（5）.

［93］汪光焘.大数据时代城市交通学发展的机遇［J］.城市交通，2016（6）.

［94］汪光焘，王婷.贯彻《交通强国建设纲要》，推进城市交通高质量发展［J］.城市规划，2020（3）.

［95］王汉斌，岳帅.网约车指导定价模型研究［J］.价格月刊，2016（10）.

［96］王恒睿.大数据杀熟背景下的消费者公平交易权保护［J］.大数据时代，2018（11）.

［97］王静.中国网约车的监管困境及解决［J］.行政法学研究，2016（2）.

［98］王健，安政.数字经济下SSNIP测试法的革新［J］.经济法论丛，2018（2）.

［99］王丽美.网约车监管立法价值取向之纠偏［J］.河北青年管理干部学院学报，2020（1）.

［100］王雪原.人工智能对传统法治体系带来的冲击与挑战［J］.河北企业，2019（6）.

［101］王天玉.基于互联网平台提供劳务的劳动关系认定——以"e代驾"在京、沪、穗三地法院的判决为切入点［J］.法学，2016（6）.

［102］王晓晔.论相关市场界定在滥用行为案件中的地位和作用［J］.现代法学，2018（3）.

[103] 王晓晔. 论滥用"相对优势地位"的法律规制 [J]. 现代法学, 2016 (5).

[104] 王晓晔. 我国反垄断立法的宗旨 [J]. 华东政法大学学报, 2008 (2).

[105] 王学成. 网约车政策的影响因素与波及 [J]. 改革, 2018 (3).

[106] 王依娜. 滴滴打车如何"造血"？——基于虚拟价值链理论的打车软件盈利模式研究 [J]. 经济论坛, 2015 (12).

[107] 魏益华, 谭建萍. 互联网经济中新型劳动关系的风险防范 [J]. 社会科学战线, 2018 (2).

[108] 吴宏伟, 谭袁. 保护竞争而不保护竞争者？——对主流反垄断法观点的审视 [J]. 北方法学, 2013 (4).

[109] 吴清军, 李贞. 分享经济下的劳动控制与工作自主性——关于网约车司机工作的混合研究 [J]. 社会学研究, 2018 (4).

[110] 吴英霞. 无人驾驶汽车规范发展法律路径研究 [J]. 科技管理研究, 2019 (2).

[111] 吴汉东. 国家治理能力现代化与法治化问题研究 [J]. 法学评论, 2015 (5).

[112] 吴汉洪, 孟剑. 双边市场理论与应用述评 [J]. 中国人民大学学报, 2014 (2).

[113] 腾讯研究院. 人工智能各国战略解读：联合国人工智能政策报告 [J]. 电信网技术, 2017 (2).

[114] 腾讯研究院. 人工智能各国战略解读：英国人工智能的未来监管措施与目标概述 [J]. 电信网技术, 2017 (2).

[115] 石京, 杨朗, 黄谦, 等. 交通公平性的衡量角度与模型描述 [J]. 铁道工程学报, 2009 (1).

[116] 施春风. 定价算法在网络交易中的反垄断法律规制 [J]. 河北法学, 2018 (11).

[117] 沈瞿和. 我国政府信息共享的法律规制——兼评政府信息资源共享管理暂行办法 [J]. 新视野, 2017 (1).

[118] 沈广明. 分享经济的规制策略——以辅助性原则为基点 [J]. 当代法学, 2018 (3).

[119] 沈记, 郑翔. 社会诚信体系与社会公共治理体制的关系探究 [J]. 四川行政学院学报, 2017 (3).

[120] 史际春. 反垄断的辩证法 [J]. 经济法学评论, 2017 (1).

[121] 宋心然, 张效羽. 网约车地方规制细则成本收益分析——以北京市网约车规制细则为例 [J]. 国家行政学院学报, 2017 (5).

[122] 苏方国, 赵曙明, 高慧如, 等. 共享经济中劳动关系治理 [J]. 现代管理科学, 2018 (8).

[123] 苏绍玉. 浅议我国智能交通的发展动向 [J]. 黑龙江交通科技, 2011 (9).

[124] 孙瑞瑞. 共享经济背景下网约顺风车的行政监管研究 [J]. 南京邮电大学学报（社会科学版）, 2019 (3).

[125] 孙善微. 大数据背景下价格欺诈行为的法律规制——以大数据"杀熟"为例 [J]. 北方经贸, 2018 (7).

[126] 孙宏涛, 王静元. 我国网约车保险制度构建研究 [J]. 浙江金融, 2018 (5).

[127] 孙晋. 谦抑理念下互联网服务行业经营者集中救济调适 [J]. 中国法学, 2018 (6).

[128] 孙晋, 赵泽宇. 互联网平台经营者市场支配地位界定的系统性重构——以《反垄断法》第18条的修订为中心 [J]. 科技与法律, 2019 (5).

[129] 夏利民, 王运鹏. 论网约车平台的侵权责任 [J]. 河南财经政法大学学报, 2017 (6).

[130] 谢新水, 刘晓天. 共享经济的迷雾: 丛生、真假及规制分歧 [J]. 江苏大学学报（社会科学版）, 2017 (7).

[131] 谢铭威, 李治权. 广州市快速公交系统（BRT）建设的存在问题及其对策探讨 [J]. 法制与社会, 2011 (3).

[132] 谢薇, 肖飒. 自动驾驶汽车的交通事故损害赔偿责任 [J]. 长安大学学报（社会科学版）, 2018 (4).

[133] 熊丙万. 专车拼车管制新探 [J]. 清华法学, 2016 (2).

[134] 许光耀. 互联网产业中双边市场情形下支配地位滥用行为的反垄断法调整——兼评奇虎诉腾讯案 [J]. 法学评论, 2018 (1).

[135] 许光耀. 价格歧视行为的反垄断法分析 [J]. 法学杂志, 2011 (11).

[136] 许明月, 刘恒科. 网约车背景下地方出租车市场法律监管的改革与完善 [J] 广东社会科学, 2016 (5).

[137] 徐晋, 张祥建. 平台经济学初探 [J]. 中国工业经济, 2006 (5).

[138] 徐天柱. 创新与管制：互联网约租车管制制度研究 [J]. 江淮论坛, 2017 (2).

[139] 徐天柱. 网约车崛起背景下出租车规制制度改革探讨 [J]. 新疆大学学报（哲学·人文社会科学版）, 2018 (1).

[140] 徐孟洲. 论我国反垄断法的价值与核心价值 [J]. 法学家, 2008 (1).

[141] 徐孟洲. 论财政法与财政政策的耦合 [J]. 法学杂志, 2011 (5).

[142] 徐昕. 网约车管理细则的合法性及法律救济 [J]. 山东大学学报（哲学社会科学版）, 2017 (3).

[143] 宣喆, 何敏. 放宽出租车市场准入和价格管制的经济法学分析 [J]. 价格月刊, 2016 (6).

[144] 薛志远. 网约车数量管制问题研究 [J]. 理论与改革, 2016 (6).

[145] 严桂珍. 民法典安全保障义务条款与共享单车企业民事责任——以儿童骑共享单车发生伤亡事件为例 [J]. 东方法学, 2020 (6).

[146] 叶高芬. 认定违法价格歧视行为的既定框架及其思考 [J]. 法商研究, 2013 (6).

[147] 殷继国. 大数据市场反垄断规制的理论逻辑与基本路径 [J]. 政治与法律, 2019 (10).

[148] 殷继国. 大数据经营者滥用市场支配地位的法律规制 [J]. 法商研究, 2020 (4).

[149] 杨超, 刘明伟. 分享经济的中美比较及启示 [J]. 中国物价, 2017 (7).

［150］杨成越，罗先觉．算法歧视的综合治理初探［J］．科学与社会，2018（4）．

［151］杨宏芹，黄淑君．自动驾驶汽车事故的责任认定［J］．长安大学学报（社会科学版），2018（4）．

［152］杨帆．无人驾驶汽车的发展现状和展望［J］．上海汽车，2014（3）．

［153］杨立新．民事责任在人工智能发展风险管控中的作用［J］．法学杂志，2019（2）．

［154］杨立新．人工类人格：智能机器人的民法地位——兼论智能机器人致人损害的民事责任［J］．求是学刊，2018（4）．

［155］杨剑峰．论自动驾驶事故的法律责任归属［J］．河北科技大学学报（社会科学版），2018（18）．

［156］杨云霞．分享经济中用工关系的中美法律比较及启示［J］．西北大学学报（哲学社会科学版），2016（5）．

［157］俞可平．治理和善治：一种新的政治分析框架［J］．南京社会科学，2001（9）．

［158］于良春．论自然垄断与自然垄断产业的政府规制［J］．中国工业经济，2004（2）．

［159］于莹．共享经济用工关系的认定及其法律规制——以认识当前"共享经济"的语域为起点［J］．华东政法大学学报，2018（3）．

［160］苑宇坤，张宇，魏坦勇，等．智慧交通关键技术及应用综述［J］．电子技术应用，2015（8）．

［161］袁文全，徐新鹏．共享经济视阈下隐蔽雇佣关系的法律规制［J］．政法论坛，2018（1）．

［162］叶雄彪．网络销售区别定价现象的法律应对［J］．商业研究，2019（10）．

［163］岳中刚．双边市场的定价策略及反垄断问题研究［J］．财经问题研究，2006（8）．

［164］翟翌．中国出租车行业的行政法分类规制——以"行政特许"和"普通许可"的区分为视角［J］．政治与法律，2017（10）．

[165] 詹馥静. 数字市场中的单方排他性和剥削性行为——中国的视角 [J]. 竞争政策研究, 2019 (5).

[166] 章亮亮. 对出租车行业特许模式的经济学和行政法学分析 [J]. 上海经济研究, 2012 (2).

[167] 邹开亮, 刘佳明. 大数据"杀熟"的法律规制困境与出路——仅从消费者权益保护法的角度考量 [J]. 价格理论与实践, 2018 (8).

[168] 张恩典. 大数据时代的算法解释权：背景、逻辑与构造 [J]. 法学论坛, 2019 (4).

[169] 张怀印. 数字经济时代企业市场支配地位认定：基于德国反垄断执法案例的评析 [J]. 德国研究, 2019 (4).

[170] 张洪波. 以安全为中心的法律价值冲突及关系架构 [J]. 南京社会科学, 2014 (9).

[171] 张凌寒. 算法权力的兴起、异化及法律规制 [J]. 法商研究, 2019 (4).

[172] 张莉, 万光彩. 价格歧视行为的反垄断规制探究 [J]. 价格理论与实践, 2017 (10).

[173] 张祺好. 互联网新业态的"软法"兴起及其规制 [J]. 法学, 2018 (2).

[174] 张淑芳. 负面清单管理模式的法治精神解读 [J]. 政治与法律, 2014 (2).

[175] 张韬略, 蒋瑶瑶. 德国智能汽车立法及《道路交通法》修订之评介 [J]. 德国研究, 2017 (3).

[176] 张素凤. "专车"运营中的非典型用工问题及其规范 [J]. 华东政法大学学报, 2016 (6).

[177] 张一武. 论互联网平台竞争案件中优势传导理论的适用——以滥用市场支配地位案例研究为视角 [J]. 中国价格监管与反垄断, 2019 (11).

[178] 张欣. 从算法危机到算法信任：算法治理的多元方案和本土化路径 [J]. 华东政法大学学报, 2019 (6).

[179] 张新宝. 顺风车网络平台的安全保障义务与侵权责任 [J]. 网络

信息法学研究，2018（2）.

［180］张效羽. 试验性规制视角下"网约车"政府规制创新［J］. 电子政务，2018（4）.

［181］张学军. "专车"服务的法律属性及有限许可研究［J］. 苏州大学学报（哲学社会科学版），2016（2）.

［182］张月友，刘志彪，叶林祥. 出租车运营模式之争：北京模式或温州模式［J］. 上海经济研究，2012（12）.

［183］张玉宏，秦志光，肖乐. 大数据算法的歧视本质［J］. 自然辩证法研究，2017（5）.

［184］张玉洁. 论人工智能时代的机器人权利及其风险规制［J］. 东方法学，2017（6）.

［185］张铮. O2O众包模式交通事故的责任承担——以车辆挂靠关系为类推［J］. 山东法官培训学院学报，2018（2）.

［186］周辉. 平台责任与私权力［J］. 电子知识产权，2015（6）.

［187］郑尚元. 民法典制定中民事雇佣合同与劳动合同之功能与定位［J］. 法学家，2016（6）.

［188］郑戈. 人工智能与法律的未来［J］. 探索与争鸣，2017（10）.

［189］郑智航，徐昭曦. 大数据时代算法歧视的法律规制与司法审查——以美国法律实践为例［J］. 比较法研究，2019（4）.

［190］郑志峰. 自动驾驶汽车的交通事故侵权责任［J］. 法学，2018（4）.

［191］朱程程. 大数据杀熟的违法性分析与法律规制探究——基于消费者权益保护视角的分析［J］. 南方金融，2020（4）.

［192］朱振. 生命的衡量——自动驾驶汽车如何破解"电车难题"［J］. 华东政法大学学报，2020（6）.

［193］陈晨. "京人京车""沪籍沪牌"引热议 网约车新政是否过严？［N］. 南方日报，2016-10-10.

［194］曹晶瑞. 北京网约车整体调控 目前6000多辆获许可［N］. 北京晨报，2017-08-17.

［195］高富平，王苑. 大数据何以"杀熟"？［N］. 上海法治报，2018-

05-16（B06）.

［196］李英锋."大数据杀熟"本质属于消费歧视［N］.中国工商报，2018-03-28（3）.

［197］许可.人工智能的算法黑箱与数据正义［N］.社会科学报，2018-03-29（6）.

［198］吉菁菁.自动驾驶，缔造未来之车［N］.北京科技报，2021-04-26（4）.

［199］王峰.分享经济倒逼社会协同治理［N］.人民邮电，2016-04-11（5）.

［200］吴绪."专车"对车险市场的影响［N］.中国保险报，2015-03-26（7）.

［201］吴晓灵.互联网专车如何规范发展［N］.第一财经日报，2015-10-14（A15）.

［202］张扬.网约车政策落地一年市场发生了哪些变化［N］.北京晚报，2017-08-09.

［203］张飒."大数据杀熟"违法吗？［N］.北京日报，2018-04-18（14）.

［204］张维迎.网约车监管不能漠视穷人的权利［N］.中华工商时报，2016-10-21（3）.

［205］张竹馨，郑翔.论我国智能交通法律制度的现状与完善［C］//第八届中国智能交通年会优秀论文集.北京：电子工业出版社，2013.

［206］张盈盈，陈燕凌，关积珍，等.智慧交通的定义、内涵与外延［C］//2014第九届中国智能交通年会大会论文集.北京：电子工业出版社，2014.

三、学位论文类

［1］鲁彦.用户规模、用户类别与互联网平台竞争［D］.济南：山东大学，2019.

［2］聂婴智.反垄断法法益平衡问题研究［D］.吉林：吉林大学，

2012.

[3] 王少南. 双边市场条件下滥用市场支配地位的反垄断法规制 [D]. 武汉：武汉大学，2016.

[4] 杨文明. 滥用市场支配地位规制中的正当理由抗辩研究 [D]. 重庆：西南政法大学，2016.

[5] 张诗晗. 公共空间隐私权问题研究 [D]. 上海：上海交通大学，2016.

[6] 张坤. 互联网行业反垄断研究 [D]. 长沙：湖南大学，2016.

四、电子文献类

[1] 习近平. 在中央政治局常委会会议研究应对新型冠状病毒肺炎疫情工作时的讲话 [EB/OL]. （2020－02－15）[2021－09－27]. http：//www. gov. cn/xinwen/2020－02/15/content_5479271. htm.

[2] 美国国家运输安全委员会. Uber 技术公司自动驾驶测试车辆撞击行人事件最初报告 [R/OL]. （2018－05－24）[2021－09－27]. https：//www. ntsb. gov/news/press－releases/Pages/NR20180524. aspx.

[3] Logan M. Breed, Andrew J. Lee, Hwijin Choi, et al. 反垄断执法趋势：2019 年美国律师协会反垄断秋季论坛科技峰会的最新消息 [EB/OL]. （2019－11－27）[2019－12－19]. https：//mp. weixin. qq. com/s/FATvS－CfNYsusGdqWHl2fwHogan Lovells.

[4] 邓峰. 专车新规的经济法审查 [EB/OL]. （2015－10－20）[2021－11－25]. http：//yuanchuang. caijing. com. cn/2015/1020/3988852. shtml.

[5] 王贝贝. "十三五"中国智慧交通发展趋势判断 [EB/OL]. （2015－05－12）[2021－09－27]. http：//www. chinahighway. com/news/2015/930125. php.

[6] 杜燕. 北京地铁将采取超常措施防拥挤 昌平线、八通线先试点 [EB/OL]. （2020－03－22）[2021－09－27]. http：//www. chinanews. com/sh/2020/03－22/9134060. shtml.

[7] 刘怡伸,郭一麟.DRT:创新公交如何响应出行需求[EB/OL].(2020-05-27)[2021-09-28].https://baijiahao.baidu.com/s?id=1667848422347065781&wfr=spider&for=pc.

[8] 王威驷.新机构、新指南、新问题——日本网络平台竞争法规制的近期动向.数字市场竞争政策研究[EB/OL].(2019-11-20)[2019-11-22].https://mp.weixin.qq.com/s/rdPiTgsYRuoMOmmc379BTw.

[9] 孙金云.2020打车报告(上):复旦教授团队打车800趟,延误是时间游戏?[EB/OL].(2021-02-20)[2019-09-22].http://finance.sina.com.cn/jjxw/2021-02-20/doc-ikftssap7632791.shtml.

[10] 梦达,鲁畅,邰思聪."大数据杀熟"仍存 破除"隐蔽性"是难题[EB/OL].(2021-08-05)[2019-09-22].https://m.gmw.cn/baijia/2021-08/05/35055824.html.

[11] 赵骏.互联网法院的成效分析[EB/OL].(2020-10-25)[2021-10-21].https://www.chinacourt.org/article/detail/2020/10/id/5543501.shtml.

[12] 顾雷.数字经济时代需完善金融消费纠纷在线解决制[EB/OL].(2021-03-15)[2021-10-20].https://www.financialnews.com.cn/ll/ft/202103/t20210315_213929.html.

[13] 张麒麟.3000余辆出租车"闲置"!南京"的哥"为何纷纷退群?[EB/OL].(2018-05-22)[2021-10-30].http://news.enorth.com.cn/system/2018/05/22/035563944.shtml.

[14] 江西律师起诉网约车加价诉讼第一案[EB/OL].(2018-06-05)[2021-10-21].http://www.jnds.com.cn/system/2018/06/04/030034560.shtml.

[15] 李晢寅.欧洲法院裁定:优步是一家出租车公司,并非数字服务公司[EB/OL].(2017-12-20)[2018-08-25].https://www.thepaper.cn/newsDetail_forward_1914440.

[16] 滴滴起诉私借账号造成事故车主[EB/OL].(2018-08-23)[2018-08-25].http://www.chinanews.com/sh/2018/08-23/8607797.shtml.

[17] 空姐乘"滴滴"顺风车被害案入选 2018 河南十大法治热点［EB/OL］.（2017 - 07 - 15）［2019 - 07 - 15］. https：//www. henan100. com/news/2019/863407. shtml.

[18] 宋宝慧. 天津规范共享单车使用：违法者将被禁用至少一周［EB/OL］.（2017 - 08 - 18）［2021 - 10 - 30］. http：//news. sina. com. cn/o/2017 - 08 - 18/doc - ifykcirz2893543. shtml.

[19] 李颖. 郑州治理违章骑车 严重者不能再用共享单车［EB/OL］.（2017 - 08 - 24）［2021 - 10 - 31］. http：//henan. sina. com. cn/news/2017 - 08 - 24/detail - ifykiuaz0487348. shtml.

[20] 高蕾，陈成志. 网约车新政一周年：走向规范发展 仍有"三难"待解决［EB/OL］.（2017 - 07 - 27）［2021 - 10 - 31］. http：//news. youth. cn/gn/201707/t20170727_10389873. htm.

[21] 桂宁，申杨柳，朱一方，等. 提速自动驾驶应用场景商业化：从韩国促进和支持自动驾驶汽车商业化法谈起［EB/OL］.（2021 - 01 - 26）［2023 - 03 - 20］. https：//mp. weixin. qq. com/s/Cef6zdmOSlx1XLALhmX_5g.

[22] 赵语涵. 北京 2020 年末机动车保有量 657 万辆 比上年末增加 20.5 万［EB/OL］.（2021 - 03 - 12）［2023 - 06 - 17］. https：//baijiahao. baidu. com/s？id = 1693996724880737753&wfr = spider&for = pc.

[23] 张景华."互联网 + 停车"开启北京智慧停车新时代［EB/OL］.（2017 - 11 - 15）［2023 - 06 - 17］. https：//epaper. gmw. cn/gmrb/html/2017 - 11/15/nw. D110000gmrb_20171115_1 - 09. htm？div = - 1.

五、英文文献类

[1] Agnieszka A. McPeak. Sharing Tort Liability in the New Sharing Economy［J］. Connecticut Law Review, 2016, 49 (1).

[2] Alexi Pfeffer - Gillett. When "Disruption" Collides with Accountability：Holding Ridesharing Companies Liable for Acts of Their Drivers［J］. California Law Review, 2016, 104 (1).

[3] Anja Lambrecht, Catherine Tucker. Can Big Data Protect a Firm from

Competition? [EB/OL]. (2015 - 12 - 18) [2023 - 03 - 20]. http://ssrn.com/abstract = 2705530.

[4] Authony Downs. The Law of Peak - hour Expressway Congestion [J]. Traffsc Quarterly, 1962, 16 (3).

[5] Alexander Hevelke, Julian Nida - Rümelin. Responsibility for Crashes of Autonomous Vehicles: An Ethical Analysis [J]. Science and Engineering Ethics, 2015 (21).

[6] Allen P. Grunes, Maurice E. Stucke. No Mistake About It: The Important Role of Antitrust in the Era of Big Data [J/OL]. (2015 - 04 - 28) [2022 - 07 - 08]. https://ssrn.com/abstract = 2600051.

[7] Benjamin Edelman, Damien Geradin. Efficiencies and Regulatory Shortcuts: How Should We Regulate Companies Like Airbnb and Uber? [J]. Stanford Technology Law Review, 2016, 19 (2).

[8] Christopher D. Hall. The Uncertain Hand: Hong Kong Taxis and Tenders [M]. Hong Kong: Chinese University Press, 1996.

[9] Christophe Carugati. The 2017 Facebook Saga: A Competition, Consumer and Data Protection Story [J]. European Competition and Regulatory Law Review, 2018, 2 (1).

[10] D. Daniel Sokol, Roisin E. Comerford. Antitrust and Regulating Big Data [J]. George Mason Law Review, 2016, 23 (5).

[11] Daniel L. Rubinfeld. Antitrust Enforcement in Dynamic Network Industries [J]. The Antitrust Bulletin, 1998, 43 (3 - 4).

[12] D. Webbink. Should Cable TV be Regulated as a Public Utility? [J]. Public Utilities Fortnightly, 1972 (89).

[13] David K. Suska. Regulatory Takings and Ridesharing: "Just Compensation" for Taxi Medallion Owners? [J]. Social Science Electronic Publishing, 2016 (19).

[14] Katrina M. Wyman. Taxi Regulation in the Age of Uber [J]. Legislation and Public Policy, 2017, 20 (1).

[15] Kristofer Erickson, Inge Sørensen. Regulating the Sharing Economy

[J]. Internet Policy Review, 2016, 5 (2).

[16] Maurice E. Stucke, Allen P. Grunes. Big Data and Competition Policy [M]. London: Oxford University Press, 2016.

[17] Mark W. Frankena, Paul A. Pautler. An Economic Analysis of Taxicab Regulation [R]. Federal Trade Commission, 1984.

[18] Megan Carboni. A New Class of Worker for the Sharing Economy [J]. Richmond Journal of Law & Technology, 2016, 22 (4).

[19] Molly Cohen, Arun Sundararajan. Self-Regulation and Innovation in the Peer-to-Peer Sharing Economy [J]. University of Chicago Law Review Dialogue, 2015, 82 (1).

[20] Nils-Peter Schepp, Achim Wambach. On Big Data and Its Relevance for Market Power Assessment [J]. Journal of European Competition Law & Practice, 2016, 7 (2).

[21] Lee Mercado. Tesla vs. Semi-Truck Crash: Elon Musk's FSD Faces Controversy Again! [EB/OL]. (2021-03-16) [2023-06-15]. https://www.techtimes.com/articles/258098/20210316/tesla-vs-semi-truck-crash-elon-musks-fsd-faces-controversy.htm.

[22] Orly Lobe. The Gig Economy & the Future of Employment and Labor Law [J]. University of San Francisco Law Review, 2017, 51 (1).

[23] Ramsi A. Woodcock. Big Data, Price Discrimination, and Antitrust [J]. Hastings Law Journal, 2017 (68).

[24] Richard A. Posner. Natural Monopoly and Its Regulation [J]. Stanford Law Review, 1968 (21).

[25] Ryan Calo. Robotics and the Lessons of Cyberlaw [J]. California Law Review, 2015, 103 (3).

[26] Sven Nyholm. The Ethics of Crashes with Self-Driving Cars: A Roadmap, II [J]. Philosophy Compass, 2018, 13 (7).

[27] Tracy Hresko Pear. Fast & Furious: The Misregulation of Driverless Cars [J]. N. Y. U. Annual Survey of American Law, 2017 (73).